辽宁省社会科学规划基金项目
《晚清东北亚藩属关系解体与政治格局演变研究》
（项目号：L13CZS018）

海洋战略视域下的清代中日贸易

何 宇 著

辽宁人民出版社

图书在版编目（CIP）数据

海洋战略视域下的清代中日贸易 / 何宇著. — 沈阳:
辽宁人民出版社, 2020.10
ISBN 978-7-205-09975-6

Ⅰ. ①海… Ⅱ. ①何… Ⅲ. ①海洋战略—关系—中日关系—双边贸易—贸易史—清代 Ⅳ. ①F752.731.3

中国版本图书馆CIP数据核字（2020）第194562号

出版发行：辽宁人民出版社
地址：沈阳市和平区十一纬路25号　邮编：110003
http://www.lnpph.com.cn
印　　刷：辽宁鼎籍数码科技有限公司
幅面尺寸：170mm × 240mm
印　　张：21
字　　数：300千字
出版时间：2020年10月第1版
印刷时间：2020年10月第1次印刷
责任编辑：董　喃
装帧设计：鼎籍文化
责任校对：吴艳杰
书　　号：ISBN 978-7-205-09975-6

定　　价：75.00 元

目 录

绪 论…………………………………………………………………………… 001
第一节 清代中日贸易的学术史回顾 ……………………………… 001
一、国内学者的研究 ……………………………………………………001
二、港台地区及国外学者的研究 ………………………………………005
第二节 清代以前中日贸易的简单回顾 …………………………… 008
一、明代之前的中日贸易 ………………………………………………008
二、明代的中日贸易 ……………………………………………………015

第一章 清代中日贸易的背景………………………………………… 026
第一节 商品经济的日益发展 ……………………………………… 026
一、经济作物的广泛种植 ………………………………………………027
二、民营手工业的繁盛 …………………………………………………030
三、国内商业的兴盛 ……………………………………………………035
第二节 航海、造船技术的进步 …………………………………… 042
一、先进的航海技术和丰富的航海经验 ………………………………043
二、发达的造船技术 ……………………………………………………048
第三节 中日贸易发展的时代背景 ………………………………… 053
一、西方世界对于海外贸易的充分利用 ………………………………054
二、中日两国对贸易环境的营造 ………………………………………057

第二章　清代中国对日贸易政策的演变…………………………… 065
第一节　顺治时期的对日贸易政策 ………………………… 066
一、建立两国朝贡贸易的努力 ………………………………066
二、海禁政策实行前的中日贸易 ……………………………070
三、海禁政策的实行 …………………………………………073
第二节　康熙时期对日贸易政策的调整 …………………… 077
一、大开洋禁，设立海关 ……………………………………077
二、遣使赴日与对日贸易的维护 ……………………………080
三、信牌事件的处理 …………………………………………085
第三节　雍正以后的对日政策 ……………………………… 089
一、南洋禁航令的废除 ………………………………………089
二、商总制度的创立 …………………………………………091

第三章　日本幕府对华贸易政策的变迁…………………………… 102
第一节　正德新令以前的贸易政策 ……………………… 103
一、丝割符制度与相对商卖法的更迭 ………………………103
二、市法的颁布与实施…………………………………………109
三、贞享令和长崎贸易改正令的实施 ………………………112
第二节　正德新令及以后的政策调整 ……………………… 119
一、正德新令的实施 …………………………………………119
二、享保以后贸易政策的成熟 ………………………………129
第三节　日本对中日贸易的微观管理 ……………………… 134
一、贸易管理官吏的设置 ……………………………………134
二、清商的入港、贸易及返航的具体程序 …………………141
三、贸易税的征收与分配 ……………………………………144
四、对入港清商生活的管理 …………………………………149

第四章 粤、闽、江、浙等地的对日贸易 …… 157
第一节 广东地区对日贸易的衰落 …… 158
一、余温尚存的广东对日贸易 …… 158
二、广东地区赴日贸易的船只、航线和主要贸易品 …… 160
第二节 福建地区对日贸易的崛起 …… 164
一、福建对日贸易条件概述 …… 165
二、开海前福建地区的对日贸易 …… 171
三、开海后福建地区的对日贸易 …… 182
第三节 江浙地区对日贸易的繁盛 …… 195
一、江浙地区对日贸易航线、船只及贸易品 …… 195
二、乍浦港的兴起 …… 199
三、江浙地区对日贸易兴盛的成因及思考 …… 201

第五章 中日贸易的贸易品、贸易额和利润率 …… 208
第一节 对日输出的贸易品 …… 208
一、生丝及丝织品 …… 210
二、书籍 …… 221
三、其他贸易品 …… 234
第二节 从日本进口的贸易品 …… 241
一、铜料贸易 …… 242
二、其他贸易品 …… 263

第六章 清代中日贸易的影响 …… 272
第一节 对中国的影响 …… 273
一、对手工业生产的拉动 …… 273
二、对市场一体化进程的推进 …… 276

三、日铜输入对我国货币市场的影响 …………………………………… 279

第二节 中日贸易对日本社会的影响 …………………………………… 286

一、对日本社会经济的影响 …………………………………………… 287

二、儒学的东渐 ………………………………………………………… 294

三、僧侣的东渡及中日佛教交流的加强 ……………………………… 299

四、文化艺术交流的繁盛 ……………………………………………… 304

结 语……………………………………………………………………… 307

参考文献…………………………………………………………………… 314

绪 论

第一节 清代中日贸易的学术史回顾

一、国内学者的研究

通过对以往清代中日贸易研究成果的梳理，可以按时间顺序将以往的研究分成三个阶段。

（一）20世纪30—40年代

清代中国与日本的关系早在20世纪30年代便受到国内学者的关注，王辑五的《中国日本交通史》[①]对古代中日两国交往进行了简单扼要的阐述，

① 王辑五：《中国日本交通史》，上海：商务印书馆，1937 年。

可以说是我国研究中日关系史的滥觞。林寿的《清代学术对于日本的影响》①对清代中国学术东传日本及对日本学术和社会的影响做了介绍。钱仲华的《中日文化交流史略》②对古代中日文化交流做了概述。总之，这一时期我国学者的研究成果多以综述形式出现，从总体上研究古代中日交往，呈现出典型的提纲性特征。而且这一时期的成果以研究中日文化交往的居多，对清代中日双方的贸易往来只是略微有所涉猎，并没有直接相关的研究成果。

（二）1950—1978年

这一时期的研究成果与前一阶段相比增加不多，仍然是以论文形式为主。傅衣凌的《清代前期东南洋铜商》③是笔者看到的国内最早对清代中日铜贸易进行专述的文章。田汝康的《十七世纪至十九世纪中叶中国帆船在东南亚航运和商业上的地位》④和《再论十七至十九世纪中叶中国帆船业的发展》⑤对十七至十九世纪中国帆船业的发展情况做了细致的论述。从上面综述可以看出，这一时期研究成果较之从前的最大进步之处是渐渐从笼统的古代中日交往史中走出来，进入了具体的研究领域。

（三）1978年至今

改革开放以后，勃勃生机的时代环境给史学研究提供了一个相对宽松的学术氛围。清代中日贸易研究领域和历史学其他领域一样获得了宽广的发展空间，取得了长足的进步，有不少成果问世，主要的研究领域有：

1.清代中日贸易政策研究

陈东林在《康雍乾三帝对日本的认识及贸易政策比较》⑥中对康雍乾三位帝王对日本的总体认识、态度和因此而形成的对日贸易政策进行了比

---

① 见《中国公论》卷1，第5期，1939年8月。

② 见《中日文化》卷1，第3期，1941年5月。

③ 傅衣凌：《清代前期东南洋铜商》，《明清时期商人及商业资本》，北京：中华书局，1956年，2007年重印本。

④ 见《历史研究》1956年第8期，1956年8月。

⑤ 见《历史研究》1957年第12期，1957年12月。

⑥ 见《故宫博物院院刊》1988年第1期。

较，认为康熙帝在对日贸易政策上是比较务实开放的，雍正皇帝对日本怀有很强的戒备心理，乾隆帝则对中日贸易进行了大力的整顿，进一步加强了对中日贸易的控制。郭蕴静的《清康雍时期对日政策考析》[①]，分析了康雍两朝对日政策的异同点，总体而言康熙朝较为宽缓，雍正朝则在一定程度上加强了对日本的防范。胡考德的《清代（1644—1840）中日两国贸易管理之比较》[②]，对当时日本的海外贸易政策及相关管理制度做了阐述。高淑娟的《略论“长崎会所”与“十三行”》[③]对日本长崎会所与中国十三行的建立历程和在对外贸易中发挥的作用做了比较，认为二者都是代表政府管理对外贸易的机构，但相比之下，十三行是在充当清政府与外商的中间商，而长崎会所是作为幕府的代表直接管理对外贸易，权力也更大一些。此外，李金明的《清初中日海上贸易》[④]，易惠莉的《清康熙朝后期政治与中日长崎贸易》[⑤]，也都对清代中日贸易政策问题做了探讨。在此方面，目前史学界把关注点主要集中于康、雍两朝和乾隆朝前期，对乾隆中后期以及嘉庆、道光时期的中日贸易政策则涉猎较少。

2.关于区域贸易的研究

由于清代中日贸易的区域主要集中于东南沿海地区，所以在已形成的研究成果中东南沿海地区的对日贸易占据了相当大的比重，其中针对广东、福建、江浙三个区域对日贸易的研究成果较多。广东地区对日贸易主要集中于广州和澳门，对广东地区对日贸易研究较为精深的首推黄启臣，他在1986年发表的《清代前期海外贸易的发展》[⑥]中对清代鸦片战争以前广东地区的对外贸易做了非常详尽的阐述。他与邓开颂合作的《明清时期

① 见《河北学刊》1999年第4期。
② 见《史学月刊》2001年第5期。
③ 见《日本研究》2003年第3期。
④ 见《南洋问题研究》1993年第1期。
⑤ 见《社会科学》2004年第1期。
⑥ 见《历史研究》1986年第4期。

澳门对外贸易的兴衰》[①]把清代澳门地区的对外贸易分成三个阶段进行讨论，对澳门地区对外贸易在清代不断走向衰落的原因也做了十分透彻的分析。福建地区对日贸易的研究成果比较丰富，韩昇的《清初福建与日本的贸易》[②]对清初福建与日本的贸易进行了量化分析，对当时福建赴日商船数目和主要贸易品都做了较为精确的统计。陈希育的《清代福建的外贸港口》[③]对清代福建地区对外贸易的港口进行了综述，由于福建是清初对日贸易的主要区域，故作者又对各港口对日贸易做了简单概括。康熙开海之后，浙江的乍浦港逐渐成为对日贸易最主要的港口，因此对于江浙特别是乍浦地区对日贸易的研究也渐渐受到关注。徐明德在《论清代中国的东方明珠——浙江乍浦港》[④]中对乍浦港的地理位置、兴起原因以及清代乍浦港中日贸易的盛况都做了细致的论述。此外，黄启臣、庞新平的《清代活跃在中日贸易及日本港市的广东商人》[⑤]，陈希育的《清代前期的厦门海关与海外贸易》[⑥]，张守广的《明清时期宁波商人集团的产生和发展》[⑦]，都对清代区域性对日贸易进行了探讨。

3.关于贸易物品的研究

清代中日贸易的贸易物品种类繁多，中国输往日本的主要是生丝、纺织品、瓷器、砂糖、书籍等。日本输往中国的主要以铜和海产品为大宗。林仁川在《明末清初私人海上贸易》[⑧]中对明末清初中日双方丝绸、瓷器、砂糖等主要贸易品做了考察和简单的量化分析。魏能涛在《明清时

① 见《中国史研究》1984 年第 3 期。
② 见《中国社会经济史研究》1996 年第 2 期。
③ 见《中国社会经济史研究》1988 年第 4 期。
④ 见《清史研究》1997 年第 3 期。
⑤ 见《中山大学学报》2000 年第 1 期。
⑥ 见《厦门大学学报》1991 年第 3 期。
⑦ 见《南京师大学报》1991 年第 3 期。
⑧ 林仁川：《明末清初私人海上贸易》，上海：华东师范大学出版社，1987 年。

期中日长崎商船贸易》[①]中重点考察了中日之间的铜贸易。戴建兵、许可在《清代铜政略述》[②]的开头部分对清代采办洋铜的制度变化做了简单论述。胡孝德的《清代中日书籍贸易研究》[③]对长期以来为人所忽略的清代中日之间的书籍贸易进行了研究，对汉籍输入日本的渠道、数量、价格等方面都做了相关论述。但是总体而言，在对清代中日贸易物品的计量统计研究方面，大陆学者的研究与台湾地区和日本学者相比还是比较薄弱的。

4.关于贸易影响的研究

清代中日两国虽没有建立起官方的往来，但双方民间贸易终清一代都绵延不绝，这种繁盛的民间贸易不仅给中日双方的社会经济带来重大的影响，还促进了双方的文化交流，对两国思想文化和人们的社会生活都产生了深远的影响。李东有在《略论近代世界市场互动中的中国东南贸易带》[④]中提出了三层贸易带的说法，而与中国始终保持着贸易关系的日本便属于外层贸易带，这种贸易对我国的经济发展始终发挥着拉动者的作用。李伯重的《中国全国市场的形成：1500—1840年》[⑤]对1840年以前中国国内统一市场的形成做了系统论述，其中对外贸易包括对日贸易是其形成的一个重要原因。冯佐哲的《清代前期中日民间交往与文化交流》[⑥]对清代前期中日民间交往与文化交流的概况进行了系统的考察。

二、港台地区及国外学者的研究

对于清代的中日贸易，港台地区及国外学者多有涉猎，其研究的视角、专题与大陆学者的研究有所差异，其中的一些成果给人以独辟蹊径之

① 见《中国史研究》1986 年第 2 期。

② 见《江苏钱币》2007 年第 3 期。

③ 见《中国经济史研究》2007 年第 1 期。

④ 见《南昌大学学报》2000 年第 2 期

⑤ 见《清华大学学报》1999 年第 4 期。

⑥ 见《史学集刊》1990 年第 2 期。

感。台湾学者在20世纪五六十年代便开始关注清代中日贸易研究，南栖在《台湾郑氏五商之研究》（《台湾银行季刊》16卷第2期，1965年6月）中对明末清初郑成功海商集团创立的集采购、运输、销售于一身的五商制度进行了细致的研究，由于对日贸易是郑氏集团贸易的主要组成部分，因此文章中大量涉及清初中日贸易的流程、贸易物品、参与人员、路线等各方面内容，可以说是对清初以郑氏集团为首的中日贸易的一个较为全面的介绍。刘序枫在《清康熙—乾隆年间洋铜的进口与流通问题》①中对清代的中日铜贸易做了系统的综述，可谓是此领域的巅峰之作。他的另一篇论文《试论清朝对日本海难难民的救助与遣返制度之形成》②既详细记录了清代日本漂流民遣返的一些实例，又对遣返制度进行了探究，是对清代日本漂流民遣返问题进行系统研究的一篇佳作。朱德兰的《清开海令后的中日长崎贸易商与国内沿岸贸易（1684—1722）》③对这一时期的中日贸易做了深入的考察，对赴日船只做了详细的计量统计。台湾师范大学的郑瑞明教授在《清领初期（1684—1722）的台日贸易关系》④中对此时段内台湾地区与日本的贸易关系做了全面深入的考察，对很多问题也做了计量统计。

除了台湾地区学者的研究，日本学者对于清代中日贸易的研究也用力颇多。多年来日本学者根据本国保留下来的大量原始资料（包括唐船贸易有关记录、账簿、有关漂流船的史料，双方人员的笔谈等）以及保存在荷兰等国的贸易档案和中国方面的史料，进行了较为深入细致的研究，取得了丰硕的成果。著作方面有，中山久四郎的《近世中国给予日本文化的势力和影响》⑤，秋山谦藏于1939年著述的《日支交涉史研究》（东京：

---

① 见汤熙勇主编《中国海洋发展史论文集》第 7 辑，台北：“中央研究院”中山人文社会科学研究所，1999 年。

② 浙江大学日本文化研究所编：《中日关系史论考》，北京：中华书局，2001 年。

③ 张炎宪主编《中国海洋发展史论文集》第 3 辑，台北：“中央研究院”三民主义研究所，1988 年。

④ 陈捷先、成崇德、李纪祥主编：《清史论集》，下册，北京：人民出版社，2006 年。

⑤1914—1915 年《史学杂志》25 编，第 2、3、4、7、8、10、12 卷，26 编，第 2 卷。

岩波书店，1939年），山胁悌二郎的《长崎の唐人贸易》[①]，由木宫泰彦著，胡锡年翻译的《日中文化交流史》[②]，大庭修著，戚印平、王勇、王宝平译的《江户时代中国典籍流播日本之研究》[③]，大庭修著，徐世虹译的《江户时代日中秘话》[④]等等。此外，还出版了几部史料集，如松浦章、田中谦二编著的《文政九年远州漂着得泰船资料》[⑤]，大庭修编著的《唐船进港回棹录·岛原本唐人风说书·割符留帐》[⑥]等。

除了上述著作及资料集外，还发表了不少有价值的文章，如佐伯富的《康熙、雍正时期的日清贸易》[⑦]，荒居英次的《长崎荷兰商馆日记中的中国船之输入数量记事与所载的页数》[⑧]，松浦章的《关于日中贸易驶往长崎的中国船》[⑨]，《中国商人与长崎贸易——以嘉庆、道光时期为中心》[⑩]，《有关来航长崎的中国商人——以正德新例以后为中心》[⑪]，《清代驶往日本贸易船所载的货物》[⑫]等等。以上成果都从不同角度和侧面对清代中日贸易进行了探讨和研究，以新的视角对大陆学者的研究有所启发、借鉴。

---

①［日］山胁悌二郎：《长崎の唐人贸易》，东京：吉川弘文馆，1964年。

②［日］木宫泰彦著：《中日文化交流史》，胡锡年译，北京：商务印书馆，1980年。

③［日］大庭修著：《江户时代中国典籍流播日本之研究》，戚印平、王勇、王宝平译，杭州：杭州大学出版社，1998年。

④［日］大庭修著：《江户时代日中秘话》，徐世虹译，北京：中华书局，1997年。

⑤［日］松浦章、田中清二编著：《文政九年运州漂着得泰船资料》，大阪：关西大学出版部，1986年。

⑥［日］大庭修编著：《唐船进港回棹录·岛原本唐人风说书·割符留帐》，大阪：关西大学东西学术研究所，1974年。

⑦见《东洋史研究》第16卷，第4号。

⑧见日本大学史学会《史丛》16。

⑨见《史泉》第47、48、49号。

⑩见《史泉》第54号。

⑪见《中日文化交流国际研讨会论文集》第3号。

⑫见《横田健一先生古稀纪念文化史论丛》。

第二节 清代以前中日贸易的简单回顾

日本是中国一衣带水的邻邦，两国之间的交往源远流长。早在两汉时期，两国就有使节往来。隋唐时期，中日两国的交往更是得到了长足的发展，特别是唐代，日本实行遣唐使制度，数量众多的遣唐使和留学生不仅促进了双方的文化交流，也为两国贸易提供了一个重要的渠道。宋元时期中国与日本虽没有建立起正式的外交往来，但这却为两国间的私人海外贸易提供了广阔的发展空间。入明以后，由于明政府实行严厉的海禁政策，朝贡贸易成为明前期唯一合法的贸易渠道，在这种政策背景下，中日朝贡贸易逐渐发展起来并在明成祖推动下于永乐年间达到高峰。嘉靖以后朝贡贸易衰落，私人海外贸易迅速兴起并成为对外贸易的主流，中日之间的私人海外贸易随之强势发展起来。

一、明代之前的中日贸易

中国与日本的交往可以上溯到秦代，秦始皇统一六国之后，即派徐福东渡日本求长生的灵药，关于此事虽然尚缺乏可靠资料做支撑，但从历代史书对于此事的一些记载和日本流传着大量关于徐福的传说来看，可信度还是比较高的。

到了汉代，中国与日本的交往便有了翔实可靠的资料记载，《汉书·地理志》说："夫乐浪海中有倭人，分为百余国，以岁时来献见之。"又说："倭人在带方东南大海之中，依山岛为国邑。"[①]以上两条史料说明在西汉时期日本使节定期来中国朝见，并贡献一些方物。但是应

---

①《汉书》卷二十八下，《地理志》八，下，北京：中华书局，1962年标点本，第1658页。

该看到的是当时日本列岛只存在许多小的部落和部落联盟，并没有形成统一的国家，所以这些来到中国的使臣也只是这些部落或部落联盟的代表。东汉光武帝建武中元二年（57），日本使者来到位于朝鲜半岛北部的乐浪郡，并在当地官员陪同下来到东汉都城洛阳觐见光武帝，提出了与东汉政府建立正式关系的请求。光武帝接受日本使臣这一请求并赐其“汉倭奴国王”金印和其他一些物品，这次带有册封意义的活动标志着中日两国政府间关系正式建立。

三国时期，位于日本北九州的邪马台国与曹魏之间建立起官方的往来。据《魏书·倭人传》记载，魏明帝景初二年（238），邪马台女王卑弥呼派遣难升米、都市牛利等出使魏国。他们由带方官员送至魏都洛阳，向魏献男生口四人，女生口六人，班布二匹二丈。魏明帝对日本来使盛情款待，并仿效光武帝赐倭奴国王金印的做法，诏封卑弥呼女王为“亲魏倭王”并赐以金印紫绶。除此之外还加封难升米为率善中郎将，都市牛利为率善都尉。同时赠送绛地交龙锦五匹，蒨绛五十匹，绀青五十匹，铜镜百枚等等珍贵礼品，并由带方当地官员于正始元年（240）送日本使臣回国。

南北朝时期，中日之间的交往仍然非常繁盛，突出表现在日本与中国南朝的交往上。木宫泰彦据《宋书》和《南史》中的资料考证，南朝时期日本使臣到达南朝首都建康的次数高达八次之多，可以说这种往来是十分频繁的。当时的日本为何单单与南朝来往密切而疏于和北朝来往呢，原因可能出于以下几个方面：第一，当时日本与高句丽由于百济的关系处于敌对状态，而中国对高句丽又颇有影响，所以日本想通过与中国南朝建立友好关系，借中国的旗号来对付高句丽。第二，当时中国的北方烽火遍地，战乱不已，而南方则相对安定，且经济重心已经有了南移的趋势。第三，北方多是少数民族政权，文化相对比较落后，而南方由于晋王朝南迁时大部分贵族和知识分子跟随王室迁往江南，可以说南朝代表了当时中国比较先进的文化。

隋朝建立后，中日交往有了进一步的发展。当时日本已进入飞鸟时代，推古女王即位，圣德太子摄政，他为摆脱当时日本的社会危机，大力推行改革，不断派遣遣隋使来中国学习优秀文化。据史料记载统计在从推古天皇十五年（607）到二十二年（614）的七年中，日本先后三次派遣遣隋使来到中国，随同这些遣隋使一同来到中国的还有许多留学生和学问僧，他们积极吸收中国的优秀文化特别是佛教文化，后来这些人很多成为大化改新的骨干力量。在日本派遣遣隋使的同时，隋炀帝也于大业四年（608）派遣裴世清作为使者对日本进行回访。两国政府间联系的加强促进了双方的物质文化交流。

隋王朝虽是一个统一王朝，但毕竟享国只有37年，继之而起的唐王朝在政治、经济、社会各个方面都超越了前代，海外贸易也发展到前所未有的高度。而当时日本正处于大化改新的前夕，其统治者非常渴望得到唐王朝先进的政治、经济和社会管理经验来指导自己国家的变革，因此他们按照早期派遣遣隋使的做法，向唐派遣遣唐使，希望以此方式与唐帝国建交并学习先进的唐文化。最早的一批遣唐使派遣是在舒明二年（630），唐太宗李世民出于“中国既安，四夷自服”的想法，认为日本遣使到来是唐对外政策成果的表现，对日本使臣的到来持欢迎的态度，并派遣使者回访。两国于公元653年建立正式的外交关系，唐代中日两国间频繁的政治、经济、文化交流自此开始，而海外贸易作为双方交流的重要渠道之一也日益繁盛起来。

晚唐以前，遣唐使贸易一直是日本对唐贸易最重要的形式之一。由于唐代日本的造船技术不发达，日本国内的商人又没有足够的商业资本横跨大海来中国进行直接贸易。因此，乘坐遣唐使的船只到中国进行贸易便成为日本商人来中国贸易的最主要形式。唐代中前期，由于遣唐使频繁派遣，以遣唐使船只为依托的中日海上贸易异常繁盛。但是由于遣唐使的派遣耗资巨大，日本政府渐渐感到无力支撑，再加上由于受当时造船技术所限，遣唐使的船只经常遭遇海难发生事故，更为重要的是唐帝国在安史之乱以后，政治混乱、经济凋敝、国力衰落、社会动荡不安，曾经统一强盛的唐王朝已经一去不复返了。因此，日本方面也逐渐减少了遣唐使的派遣次数，承和五年（838）后再未派遣遣唐使来到中国。宽平六年（894）更是下达了终止派遣遣唐使的诏令。但遣唐使的终止并不代表中日贸易的断绝，中国商人开始以私人身份赴日贸易。据日本学者木宫泰彦统计，承和六年（839）至延喜七年（907）68年间，日本与唐之间往来商船达37次[①]。足说明当时中日之间贸易往来是十分频繁的。

北宋时期是我国海外贸易获得飞速发展的时期。究其原因，首先是北宋结束了唐末五代以来大分裂的局面，重新建立起了统一的王朝，国家的统一为经济的发展创造了条件，而社会经济的进步，商品种类的繁多无疑为海外贸易的发展提供了有力的经济依托。与此同时，我国经济重心南移到北宋时期已经完成，南方尤其是东南沿海已经取代北方成为新的经济中心，而且东南沿海的商人又有贩海致富的传统，在这种情况下，海外贸易必然得到迅猛的发展。其次，由于北宋王朝“积贫积弱”，始终不能摆脱北部辽、西夏和金政权的威胁，北部的榷场和丝路贸易时常遭到上述三个少数民族政权的干扰和破坏。北路贸易受阻的北宋王朝自然把目光投向了东南沿海。再次，北宋时期我国的科技获得了较快的发展，造船技术日趋成熟，北宋造的船只无论在载重量和抗风浪能力上都比前代有了明显进步，而指南针和季风理论应用于航海更为远洋航行提供了有力的安全保障。但是北宋时期，中日两国并未建立起正式的外交关系，双方的贸易属于私人的民间贸易，而且由于当时日本实行锁国政策，禁止日本人私自出海，所以这一时期的中日贸易实质上是中国商人赴日贸易。虽说两国贸易处于这种私人单向贸易状态，但中国商人的往来还是十分频繁的，据木宫泰彦列表统计，北宋时期宋商赴日贸易次数达70次之多，如朱仁聪、周文

---

① [日] 木宫泰彦：《日中文化交流史》，胡锡年译，北京：商务印书馆，1980年，第109—116页。

德、周文裔、陈文佑等都是数次来往于宋日之间的中国商人。北宋时期商人到达日本后的贸易流程承袭唐代，船只到达博多湾后，太宰府派遣通事等检查公文凭证、船员名单、货物清单等等，同时上报京城，日本朝廷召集有关大臣就宋船到来之事进行讨论。如允许贸易，则由太宰府将宋商安置在鸿胪寺内提供食宿等候贸易。最后，太宰府在中央派遣官员的监督下与宋商进行贸易。

南宋时期，中日两国同样没有建立起正式的外交往来，但在双方政府鼓励海外贸易发展政策的推动下，双方贸易往来十分频繁。南宋偏安江南一隅，国土面积狭小，土地税收极其有限，无法支持庞大的财政支出，而且西北商路几乎完全断绝。因而南宋政府对海外贸易的依赖程度远远超过了北宋王朝，海外贸易税收成为与土地税同等重要的国家财政支柱。正如宋高宗所言："市舶之利，颇助国用，宜循旧法，以招徕远人，阜通货贿。"①如果说南宋政权是在北宋重视鼓励对外贸易政策的基础上发展的话，那么，日本方面这一时期则从根本上改变了北宋时期的禁止日人出海贸易的锁国政策。保元之乱后，以平清盛为首的武家力量掌握了日本政权，他推行了鼓励发展海外贸易的措施。究其原因，首先是武家政权刚刚兴起，锐意进取。其次是平清盛看到了日宋贸易的巨大经济利益。再次，随着日本庄园制的形成并获得发展，日本手工业和商业获得了长足的发展，但随之而来的是货币量的严重不足。虽说天皇曾下令铸币，但由于日本铸币技术低下，国内的铸币量始终无法满足市场流通的需要，而当时中国南宋不仅铸币技术成熟，而且铸币数量大。因此对于中国铜钱巨大而又急切的需求是日本平清盛政权推行鼓励贸易政策的重要动力。

在两国政策的鼓励下，中日双方的贸易获得进一步发展。这种发展突出表现在日本方面，平清盛为鼓励海外贸易发展，解除了对日本商人出

---

①《宋会要辑稿》"职官四十四之二十四"，北京：中华书局，1957年影印本，第4册，第3375页。

国贸易的禁令，使得日商可以自由前往南宋进行贸易。同时，他又修筑了兵库港，极大地缩短了日人来中国的航程。这就彻底改变了北宋时期单纯依靠中国商人赴日贸易的单向贸易局面。而日本商人以个人身份大量前来中国贸易是南宋时期中日贸易有别于以往的重要特征。如绍兴十五年（1145）十一月，有日本商人19人，携带硫黄、布匹等前来温州贩卖，因风飘入平阳县仙口港[①]。这样的例子还很多，据史料记载，宋淳熙十年（1183）、绍熙四年（1193）、庆元五年（1199）、庆元六年（1200）、嘉泰二年（1202）都有日本商船来南宋进行贸易，还有的是遭遇大风漂流到南宋沿岸，南宋政府还因此动用常平仓钱粮对他们进行赈济[②]。在《开庆四明续志》中对这一时期日本商人来中国贸易有这样的描述“倭人冒鲸波之险，舶船相衔，以其物来售”。南宋管理对日贸易的机构仍是两浙地区的市舶司，但市舶司的设置几经变革，最后只保留了明州（宁波）的市舶司务，明州港自然成为对日贸易第一大港，而日本最主要的港口还是筑前的博多港。日商到达南宋后的贸易方法是：日船一入港，便有市舶司的官吏前去检查，然后进行抽分，博买，最后是普通商人与日人进行交易。南宋船到日本贸易的过程在镰仓幕府建立之前与前代大体相同。镰仓幕府建立以后，少贰、大友二氏掌握了太宰府的权力，海外贸易便由他们掌管了。当时中日贸易的贸易品与前代相比变化不大，值得一提的是中国的铜钱和日本的黄金，南宋时期中国铜钱大量流入日本，而日本的黄金也在此时大量流入中国，据日本学者加藤繁考证，在南宋理宗宝祐年间（1253—1258），庆元府一年间由日本商人输入的黄金总额大约是四五千两，如果再算上中国商人从日本带回的黄金，其总额约是一万两，竟高于南宋时期中国黄金的年产量。[③]

---

① 李心传：《建炎以来系年要录》卷一五四，北京：中华书局，1988年点校本，第2491页。

② 马端临：《文献通考》卷三二四《四夷考一》，北京：中华书局，1986年影印本，下册，第2553页。

③ [日]加藤繁：《中国经济史考证》，吴杰译，北京：商务印书馆，1963年，第247—251页。

元朝建立以后，中日关系发生了新的变化。元世祖忽必烈于1278年灭掉南宋，统一中国。在此之前元政权已经征服了高句丽，并于1266年到1273年六次遣使赴日，意图劝说日本向元臣服，称臣纳贡。但当时日本的执政者是镰仓幕府，作为刚刚登上政治舞台的新兴武士阶层的代表，他断然拒绝向元政权臣服。在屡次出使劝说未果的情况下，元世祖决定以强大的武力逼日本臣服。于是中日之间爆发了"弘安之役"，但事与愿违，元的两次征日行动都因为飓风大败而归。

虽然元政权与日本之间的政治关系十分紧张，但这并没有影响到两国间贸易的繁荣。这与元政府的政策是密不可分的。正如晁中辰先生所说："元朝虽是一个由少数民族建立的政权，但元统治者胸襟颇为博大，在对外交往中可以说采取了一种世界主义的政策，不仅在文化上对世界各种宗教兼容并蓄，而且在经济上采用重商主义政策，鼓励海外贸易，鼓励中国商品出口。"[①]相对于元朝开明的贸易政策，日本镰仓幕府方面则逊色很多，未有成文的鼓励对外贸易的政策出台。但由于日本方面对中国铜钱及丝绸等物品的需求，幕府又允许日本商人到中国进行贸易。元代的中日贸易与北宋时期单纯中国商人赴日的单向贸易和南宋时期双方互有往来不同，中国商人赴日贸易的数量很少，大多是日本商人浮海而来。究其原因：首先，可能是受到弘安之役的影响，两国政治空气紧张，使中国商人不愿意赴日贸易。其次，元政权世界主义的贸易政策，使中国当时面向全世界开放，我国商人的贸易范围也空前广大，遍及东亚、东南亚、南亚以及波斯湾和阿拉伯半岛等诸多地区，对日贸易兴盛与否对中国商人生计影响不大。而相比之下，日本对外贸易的范围要小得多，他们能够得到中国商品的渠道也比较单一，因此，对中国物品的强烈渴望促使他们一次次登上船只，扬帆远航。

元代对日贸易的主要港口是庆元港（今宁波），元政府设庆元市舶

---

① 晁中辰：《明代海禁与海外贸易》，北京：人民出版社，2005年，第13页。

司进行管理。中国商船赴日贸易要持有市舶司发给的公验、公凭才能出港，回国时还要回到出发时的港口检查公验、公凭并经过抽分才允许进港贸易。日本商船到达后也要经元市舶司的详细检查并抽分后方能进港贸易。元代中日贸易的贸易品与前代基本相同，向日本输出的主要有铜钱、香料、丝织品、陶瓷、经卷、书籍、文具等。从日本输入的主要是黄金、刀剑、折扇等物品。1984年韩国考古工作者打捞出的被誉为20世纪十大考古发现之一的中国元代“新安沉船”保留了当时中日贸易的贸易物品。从这条沉船上，考古工作者发掘出了两万多件青瓷和白瓷，两千多件金属制品、石制品和紫檀木以及800多万件重达28吨的铜钱。这一重要的考古成果如实反映了元代中日贸易的繁盛。

综上所述，从汉至元，中日两国贸易发展的轨迹，使我们惊叹于两个古老的东方国度千余年来如此频繁的贸易往来，无论是中国人的浮海东渡，还是日本人的扬帆西来，穿越重重风浪，我们仍可依稀地感受到两个坚强而勇敢的民族不羁的个性，仍可依稀体味到披风戴雨的种种艰辛。而当历史的车轮转到明代，中日贸易又以其独有的特点为明代对外贸易增添了浓重的一笔。

二、明代的中日贸易

明代的海外贸易呈现出明显的阶段性特点，从明初到嘉靖以前，朝贡贸易占主体地位，私人海外贸易虽有发展但规模不大。嘉靖以后尤其是嘉靖二年（1523）“争贡之役”后，私人海外贸易迅猛发展，并逐渐取代朝贡贸易成为海外贸易的主角。

洪武元年（1368），朱元璋击败蒙古贵族建立明政权，在着力恢复汉民族统治的同时，他为加强集权进行了一系列的变革。在海外贸易政策上的集中反映就是海禁政策的实施，即禁止私人出海贸易。明代以前历朝历代并没有真正实行过海禁政策，那么明代为何在如此晚近的时期要实行这一政策呢？这与当时的政治经济状况是密不可分的。首先，明初朱元璋力主恢复自给自足的自然经济，商品经济水平比较低，这就使整个社会缺乏进行海外贸易的动力。其次，由于张士诚、方国珍的余部以及日本倭寇不断对我国沿海地区进行骚扰，海上敌对势力的存在使明政权十分警惕，海疆不靖是明代实行海禁的重要原因。再次，专制主义中央集权的空前加强和长期以来崇本抑末的思想观念也是实行海禁的原因之一。正是在上述原因的驱使下，朱元璋于洪武四年（1371）十二月颁布禁海的诏令："禁滨海民不得私出海"[①]。此后，又不断进行重申，洪武十四年十月"禁滨海民私通海外诸国"[②]。另据《国榷》记载，洪武二十三年十月颁诏"禁通外藩"[③]。明初不仅如此频繁地颁布禁海诏令，还把禁海政策作为一项法律条文写入《大明律》，使得海禁政策成为国家的明文规定并具有了相当的稳定性。

明初在推行海禁政策的同时，朱元璋遣使四出，对周边各国广泛地招徕，要求他们称藩纳贡以确立大明朝"天朝上国"的宗主形象，而周边各国则借朝贡之机与中国进行贸易，这就是明政府所推行的"朝贡贸易"。在禁止一切私人出海活动的背景下，朝贡贸易成为中外交往的唯一合法途径。而朝贡贸易与海禁政策的结合更成为明初统治者制定海外贸易政策的核心。海禁政策虽是明政府既定的国策，但宋元以来悠久的海外贸易传统，又怎能靠一纸禁令全盘否决。而且，明代帝王要想满足自己"万邦来朝"的宗主形象就要在一定程度上满足周边国家对中国物品的强烈需求，而朝贡贸易正是为更有效地推行海禁政策和满足帝王的虚荣心态提供了一个官方的渠道。它与海禁政策相得益彰，朝贡贸易的存在保证了海禁政策的推行，而海禁政策的规定又保证了朝贡贸易的垄断地位，使它能够规避

---

① 台北"中央研究院"历史语言研究所编：《明太祖实录》卷七十，《明实录》第3册，台北：台北"中央研究院"历史语言研究所，1968年校勘本，第1300页。

② 台北"中央研究院"历史语言研究所编：《明太祖实录》卷一三九，《明实录》第5册，台北：台北"中央研究院"历史语言研究所，1968年校勘本，第2197页。

③ 谈迁：《国榷》卷九，北京：中华书局，1958年标点本，第1册，第718页。

经济利益远胜其千万倍的私人海外贸易的竞争而存在下去。正如日本学者田中健夫所言，海禁政策和朝贡贸易是“明朝对外政策的两大支柱”[①]。

在洪武初年朱元璋广泛招徕称藩纳贡的国家名单中，日本也位列其中。洪武二年（1369）三月，朱元璋即派遣杨载出使日本，希望与日本建立朝贡关系，但同时又谴责日本没能对倭寇滋扰中国沿海的问题予以妥善处理。当时日本正处于南北朝时期，政局比较混乱。足利尊氏拥戴光明天皇在京都建立室町幕府，反对足利尊氏的后醍醐天皇逃到吉野建立与室町幕府相抗衡的南朝。而明使的靠岸地点九州南部一带又恰好位于南朝更确切地说是在后醍醐天皇的儿子怀良亲王的控制之下，怀良亲王把明朝使臣误以为是蒙古使者，再加上明朝国书中比较傲慢的词句，使得日方对中国使臣态度极为强硬，此次明朝出使日本未能达到目的。直到洪武三年（1370），怀良亲王才了解到中国使臣是大明的使者而非蒙古使者，明太祖也了解到日本南北朝对峙的政治状态。而明太祖认为北朝的室町幕府才是正统，并不打算与怀良亲王所在的征西府建立朝贡关系。虽说明政府与室町幕府在洪武六年（1373）有过一次交往，但明政府所希望的那种朝贡关系却迟迟没能建立起来。洪武十三年（1380）胡惟庸案发，明太祖认为胡惟庸勾结日本意图谋反，于是下令断绝中日关系，此后，中日之间处于相对隔绝的状态达数十年之久。

永乐初年，中日关系出现转机。明成祖通过靖难之役登上帝位，但这种似乎来路不正的皇位给成祖本人带来了很大的压力，如何为自己正名，以消除人们对他使用非常规手段夺取帝位的不满成为摆在他面前的头等大事。成祖希望通过与周边国家广泛建立朝贡关系，确立自己“万国来朝”的天朝上国、真命天子的光辉形象。他的目光首先便投到还未与明建立朝贡关系的日本。而日本的幕府将军足利义满于1392年消灭南朝势力，统一

① ［日］田中健夫：《东亚国际交往关系格局的形成和发展》，《中外关系史译丛》第 2 辑，上海：上海译文出版社，1985 年，第 153 页。

了全国。由于室町幕府时期日本实行的“守护领国制”，各守护大名在经济政治上都有很强的独立性，而且全国一半的财富掌握在守护大名和武士手中，幕府的权力与镰仓时期相比有了明显的下降。足利义满为了扩充自己的政治经济力量，同时提高自身的威望和影响力，也积极希望与中国建立朝贡贸易关系。两国最高统治者的愿望使朝贡关系的建立水到渠成。永乐二年（1404），明成祖派遣赵居仁出使日本，向日本表达了建立朝贡贸易关系的愿望，足利幕府于永乐四年（1406）派遣使臣回访，表示愿意与明交好。于是双方正式的朝贡贸易关系得以确立。

明代中日两国间的朝贡贸易是通过“勘合”贸易的形式进行的，“勘合”制度始于洪武十六年（1383），“勘合”即明政府发给朝贡国来朝贡时所携带的凭证。永乐二年（1404）双方缔结了所谓的《永乐条约》，对双方的朝贡贸易制度做出了基本的规定，明政府赠给日本勘合一百道，日本十年一贡，每次朝贡贡船限制为两艘，贡使为二百人，而且不得携带任何武器。此规定到宣德年间略有调整，将贡船数增加到三只，贡使人数增加到三百。明代中日之间的朝贡贸易基本是按照以上规定来进行的，但值得一提的是日方基本上没有遵守十年一贡的规定，永乐二年至九年的八年间，日本贡船先后七次到达中国，几乎是一年一贡，明政府也六次派遣船只回访日本，双方往来频繁可见一斑。究其原因，从政治上来看，永乐年间日本贡使七次前来都有其政治目的，如第一次是日本在接受明政府册封后前来表示谢意并向成祖册立太子表示祝贺，第二次和第四次是为了向明政府献出俘获的海盗头目，第五次则是就幕府将军足利义满的死向明政府报丧等等。而对于中国明政府来说一方面出于天朝上国的观念，日使来朝必然要派遣使臣相送并回访以表示中华礼数周全，这也与中国在朝贡贸易过程中政治至上的原则相符合。另一方面明政府也希望通过密切与日本幕府的联系以借日本力量剪除海盗的骚扰。明政府这一目的在明成祖赐给日本的封山碑文中表现极为明显：“惟尔日本国王源道义，上天绥靖，锡以贤智，世守兹土，冠于海东，允为守礼义之国。……迩者，对马、壹岐暨诸小岛有盗潜伏，时出寇掠。尔源道义能奉朕命，咸殄灭之，屹为保障，誓心朝廷，海东之国未有贤于日本者也”[①]。可见，明之所以给予日本封山这样的礼遇就是对其剿灭海盗的表彰并鼓励其继续为大明解除倭寇之忧。而这种政治来往则为双方的朝贡贸易发展提供了一个平台。从经济上来看，由于中国在朝贡贸易上奉行“厚往薄来”的方针，到中国来进行朝贡贸易对日本来说显然是获利颇丰的，因此也不能排除日本幕府出于经济利益的考虑以政治需要为借口来中国朝贡。而日船到达中国后进行朝贡贸易的具体流程是如何的呢？大体上日本的船只到达了宁波港后，由浙江布政使司会同宁波市舶司校对勘合，如勘合确系不是伪造，则上报京师礼部，礼部对勘合再做一次检验，无误后，日本贡使携带贡品和其他物品沿运河入京。入京之后首先由礼部在会同馆内宴请日使并举行诸多其他仪式，然后由日本贡使向明帝进献贡物，明政府接收贡物并进行回赐后，如还有剩余货物方允许在会同馆内贸易三天。

嘉靖时期是明代中日贸易转型的重要阶段，私人海外贸易迅速兴起并逐渐取代朝贡贸易成为中日贸易的主角。嘉靖二年（1523）发生了两队日使互争真伪的“争贡之役”，日使在宁波、绍兴等地一路烧杀，还杀害了宁波卫将军指挥袁琎和备倭都指挥刘锦。此事对明政府产生极大震动。嘉靖帝以海疆不靖为由关闭了广东、福建和浙江的市舶司，一时间海禁骤严。虽经林富上书于嘉靖八年（1529）重开广东市舶司，但福建和浙江的市舶司并未恢复。而且此时明政府对朝贡贸易的管理也变得极为严格，凡不按照贡期或勘合不合者一律不予接待。由于日本是争贡之役的元凶，因此嘉靖帝对日本朝贡的管理尤其严格和警惕。不仅对不合贡期的贡使一律谢绝，对于符合贡期的也诏令浙江地方官吏严格检查。在这种紧张的空气下，嘉靖二十三年（1544）的贡使因明政府拒绝接待而回国，二十六年

① 台北“中央研究院”历史语言研究所编：《明太宗实录》卷五十，《明实录》第10册，台北：台北“中央研究院”历史语言研究所，1968年校勘本，第752页。

（1547）日使来贡时向明要求更换嘉靖朝的新勘合也被明政府以日方还未将弘治、正德旧勘合悉数上交而拒绝。嘉靖二十八年（1549）日本遣使来明朝贡是日本在明代最后一次赴明朝贡，此后两国官方外交关系断绝。

中日双方官方贸易的停止并未真正断绝两国之间的贸易联系，与之相反的是，中日之间唯一合法贸易渠道的逐渐断绝使赴日贸易的利润激增，巨大的经济利益刺激了中日私人海外贸易的勃兴。而明政府严厉的海禁政策又使得私人海外贸易无一例外地选择了走私的方式。于是，在中日之间碧波万顷的大海上，出现了众多大大小小的走私商人。最初他们只是“各船各认所主，承揽货物，装载而还，各自买卖，未尝为群”，但由于激烈的海上竞争，逼迫他们“依附一雄强者，以为船头”[①]，形成了大大小小的贸易集团。而这些贸易集团再经过竞争淘汰，又形成了更大规模的海商集团，他们有自己的贸易基地，货物囤积地，固定的贸易路线。李光头、许氏兄弟、王直、徐海等是他们中的代表人物。

面对东南沿海地区走私贸易愈演愈烈的局面，明政府加大了清剿的力度，于嘉靖二十六年（1547）任命朱纨巡抚浙江，兼提督福建福、漳、泉、兴、建宁五府军事，专职剿灭倭寇。朱纨到任后雷厉风行地采取了多项措施，嘉靖二十七年（1548）命卢镗率军捣毁了当时海商在江浙地区的贸易中心双屿港，并于次年的走马溪大战中大败中葡两国海盗，俘获海盗首领李光头等人。但卓越的战功并未给他带来好运，此后不久，朱纨因“擅专刑戮”被免职，而后又被逼自尽。朱纨的死直接导致海禁大弛，“中外摇手不敢言海禁事”[②]。随着海禁的松弛，海商的势力获得迅猛发展，嘉靖三十一年（1552）爆发了“壬子之变”，以王直为首的海寇十余万进犯东南沿海，他们“犯台州，破黄岩，大掠象山、定海诸邑”[③]，在

① 范表：《玩鹿亭稿》卷五《海寇议》，济南：齐鲁书社，1997年，第15页。

② 张廷玉：《明史》卷二〇五《朱纨传》，北京：中华书局，1974年标点本，第18册，第5405页。

③ 谷应泰：《明史纪事本末》卷五十五，北京：中华书局，1977年标点本，第3册，第847页。

东南沿海地区造成了很大的影响。明朝政府随即派遣王忬到东南沿海剿灭倭寇，在没有取得任何收效后又派遣兵部尚书张经督理江南军务，取得被誉为自有倭患以来“战功第一”的王江泾大捷。嘉靖三十五年（1556），胡宗宪走马上任，继续负责剿倭事宜，他采取剿抚并用的策略，对徐海、叶麻、陈东等人各个击破，并用计诱杀了王直。与此同时，抗倭著名将领戚继光、俞大猷等人又在军事上对东南沿海的倭寇予以沉重的打击。在政治与军事策略的联合作用下，到嘉靖四十五年（1566），福建、浙江、广东的倭寇基本被肃清，东南沿海恢复平静。对于这次抗倭斗争的性质，历史学界基本有了定论，认为这是一场海禁与反海禁的斗争而非抗击侵略的斗争。正是由于明政府申严海禁，使得东南沿海众多世代以贩海为生的小民铤而走险，走上了走私贸易的道路。而海上的激烈竞争又使他们不得不各自寻求靠山，形成贸易集团。这些贸易集团再经过力量整合，形成了规模较大，实力雄厚的海商集团。在具备了一定的武装力量基础，而又受到明政府海禁政策限制难以获得合法贸易渠道后，在巨额经济利益的刺激之下，他们便进行武装走私，以武力直接对抗明政府的海禁政策，这便是嘉靖倭患的实质。“寇与商同是人也，市通则寇转而为商，市禁则商转而为寇。”①一语道破了其中的玄机。

嘉靖倭患虽不能归为外族入侵，但将其定性为一场严重的动乱则不为过，它给东南沿海地区带来了巨大的破坏和震动，也引发了明政府内部关于市通还是市禁的一场争论。以归有光为代表的保守派坚持海禁的主张，认为只有实行更严厉的海禁才能避免类似嘉靖倭患之类动乱的发生。以唐顺之为代表的一派认为应在禁止民间贸易的同时，恢复中日之间的朝贡贸易，以防止日人继续滋扰中国。而以郑晓为代表的一派则认为只有开放海禁，允许小民出海贸易才能从根本上解决嘉靖倭患的问题。从前面的分析

---

① 郑若曾：《筹海图编》卷十一，《景印文渊阁四库全书》第 584 册，台北：商务印书馆，1986 年影印本，第 278 页。

我们不难看出，前两派的主张显然没有看到或者不愿承认倭患的实质，他们那种单纯压制的办法只能是事倍功半，只有郑晓一派的主张符合当时的实际情况，而明政府在反复权衡之后也基本上采纳了郑晓一派的主张，有限制地开放了海禁，使民间贸易获得了相对合法的身份，这就是明代历史上著名的“隆庆开放”。

“隆庆开放”实质就是福建漳州的月港部分开放海禁，允许国内商人由此出港出海贸易，并在此设“督饷馆”征收税款。明政府虽在月港部分开放了海禁，但商民出海贸易的范围是有严格规定的，“凡走东西二洋者，制其船只之多寡，严其往来之程限，定其贸易之货物，峻其夹带之典刑，重官兵之督责，行保甲之连坐，慎出海之盘诘，禁番夷之留止，厚举首之赏格，蠲反诬之罪累”①。赴日贸易在当时是被严格禁止的。私人出海贸易在获得了这一发展契机后便迅猛发展起来。但是，明政府这种单独禁航日本的规定几乎没有可操作性。海商们都是假托去东南亚等地进行贸易来获得出海权，出海之后再转航日本，而大海茫茫，明政府根本没有办法实行监督。正如史料中所言：“先朝禁通日本，然东之利倍蓰于西，海舶出海时先向西洋行，行既远，乃复折入东洋。”②禁航日本不仅没有起到断绝与日本来往的目的，反而使赴日贸易的利润倍增，在巨大经济利益的诱惑下，海商纷纷转航东洋，曾任福建巡抚的陈子贞对当时的情况有这样一番描述：“近奸民以贩日本之利倍于吕宋，夤缘所在官司，擅给票引，任意开洋，高桅巨舶，络绎倭国，将来构通接济之害，殆不可言。”③由此不难想见隆庆开放之后，中日贸易随着整体私人出海贸易环境的改善而获得了发展的良机。

① 许孚远：《疏通海禁疏》，陈子龙辑：《明经世文编》卷四〇〇，第5册，北京：中华书局，1962年影印本，第4334页。

② 王胜时：《漫游纪略》卷一《闽游》，江苏广陵刻印社笔记小说大观本，第17页。

③ 台北“中央研究院”历史语言研究所编：《明神宗实录》卷四七六，《明实录》第117册，台北：台北“中央研究院”历史语言研究所，1968年校勘本，第8987页。

万历前期，中日贸易基本沿袭了隆庆时期的做法，浙江巡抚庞尚鹏还上书要求解除对日禁航令，他认为："谓私贩日本一节，百法难防，不如因其势而利导之，弛其禁而重其税，又严其勾引之罪，缉其违禁之物。如此则赋归于国，奸弊不生。"[①]尽管这种提议没有得到明政府的采纳，但足以说明在隆庆开禁，海禁政策得以放宽之后，以闽浙地方大吏为代表的一批士大夫，对于朝廷独禁日本造成商民在对日贸易问题上阳奉阴违的尴尬局面进行了反思，并且在单纯海禁之外开始寻求解决中日贸易问题的新出路。

万历二十年（1592）朝鲜之役爆发，这场持续七年的战乱给中日贸易带来了严重的不良影响自不待言，而且这场旷日持久的战事极大地耗费了明朝的国力，使得嘉靖以来明政府的仇日情绪进一步加剧。在这种气氛下，即使有诸如张位、徐光启等有识之士条分缕析地提出通航日本的益处也难以得到朝廷的认可。万历四十年（1612）日本进攻琉球，琉球国王被俘。这一军事行动更加剧了明朝野上下对日本的警惕。为加强对日本的防范，防止出现诸如嘉靖倭患之类的祸乱，明政府于当年提出"通倭海禁六条"，规定"走倭者、出本者、造舟与为操舟者、窝买装运与假冒旗引者以及邻里不举、牙埠不首、关津港口不盘诘而纵放者，并馈献倭王人等以礼物者；它如沙埕之船当换，普陀之香当禁、船当稽、闽船之入浙者当惩，酌分首、从，辟、遣、徙、杖，著为例"[②]。

这些措辞严厉的海禁法规多数被束之高阁，并未得到认真的执行。究其原因，首先，明朝此时已经国力衰落，对于地方的控制力远不及从前，政策的执行能力严重下降，对于无孔不入的私人赴日贸易可以说是百法难禁，实在是心有余而力不足。其次，由于赴日贸易难以禁绝，明政府便在

---

① 姜宸英：《湛园集》卷四，《景印文渊阁四库全书》第1323册，台北：商务印书馆，1986年影印本，第726页。

② 台北"中央研究院"历史语言研究所编：《明神宗实录》卷四九六，《明实录》第118册，台北：台北"中央研究院"历史语言研究所，1968年校勘本，第9341页。

实际贸易管理过程中采取了睁一眼闭一眼的放任态度，只求不造成什么大的祸患。而处于掌管海外贸易操作层面的地方大员出于利益的考虑更是对朝廷的日本禁航令或是置若罔闻或是阳奉阴违，私人赴日贸易只要照章纳税便可光明正大的进行。于是出现了“通倭之人，皆闽人也。合福、兴、泉、漳共数万计”[①]。沿海地方官吏竟出现了“一岁之间，三获通倭人犯”的情况，足见当时对日贸易的繁盛。

到了天启、崇祯年间，明朝政治上更加腐败，国力更加衰微，内忧外患加剧。国家主要精力用于应付辽东日益兴起的满洲势力，而无暇顾及东南沿海的贸易管理。崇祯帝虽因海寇问题几次下诏禁止海外贸易，但这些禁令如同一纸空文，并未得到任何的贯彻实施。而与此同时，郑芝龙海上集团兴起，成为东南沿海一支重要的海上力量。明政府也曾派遣洪先春等前去清剿，但都以失败告终。在认识到无力剿灭郑氏海商集团后，明政府改变策略，于崇祯元年（1628）招抚郑芝龙，任命他为防海游击，协助明政府清剿其他海上力量。在此后的一段时间，郑芝龙陆续消灭了李芝奇、李魁奇、钟斌、刘香等海商集团，独霸东南沿海。整个东南沿海的贸易几乎全部处在郑氏势力的控制之下。据史料记载：“海船不得郑氏令旗，不能往来。每一舶例入三千金，岁入千万计，芝龙以此富敌国。自筑城于安平，海梢直通卧内，可泊船径达海。其守城兵自给饷，不取于官。旗帜鲜明，戈甲坚利。凡贼遁入海者，檄付芝龙，取之如寄。”[②]从上面的记载可以看到，以贸易起家的郑氏集团在取得东南沿海地区的贸易控制权后，加强了对贸易的管理。而众多私人海外贸易者也在郑氏集团的管理和庇护下从事海外贸易。中日私人海外贸易乘此良机获得了空前的发展。

---

① 台北“中央研究院”历史语言研究所编：《明神宗实录》卷四九八，《明实录》第 118 册，台北：台北“中央研究院”历史语言研究所，1968 年校勘本，第 9389 页。

② 邹漪：《明季遗闻》卷四《福建两广》，《台湾文献史料丛刊》第五辑，台北：大通书局，1987 年标点本，第 98 页。

有明一代276年的历史，伴随着中日贸易的几起几落，从明初的海禁，到隆庆开放，从朝贡贸易的扬帆巨轮，到私人海外贸易的泛舟而去。明政府在现实这把尺子的操度下，艰难地应对着中日贸易的发展。“以古鉴今”“以史为鉴”，继之而起的清王朝又将以怎样的姿态面对中日贸易呢?

第一章 清代中日贸易的背景

清初中日贸易能够承接明末获得进一步发展，是多方面因素共同作用的结果。首先，当时国内商品经济日益发展，为中日贸易提供了数量巨大、种类繁多的贸易物品，使其发展有了坚实的物质保障。其次，航海、造船技术的进步有效地降低了远涉重洋的风险，为中日贸易提供了必要的安全保障。再次，幕府锁国政策造成的贸易渠道单一化则客观上加大了中日双方对彼此的贸易诉求。

第一节 商品经济的日益发展

明清时期虽处于中国封建社会的末期，但统治者仍恪守着重农抑商的封建传统观念，一以贯之地执行着贱商政策。这一时期，商品经济获得了进一步的发展，表现在诸多方面。经济作物的广泛种植、民营手工业的繁荣、新商路的开辟、国内统一市场的逐步形成、地域商帮的出现、工商业城市的兴起等等。商品经济的发展客观上必然要求市场的扩大，而明中后期以来众多中国海商贩海致富的经验把商人们的目光拉向了海外。其中赴日贸易作为明末以来获利最大的贸易渠道之一强烈地刺激着众多的海商，使他们一次次登上甲板跨越鲸波，扬帆远航。

一、经济作物的广泛种植

经济作物种植的推广是农业与商业结合的主要标志，也是商品经济发展的重要体现。明清之际我国与贸易相关的经济作物的种植有了较快发展，表现为种植面积日益扩大，种植种类日益繁多。当时主要的经济作物有棉花、桑蚕、甘蔗、茶叶、烟草等。其中，棉花是种植数量最大、分布地域最广的经济作物。当时棉花的种植“遍布天下，地无南北皆宜之，人无贫富皆赖之，其利视丝枲盖百倍焉”[①]。而江南地区素为我国棉纺织业中心，棉花的种植极为普遍。松江地区“田凡二百万亩，大半植棉，当不止百万亩”。昆山“三区……物产瘠薄，不宜五谷，多种木棉”[②]。嘉定县“其民独托命于木棉”，“每岁棉花入市，牙行多聚”[③]。太仓州也是“郊原四望，遍地皆棉”。全州县“地不下八千余顷，大率种木棉者十六七，种稻者十之二”[④]。而浙江平湖县的乍浦则“城东三里之牛桥镇稍北直抵江南金山卫界，其间田荡之种棉花者十之三四，约足供数万户纺织之资，纺织所出布匹，约可以衣被百万人”[⑤]。但种植量如此巨大的

① 丘濬：《大学衍义补》卷二十二《制国用》，《景印文渊阁四库全书》第 712 册，台北：商务印书馆，1986 年影印本，第 307 页。

② 归有光：《震川先生集》卷八《论三区赋役水利书》，上海：上海古籍出版社，1981 年标点本，第 167 页。

③ 韩浚：《嘉定县志》卷一《市镇》，万历三十三年（1605）刊本。

④ 民国《太仓州志》卷三，民国八年（1919）铅印本。

⑤ 道光《乍浦县志》卷九《土产》，道光八年（1828）镜古堂刊本。

本地棉花仍不能满足当地棉纺织业的需求，反而需要从北方输送棉花到江南地区，出现了北棉南运的情况。徐光启提到的“今北方之吉贝（木棉）贱而布贵，南方反是，吉贝则泛舟鬻诸南，布则泛舟而鬻诸北”正是当时北棉南运，南布北销的真实写照。当时北方主要的棉花产地河南、山东两省，自然成为南运棉花的主要供应省份。据史料记载河南南阳李义卿“家有地千亩，多种棉花”，“中州沃壤，半植木棉，乃棉花尽归商贩，民间衣服率从贸易”①。山东地区也广种棉花“六府皆有，东昌尤多，商人贸于四方，其利甚溥”②。兖州府则是“商贾转鬻江南……五谷之利，不及其半矣”③。

桑蚕业作为江南地区的传统副业，在这一时期也有了快速的发展。到了明后期，湖州一带“田中所入与蚕桑各具半年之姿”。入清以后，桑蚕业获得进一步的发展，种植范围扩大，产量也大为增加。到康熙、乾隆年间，太湖流域的苏州府、杭州等诸多地区广泛种植桑树，“环太湖诸山，乡人比户蚕桑为务”，“地多植桑，凡女未及笄，即习育蚕”。谢肇淛在《西吴枝乘》中描述湖州时也说“尺寸之地必树之桑”、“其树桑也，自墙下檐隙以暨田之畔池之上，虽惰农无弃地者。其名桑也，不曰桑而直曰叶”④。海盐县“桑柘遍野，无人不习蚕矣”，嘉兴植桑之多“不可以株数计”。除了江南地区，山东、四川植桑养蚕也很繁盛，山东地区“弥山遍谷，一望皆蚕”。而郭子章则在《蚕论》中做出这样的描述，“东南之机，三吴、越、闽最多，取给于湖茧；而西北之机，潞最工，取给于阆茧。予道湖、阆，女桑、姨桑，参差墙下”。

明末清初甘蔗种植发展的也很快，尤以福建、广东两省种植规模最大。福建“糖产诸郡，泉、漳为胜”，“种蔗皆漳南人，遍山谷”；广东

① 俞森：《荒政丛书》卷五《救荒图说》，道光二十八年（1848）刻本。
② 袁宗儒：《山东通志》卷八《物产》，明嘉靖十二年（1533）刻本。
③ 于慎行：《兖州府志》卷四《风土志》，万历二十四年（1596）刻本。
④ 宗源翰等：《湖州府志》卷三十《舆地略》，光绪九年（1883）重校刻本。

的篁林、河田一带“白紫二蔗，动连千顷”[①]。在闽南地区甚至出现了将稻田改种甘蔗的现象，据《泉南杂志》载：“甘蔗，干小而长，居民磨以煮糖，泛海售焉。其地为稻利薄，蔗利厚，往往有改稻田种蔗者。故稻米益乏。”经济作物种植竟然挤占了大量粮食作物用地，足见当时经济作物受到何等重视。当时江南地区不仅甘蔗产量大，而且种类繁多，史载：“蔗之珍者曰雪蔗，……今常用者曰白蔗，……其紫者曰昆仑蔗，……其小而燥者曰竹蔗、曰荻蔗，连冈接阜，一望丛若芦苇。”[②]

茶叶作为我国传统的经济作物，其增长毫不逊色于前文所提到的任何一种作物。据嘉靖《浙江通志》载：“（西湖）南北两山及外七县皆产茶。”“富阳茶”“长兴紫笋茶”都是闻名遐迩的名茶。入清以后，茶叶的种植更加普遍，杭州府的“钱塘、龙井、富阳及余杭径山皆产茶”[③]。于潜县“民之仰食于茶者，十之七”，新城地区的小民则“春茶秋谷外无他业焉”[④]，在浙江某些地区，茶叶种植甚至超越了稻谷成为当地第一作物。当然，茶叶的大量种植给茶农带来了丰厚的利润，在盛产茶叶的安吉“千户茶比户侯矣”[⑤]。

除了上述提到的经济作物以外，蓝靛、烟草、果树等其他经济作物的种植量也有明显增长。经济作物的大发展以及其巨大的经济利益，有力地促进了商业的繁荣，带动了以粮食为主的其他农产品的商品化。日益商品化的作物不仅极大地丰富了商品市场，拓展了商路，刺激了民众的消费，同时也为手工业发展繁荣提供了物质保障，而繁荣的手工业、多元的市场和四通八达的商路正是海外贸易发展的重要前提。

---

① 屈大均：《广东新语》卷二《地语》，北京：中华书局，1985年标点本，上册，第59页。

② 屈大均：《广东新语》卷二十七《草语》，北京：中华书局，1985年标点本，下册，第689页。

③ 乾隆《杭州府志》卷五十三，光绪二十四年（1898）刻本。

④ 乾隆《杭州府志》卷五十三，光绪二十四年（1898）刻本。

⑤ 同治《安吉县志》卷八《物产》，同治十三年（1874）刻本。

二、民营手工业的繁盛

明代手工业分为官办和民营两种。明代中前期，官办手工业在整个手工业生产中居于主要地位，它利用匠籍对工匠进行严格的管理，强迫工匠在极其恶劣的条件下进行手工业生产，造成匠户大量逃亡。明中期以后，官办手工业逐渐衰落，而更看中商业利益且封建强制色彩较为淡薄的民营手工业逐渐发展起来，并成为行业的主导力量。与此同时，传统手工业的三大行业——丝织业、棉纺织业、制瓷业在民营手工业的带动下获得了长足的发展。

民营丝织业是我国手工业中的传统行业，以江南地区最为发达，明清时期更是获得大发展。如湖州一带“正嘉以前，南溪仅有纱帕，隆万以来，机杼之家相沿比业，巧变百出”[①]。苏州地区丝织业也很发达，据史籍记载：“苏民无积聚，多以丝织为生，东北半城皆居机户。郡城之东皆习织业，织文曰缎，方空曰纱，工匠各有专能。”[②]杭州丝绸更是畅销全国，史载：“吾杭饶蚕绩之利，织纫工巧，转而之燕，之齐，之秦、晋，之楚、蜀、滇、黔、闽、粤，衣被几遍天下，而尤以吴阊为绣市。”[③]在杭嘉湖地区还出现了很多以丝织业为主的市镇，如苏州的盛泽镇、震泽镇，嘉兴的濮院镇、王江泾镇，湖州的双林镇、菱湖镇等。其中尤以盛泽镇丝织业发展最为繁盛，“镇上居民稠广，土俗淳朴，俱以蚕桑为业，男女勤谨，络纬机杼之声，通宵彻夜。那市上两岸绸丝牙行，约有千百余家，远近村坊织成绸疋，俱到此上市。四方商贾来收买的，蜂攒蚁集，挨挤不开，路途无伫脚之隙，乃出产锦绣之乡，积聚绫罗之地。江南养蚕所

① 李堂：《湖州府志》卷四十一《物产》，乾隆二十三年（1758）刻本。

② 雅尔哈善：《苏州府志》卷三，乾隆十三年（1748）刻本。

③ 乾隆三十七年（1772）“吴阊钱江会馆碑记”，见苏州历史博物馆等编：《明清苏州工商业碑刻集》，南京：江苏人民出版社，1981 年，第 19 页。

在甚多，惟此镇处最盛”[①]。沈廷瑞在《东畲杂记》中对濮院镇也做了一番描述：“机户自镇及乡，北至陡门，东至泰石桥，南至清泰桥，西至永新港，皆务于织，货物益多，市利益旺。”“近镇人家多业机杼，间有业田者，田事皆雇西头人为之”。据范金民统计，在江南丝织业繁盛的乾、嘉年间，大约投入的丝绸商品量相当于绸类一千几百万匹，价值1500万两，较之明代增长数十倍[②]。

与江南地区丝织业的繁盛相呼应的是广东地区，其丝绸质地和外销方式在明清之际的丝织业领域独具特色。粤缎“质密而匀，其色鲜华，光辉滑泽”，粤纱“金陵、苏、杭皆不及。然亦用吴丝，方得光华，不褪色，不沾尘，皱折易直。故广纱甲于天下，缎次之”[③]。广东的丝织业另一个显著的特点即与海外贸易结合得非常紧密，据《广东新语》记载：“广之线纱与牛郎绸、五丝、八丝、云缎、光缎，皆为岭外京华、东西二洋所贵。予广州竹枝词云：洋船争出是官商，十字门开向二洋。五丝八丝广缎好，银钱堆满十三行。”[④]由此，不难看出广东丝织品的主要流向是海外市场，这也为中国丝织品远销海外打开了一个通道。

丝织业的发展除了表现在参与人数众多、产量大幅提高之外，生产工具也得到了改进，据宋应星《天工开物》记载：“凡花机通身度长一丈六尺，隆起花楼，中托衢盘，下垂衢脚。对花楼下掘坑二尺许，以藏衢脚。提花小厮坐立花楼架木上。机末以的杠卷丝，中间叠助木两枝，直穿二木，约四尺长，其尖插于筘两头。”资料中所提到的“花机”由于它体积较大故又称“大机”，是当时苏州、杭州等地丝织业普遍使用的工具。除此之外，还有一种比较小的织机，称为腰机。“凡织杭西、罗地等绢，轻素等绸，银

① 冯梦龙：《醒世恒言》卷十八《施润泽滩阙遇友》，北京：人民文学出版社，1956年，上册，第339页。

② 范金民：《清代江南丝绸的国内贸易》，《清史研究》，1992年第1期。

③ 沈廷芳：《广州府志》卷四，乾隆二十四年（1759）刻本。

④ 屈大均：《广东新语》卷十五《货语》，北京：中华书局，1985年标点本，下册，第427页。

条、巾帽等纱，不必用花机，只用小机。织匠以熟皮一方置坐下，其力全在腰尻之上，故名腰机"①。生产工具的改良不仅极大地提高了生产效率，增加了产量，还提高了工艺水平，生产出了更多巧夺天工的织品。

这一时期棉纺织业也有很大发展，自明代起松江便成为全国棉纺织业的中心，明朝《松江府志》载：松郡"俗务纺织，他技不多"，"家纺、户织，远近通流"，"所出皆切于实用，如绫、布二物，衣被天下，虽苏、杭不及也"。故当时有"买不尽松江布，收不尽魏塘纱"的说法。除了松江以外，杭嘉湖地区棉纺织业也很发达。嘉定地区，"邑之民业，首藉棉布。纺织之勤，比户相属"②。湖州地区，"商贾从旁郡贩棉花，列肆我土，小民以纺织所成，或纱或布，侵晨入市，易棉以归，仍治而织之，明旦复持以易"③。到了清代，棉纺织业获得进一步发展，首先体现在纺车的改进上。明代纺车为手摇单锭纺车，而清代江南地区出现了双锭、三锭和四锭纺车，其中三锭纺车数量较多。据乾隆《上海县志》载："吾邑一手三纱，以足运轮，名脚车。"④据徐新吾统计，三锭纺车的生产效能比单锭纺车提高50%—100%⑤。其次是北方各省棉纺织业的发展壮大。明朝末年，我国北方各省的棉纺织业即有所发展，徐光启在《农政全书》中提到："数年来，肃宁一邑所出布匹，足当吾松十分之一矣。初犹莽莽，今之细密，几与吾松之中品埒矣。"但总体而言，明代北方各省棉纺织业始终未能普及，产量也比较小。清统治者采取政策引导的方式鼓励和推动北方棉纺织业的发展。到乾隆时期，北方各省棉纺织业已相当发

---

① 宋应星：《天工开物》卷上《乃服二》，《续修四库全书》第1115册，上海：上海古籍出版社，2003年影印本，第44页。

② 韩浚：《嘉定县志》卷六《物产》，万历三十三年（1605）刊本。

③ 嵇曾筠：《浙江通志》卷一〇二《物产》，乾隆元年（1736）刻本。

④ 乾隆《上海县志》卷一《风俗》，乾隆十五年（1750）刊本。

⑤ 徐新吾：《鸦片战争前中国棉纺织手工业的商品生产与资本主义萌芽问题》，南京：江苏人民出版社，1981年，第91页。

达，直隶地区的故城县“女红织最勤，长夜纺车轧轧，比户相闻”[①]；南宫县“无贫无富，妇女皆习之”；山东肥城县“百里之内，机轴之声不绝”[②]；清平县“女工以纺织为事，多用纺车，纺成之后，治机织布，或售或留，一家衣被，日用皆取给焉”[③]。即使在棉纺织业发展起步较晚的山陕地区，也出现了“无问城市乡村，无不纺织之”[④]的繁荣景象。

在制瓷业方面，明代制瓷业已经相当发达，瓷都景德镇无论在工艺还是数量上都代表了当时全国的最高水平。据宋应星《天工开物》记载：“合并数郡，不敌江西饶郡产……若夫中华四裔驰名猎取者，皆饶郡浮梁景德镇之产也。”[⑤]《饶州府志》中也有记载说景德镇“统辖浮梁县里仁、长香等都居民，已与饶州府所属鄱阳、余干、德兴、乐平、安仁、万年及南昌、都昌等县杂聚窑业，佣工为生”，“乃五方之民麇焉，主客无虑十万余”。景德镇的制瓷业不仅规模宏大，而且做工精细，各种瓷器业主分工相当细致。瓷业主业分坯户、彩绘、窑户等等。坯户即制坯业，分圆器、琢器、镶器三大类，而琢器中又分大件、粉定、古坛、淡描器、灯盏、官古等十一行。窑户则分柴窑、槎窑两行。彩绘下分画四大器、画脱胎、画灰器、画描饭闭四行。烧窑有窑厂、满窑、砌窑、砖山四行[⑥]。如此纷繁细致的分工足见当时制瓷工艺的考究与精湛。清代继承和发展了明代的制瓷技术，无论红釉、彩釉、青花釉的烧制工艺都比前代有相当的提高。清代瓷器烧制量很大，有学者考证在清代制瓷业比较兴盛的乾隆至道光年间，全国瓷器“曩年售价约值五百万金”，[⑦]其生产和销售的规模可见一斑。

---

① 《故城县志》卷四《物产》，光绪十一年（1885）刊本。

② 《肥城县志》卷三《物产》，嘉庆二十年（1815）刊本。

③ 《清平县志》卷三《户书》，嘉庆三年（1798）刊本。

④ 《太谷县志》卷六《物产・风俗》，光绪十二年（1886）刊本。

⑤ 宋应星：《天工开物》卷中《陶埏七》，《续修四库全书》第 1115 册，上海：上海古籍出版社，2003 年影印本，第 70 页。

⑥ 刘昌兵：《海外瓷器贸易影响下的景德镇瓷业》，《南方文物》2005 年第 3 期，第 72 页。

⑦ 梁淼泰：《明清景德镇城市经济研究》，南昌：江西人民出版社，1991 年，第 156 页。

除了上述手工业门类外，作为我国传统手工业的榨糖、冶铁、造纸和出版印刷等行业发展也很迅速。榨糖业尤以广东和福建地区为最，宋应星《天工开物》说："凡甘蔗有二种，产繁闽广间，他方合并得其什一而已。"[①]闽广地区不仅产糖量大而且种类繁多，据《广东新语》记载："其浊而黑曰黑片糖，清而黄者曰黄片糖，一清者曰赤沙糖，双清者曰白沙糖，次清而近黑者曰瀵尾。最白者以日曝之，细若粉雪，售于东西二洋，曰洋糖，次白者售于天下。其凝结成大块者，坚而莹，黄白相间，曰冰糖，亦曰糖霜。"[②]冶铁业的规模也很大，"凡一炉场，环而居者三百家，司炉者二百余人，掘铁矿者三百余，汲者、烧炭者二百有余，驮者牛二百头，载者舟五十艘。计一铁场之费，不止万金"[③]。造纸业也获得新发展，福建的竹纸、江西的椤纱纸、四川的薛涛纸久负盛名，安徽出产的宣纸更是名震全国，史称"至薄能坚，至厚能腻，笺色古光，文藻精细"[④]，深得书画家的钟爱。造纸业的发展推动了出版印刷业的进步，清代的出版印刷业比明更加繁盛，而江南地区仍然是全国出版印刷业的中心。当时普遍使用活字板印书，清代的大学问家赵翼曾说："今世刻工有活板法，亦起于宋时……但宋时犹用泥刻字，今则用木刻，尤为适用耳。"可见当时木活字印书的使用是相当普遍的。

综上所述，我们可以看到从明末至清我国的民营手工业获得了突飞猛进的发展，突出表现为地域广、规模大、分工细、做工精。无论是鲜丽、缎滑的丝绸，还是细密、柔软的棉布，抑或是精美、高雅的瓷器等在海外市场上均有很好的销路。而当时中国和日本都属于小农经济为主体的封建

---

① 宋应星：《天工开物》卷上《甘嗜六》，《续修四库全书》第1115册，上海：上海古籍出版社，2003年影印本，第62页。

② 屈大均：《广东新语》卷二十七《草语》，北京：中华书局，1985年标点本，下册，第690页。

③ 屈大均：《广东新语》卷十五《货语》，北京：中华书局，1985年标点本，下册，第409页。

④ 邹炳泰：《午风堂丛谈》卷八，《续修四库全书》第1462册，上海：上海古籍出版社，2003年影印本，第234页。

社会，没有建立起现代意义的大工业生产，更没有为数众多的工业品投入贸易市场，因此手工业品贸易在当时的中日贸易过程中居于主导地位。可以说，明清之际民营手工业的大发展为中日贸易提供了充足的贸易品，为双方贸易发展提供了持久的动力。

三、国内商业的兴盛

经济作物的大量种植和民营手工业的发展为清代市场提供了数量庞大、种类繁多的商品，有力地促进了国内商业的兴盛。其主要体现在三个方面：商品流通的加速，城市—市镇—农村商品经济的辐射发展，商路的拓展和延伸。

清代投入市场进行贸易的商品粮数量较之明代有进一步发展的趋势。商品粮总的流通格局是从四川、湖广地区向东南沿海地区流动。如松江府、太仓州等地由于“种花者多而种稻者少，每年口食全赖客商贩运”，武康县“西南饶竹木，东北则富蚕桑，至谷之属，则比户所登，或不足一岁之食”，丰年亦“不足给一县之食，大半仰给于外县”①。浙江地区也是商品粮的主要输入区域，乾隆年间“浙西一带地方所产之米，不足供本地食米之半，全藉江西、湖广客贩米船，由苏州一路接济”②。关于清代输入江南地区粮食的具体数量，国内外学者做了大量研究。全汉昇根据史料推算雍正年间每年自湖广运往江浙的米粮，约为1000万石。③王业键则指出，18世纪后期，每年沿长江贩运到江南地区的大米约为1500—2000万石，通过海路和大运河输入江南的关东及华北的大豆、豆类制品、谷类粮食和水果每年约有1500万石，总计约有3000—3500万石④。郭松义认为，

---

① 道光《武康县志》卷五《地域志·物产》，道光九年（1829）刻本。

② 《清高宗实录》卷三一四，《清实录》第13册，北京：中华书局，1986年影印本，第149页。

③ 全汉昇：《清朝中叶苏州的米粮贸易》，《中国经济史论丛》第二册。

④ 史志宏：《王业键〈1638—1935年间江南米价变动趋势〉述要》，《中国经济史研究》1993年第3期。

每年长江、运河加之海运等各路贩入江南地区的米粮约达3050—3350万石[①]。吴承明认为清代每年投入市场的商品粮数量约为3600万石左右[②]。从上面诸位学者的统计足可见当时我国国内商品粮交易量是相当可观的。

清代丝织品的贸易量也很大，尤以江南地区为丝织品的主要输出地，每年都有大量丝织品从这里销往全国各地。如宝庆府邵阳县“杭绸、宁缎、湖绉，今市肆所售者，皆江苏、浙江产也”[③]。据统计，乾隆四十一年（1776），经淮关北上的丝绸船多达376只[④]。除丝织品外，清代的棉纺织品贸易也遍及全国。据褚华《木棉谱》记载，上海生产的棉布“常供数省之用”“苏布名称四方”。钦善更是对当时的商人从事棉布贸易的情况做了一番颇为细致的描述，“冀北巨商，挟资千亿。岱陇东西，海关内外，券驴市马，日夜奔驰。驱车冻河，泛舸长江，风餐水宿，达于苏、常。标号监庄，非松不办。断垄坦途，旁郡相间”[⑤]。江南地区的棉纺织品是通过无数大商人的辗转贸易才得以行销天下。瓷器和铁器更是在明末便加入到远距离贩运贸易的范畴之内。瓷器的输出以景德镇为最，据明代王宗沐《江西省大志·陶书》记载：嘉万年间，景德镇瓷器“自燕而北，南交趾，东际海，西被蜀，无所不至，皆取于景德镇。而商贾往往以是牟大利”。两广地区的铁器也大量销往浙江、湖广、直隶等地区。大宗商品的远距离贸易极大地扩充了市场，丰富了人们的经济生活，从经济领域加强了全国各地的联系。

国内商业的繁荣，促使了一批作为商业中心的城市的兴起。这些城市有几个鲜明的特征，首先，它们都是重要的府治所在地或是都城，人口较多，有着庞大而稳定的消费群体。其次，这些城市的工商业基础较为雄

---

① 郭松义：《清代粮食市场和商品粮数量的估测》，《中国史研究》1994 年第 4 期。

② 吴承明：《论清代前期我国国内市场》，《历史研究》1983 年第 1 期。

③《桐乡县志》卷七《食货下·物产》，光绪十三年（1887）刻本。

④ 吴建雍：《清代榷关及其管理制度》，《中国史研究》1984 年第 1 期。

⑤ 钦善：《松问》，《皇朝经世文编》第 3 册，台北：文海出版社，1966 年点校本，第 1029 页。

厚，或者本身即是某种手工业生产的中心所在。再次，这些城市的市场体系较之其他城镇更为健全，能够为商业繁荣发展提供一个良好的平台。其中以苏州、杭州两座工商业城市的兴起最为典型。苏州是全国丝织业的中心，丝织品名扬天下，大小绸缎庄遍地皆是。据统计，苏州当地仅著名的大绸缎庄在康熙年间便有19家，雍正十二年（1734）更是达61家之多。[①]苏州的商业也十分发达，店铺众多，“货物辐辏，四方旅寓之人，皆在其地开张字号行铺”，“洋货、皮货、绸缎、衣饰、金玉、珠宝、参药诸铺，戏院、游船、酒肆、茶店如山如林，不知几千万人”[②]。乾隆二十四年（1759）苏州画院画家徐扬画的《盛世滋生图》，画有50多个行业的230多家店铺，除经销苏州本地商品外，还有广东、四川、福建、山东等全国各地的特产，如“山东黄绸”“濮院绸”“宁绸”“湖绉”等等。生动地反映了当时苏州店铺林立，人头攒动的繁荣景象。杭州也是当时全国闻名的商业中心，被称为“百货所聚”之所。当时前去谒见乾隆的英国使团曾路过杭州，在归国后写的见闻录中对杭州有这样一段记载：“城内人口繁盛程度同北京差不多……主要街道上大部分是商店和货栈，其中许多规模之大不下于伦敦同类栈房。”[③]当时杭州城内居民中商人比重很大，据《杭州府志》载康熙年间“杭民半多商贾”，另据《古今图书集成》记载：“杭俗之务，十农五商。”在一个以农为本的传统经济形态下，农商能达到如此之比例，足见杭州商业的繁荣程度之高。当然，其他地区也有商业很发达的城市，如镇江“四方商贾，群萃而错处，转移百物以通有无”[④]，芜湖“市压鳞次，百货翔集，文采布帛鱼盐，襁至而辐辏，市

① 张海英：《明清江南商品流通与市场体系》，上海：华东师范大学出版社，2002年，第27页。

② 钱泳：《履园丛话》卷二十四《杂记下》，北京：中华书局，1979年标点本，第644页。

③［英］斯当东：《英使谒见乾隆纪实》，叶笃义译，北京：商务印书馆，1963年，第468、445页。

④ 康熙《江西通志》卷九，康熙二十二年（1683）刻本。

声若潮，至夕不休”[①]，德州“水陆相交，轮帆毕集，人烟稠密，商贾纷纭”。这些工商业城市的兴起，标志着清代城市已经逐渐脱离传统城市单一的政治军事功能，被赋予了更多的经济内涵，而城市功能的多元，既为商业发展提供了相对集中的消费市场，又为全国商业网络化发展提供支点，成为所在地区经济发展的桥头堡，真正起到了国内商业发展龙头的作用。

商业的发展不仅带动了大的工商业城市的兴起，还使一些相对规模较小的工商业市镇相继崛起。这些市镇大多集中在江南地区，大致可以分成两类，一类是以从事地方特色手工业为主，如以丝织业闻名的濮院、王江泾、双林、菱湖、乌镇、南浔等地；以棉纺织业为主的枫泾、朱泾、安亭、新泾、外冈、魏塘等镇；以制陶著称的余杭县的瓶窑镇、嘉善县的千家窑镇；以及以榨油业为人们所熟知的苏州的新郭、横塘，嘉兴的石门镇等等。清代的史书中关于这些市镇的描写比比皆是，如濮院镇乾隆时期“日出万绸，终岁贸易不下数十万金”。而双林镇，据清人唐甄《潜书》所载：“吴丝衣天下，聚于双林，吴越闽番至于海岛，皆来市焉。五月，载银而至，委积如瓦砾。吴南诸乡，岁有百十万之益。”其繁荣程度可见一斑。另一类以商业贸易为主要经营项目，如杭州府的唐栖镇，“水陆辐辏，商货鳞集”，“岁计食货贸迁毋虑数十百万”；桐乡县的乌青镇则是“十里之内，居民相接”，“商贾云集于四方，市井数盈于千万户”[②]。除了江南地区外，全国其他地区的市镇也有相当程度的发展，如江西樟树镇“烟火数万家，江广百货往来与南北药材所聚，足称雄镇”[③]；东北地区“边外七镇”之一的卜魁也是“商贾夹衢而居，市声颇嘈”[④]。在商业并不发达的江西和东北地区出现这样的市镇可以看出当时市镇的发展是比

---

① 嘉庆《芜湖县志》卷一《风俗》，嘉庆十二年（1807）刻本。

② 张惟骧：《民国乌青镇志》卷五《形势》，民国二十五年（1936）刊本。

③ 王士性：《广志绎》卷四，北京：中华书局，1981 年标点本，第 85 页。

④ 郭蕴静：《清代经济史简编》，郑州：河南人民出版社，1984 年，第 115 页。

较普遍的。正如樊树志所说，市镇“作为城乡间的中介和过渡地带”[①]，它们的发展壮大对我国商业的整体繁荣极为重要。首先市镇的崛起是对城市商业发展的继续与拓展，反映了工商业由城市向村镇的辐射渗透；其次，市镇经济的蓬勃发展沟通了城市与乡村的经济联系，使城市和乡村逐渐连接成一个有机的商业整体。

城市和市镇商业的繁荣发展无疑刺激了农村市场，使其有了明显的扩充，清代农村固定的集市称为墟市。据地方志记载，乾隆年间福建省全省墟市达700余个，在有记载的36县中，最少的安溪县有2个，最多的南靖县达36个，平均每县有墟市12个。[②]黄启臣对明清时期珠江三角洲地区的顺德、东莞、南海、新会四县农村墟市数量做了对比统计。明朝末年，顺德墟市为36个，东莞29个，南海和新会各25个；到清代中叶，顺德为62个，东莞83个，南海126个，新会70个[③]。从以上地区墟市数量的迅猛增长可以清晰地看出清代农村商品市场的蓬勃发展。在清代乡村市场体系中，除了定期的墟市外，还有非定期的集市称为“逐日”。如潮州府的揭阳县有逐日集25个，饶平县11个，澄海县10个[④]。农村商品市场的扩大和商业的繁荣程度虽远远不能与前文所述的城市和工商业市镇相提并论，但清王朝是一个以小农经济为基础的封建王朝，农村占据了全国最大的一片版图，农村市场的发展和商业繁荣体现了清代的商业逐步深入到了社会的基层，开始具有了普遍的意义。

清代全国商业的发展不仅仅体现在城市村镇这些商业网点的繁荣，还体现在商路的不断拓展和延伸。商路对于国内商业发展的作用和影响不言而喻。我国幅员辽阔，疆土广大，遍布全国的商业网点必须通过四通八达的商路彼此连接。如果把全国商业比作一个完整机体的话，商路便是它

---

① 樊树志：《明清江南市镇探微》，上海：复旦大学出版社，1990年，第5页。

② 陈铿：《明清福建农村市场初探》，《中国社会经济史研究》，1986年第4期，第52—60页。

③ 广东社会科学院：《明清广东社会经济形态研究》第187—236页，黄启臣文。

④ 《潮州府志》卷十四《墟市》，光绪十年（1884）刻本。

的血脉，血脉不通肌体自然要面临活力的缺少甚至消亡的危险。因此商路是否畅通是关系到商业能否正常发展的必要前提。在全国众多商路中，以苏州、杭州为起点的商路相当多，这与苏杭地区在我国区域经济发展中的特殊地位密不可分。对于苏杭地区的商路张海英研究得较为透彻，据她考证，苏杭地区仅以苏杭为中心的主要商路即有29条：

1.苏州府由嘉兴府至上海县。
2.苏州由太仓至南翔镇水路。
3.苏州府由周庄至松江府。
4.苏州由双塔至松江府水路。
5.苏州由陶桥至松江府。
6.苏州由常熟县至通州水路。
7.苏州由东坝至芜湖县水路。
8.苏州由湖州至孝丰县水路。
9.苏州由杭州府至南海水路。
10.苏州府跳船至广德州水、陆路。
11.苏州府由广德州至徽州府水路、陆路。
12.苏州由四安至徽州府陆路。
13.杭州府由官塘至镇江府水路。
14.杭州迂路由烂溪至常州府水路。
15.杭州跳船至镇江府水路。
16.扬州府跳船至杭州府水路。
17.杭州府由苏州至扬州府水路。
18.杭州府至普陀山水路。
19.杭州府至上海县水路。
20.杭州由西兴至诸暨县诸路。
21.北新关至缸窑、瓶窑水路。

22.休宁县至杭州府水路。

23.杭州府至休宁县齐云山路。

24.杭州由江山县至福建省路。

25.浙江布政司至湖州府水路。

26.杭州由绍、台二府至处州路。

27.杭州府由东阳县至处州府路。

28.徽州府由严州至杭州水路。

29.杭州府由余杭县至齐云岩陆路。[①]

从上面的统计我们不难看出，以苏杭为中心的江南地区的商路相当发达，正是由于有了四通八达的商路，江南地区的商业迅速发展。而上述29条商路只不过是商路发展趋势的一个缩影，中华大地上纵横交错的商路保证了大宗商品的顺利流通，密切了地区之间、城乡之间的经济联系，有力地促进了城乡市场的一体化，为建立全国性的统一市场体系奠定了基础，准备了条件，也为日后中日贸易开展过程中出口货物的集中和进口货物的分销提供了方便快捷的交通保障。

在这阡陌纵横的商路中，到处都留有一个特殊群体的踪迹，那就是商帮。他们如行者般毫不踯躅地前行，驼铃声声，为商路平添了一抹亮丽的色彩。其实，商帮的真正形成是在明末，形成了以十大商帮为主体的中国商人体系。这十大商帮为：山西、徽州、陕西、福建、广东、江右、洞庭、宁波、龙游、山东十个区域性商人群体。入清以后，晋商势力迅猛发展，成为全国经济实力最为雄厚的商帮，晋商有三张名片性的特征，即驼帮、船帮和票号。驼帮是晋商从事贸易过程中陆路运输货物的主要方式，故人们经常可以看到晋商组织下的长长的驼队，负载着大量的货物在蜿蜒

① 张海英：《明清江南商品流通与市场体系》，上海：华东师范大学出版社，2002年，第35—77页。

的道路上缓缓前行。而船帮是晋商从事中日贸易的主力军。由于清初我国铜料严重不足，故国家允准商人东渡日本采办铜料。晋商以此为契机组织了船帮加入到对日贸易的行列之中。获得官方许可长年经营对日贸易的著名皇商范氏便是其中的杰出代表。票号是较为原始的金融工具，它的出现是商品交换扩大化的产物，开设票号需要财力较大，而晋商以其雄厚的资本成为我国票号的主要运营商，当时全国规模较大的票号有八成以上都是由晋商经营。至清代晚期，晋商们甚至将票号开到了日本的东京、大阪等地，足见其实力之雄厚和对对日贸易的巨大推动力。当然，除了晋商以外，徽商以及江右、福建、广东等地的商帮也都具有相当的经济实力，他们频繁的商业活动不仅活跃了市场，对包括对日贸易在内的所有对外贸易也起到了相当明显的推动作用。

第二节　航海、造船技术的进步

我国是一个沿海国家，漫长蜿蜒的海岸线和6000余个星罗棋布的岛屿造就了众多优良海港。在这样得天独厚的自然地理环境中，我国的先民很早就开始从事航海贸易，在长期劈波斩浪的航海实践中，他们积累了丰富的经验，培养了高超的造船技术。而这些优良传统为明清时期我国航海事业的进一步发展奠定了基础。明清时期，我国的航海、造船技术都取得了突破性的进展。在航海方面，先人们探索出多条中日贸易的新航道，撰写出多部海道针经，作为导航技术的牵星术更是得到了广泛熟练的使用；在造船方面，拥有了更多各具特色的船舶类型，船只更加坚固耐用并能适应各种不同的海上环境。航海、造船技术的巨大进步极大地减小了海难漂流事件的发生概率，增强了海商们浮海东去的信心，为清代中日贸易的蓬勃发展提供了有力的安全保障。

一、先进的航海技术和丰富的航海经验

从事海上贸易是一项极其复杂的工作，在烟波浩渺的大海上，缺乏道路、房屋等陆上随处可见的参照物，“无复崖埃可寻，村落可志”[①]，辨别方向和确定航程的难度相较于陆地上要大得多。这就需要航海者拥有先进的航海技术和丰富的航海经验，以准确的判定方向，计算里程，在茫茫大海上准确地找到自己的航向。我国东南沿海人民在长期的海上实践中积累了相当丰富的航海经验，锻造出一套过硬的航海技术。

辨别航向是航海者必须精通的航海技术之一。据《淮南子·齐俗训》记载：“夫乘舟而惑者，不知东西，见斗、极则寤。”[②]这说明我国的航海者早在春秋战国时便懂得通过观察天象来确定方位。这种通过观测日月星辰以定方位的方法为后人所继承。东晋法显在《佛国记》中说：“大海弥漫无边，不识东西，唯望日月星宿而进。”[③]到了北宋时期，指南针开始应用于航海，并与天文观测相结合，据徐兢《宣和奉使高丽图经》记载，“惟视星斗前迈，若晦冥则用指南浮针，以揆南北”[④]；朱彧在《萍洲可谈》中也谈道：“舟师识地理，夜则观星，昼则观日，阴晦则观指南针。”[⑤]可见，指南针与天象观测定位两项技术在航海实践中的结合运用，是宋代航海技术的一项重大突破，此二者的结合弥补了天象观测受天气变化的局限和指南针存在误差的不足，使得航海者的导航技术在原有的基础上进一步提高。到明清时期指南针更是得到了广泛的使用，据《东西

① 张燮：《东西洋考》卷九《舟师考》，北京：中华书局，2000年标点本，第170页。

② 高诱注：《淮南鸿烈解》卷十一，《景印文渊阁四库全书》第848册，台北：商务印书馆，1986年影印本，第624页。

③ 法显：《佛国记》，《景印文渊阁四库全书》第593册，台北：商务印书馆，1986年影印本，第632页。

④ 徐兢：《宣和奉使高丽图经》卷三十四，《景印文渊阁四库全书》第593册，台北：商务印书馆，1986年影印本，第895页。

⑤ 朱彧：《萍洲可谈》卷二，《景印文渊阁四库全书》第1038册，台北：商务印书馆，1986年影印本，第289页。

洋考》记载："海门以出，洄沫粘天，奔涛接汉，无复崖埃可寻，村落可志，驿程可计也。长年三老鼓枻扬帆，截流横波，独恃指南针为导引。或单用，或指两间，凭其所向，荡舟以行。"①"指两间"便是当时的一项新技术，以固定方位角度的方式减少因船身摆动对指南针的影响，纠正指向偏差，进而得到更为准确的方位信息。

在改进指南针应用技术的同时，明清时期人们还发明了牵星板，作为天文导航中更为准确的定位工具。李诩在《戒庵老人漫笔》中对其做了较为详细的介绍："牵星板一副，十二片，乌木为之，自小渐大，大者长七寸余。标为一指、二指，以至十二指，俱有细刻，若分寸然。"②牵星板是测量天体高度的仪器，其原理类似于今天的六分仪。它的使用方法是：左手持一块牵星板对准水平线上方天体，右手握住木板中心的绳子，牵星板下端对准水平线，上端对准天体，这样就可以测量出所在地距所观测星座的高度，然后再根据这个高度计算出当地的地理纬度，以此测定船只的具体航向。牵星板的使用说明古人已经从肉眼感性的观测星体进入利用仪器理性地确定航位的新阶段。这种利用牵星板为航船进行定位的方法称为"牵星术"，郑和下西洋时，就曾以此法作为其船队航行的重要导航技术。《武备志》中收录了《郑和航海图》及所附四幅"过洋牵星图"，即：古里往忽鲁谟斯过洋牵星图；锡兰山回苏门答腊过洋牵星图；龙涎屿往锡兰山过洋牵星图；忽鲁谟斯回古里过洋牵星图。如实地反映牵星术在郑和船队远航过程中所起到的重要作用。牵星术也以其相对科学性的优势成为明清时期商船海上航行的重要导航技术。

在航海的过程中，除了要时刻把握正确的航向之外，对航速、航程和水深也要做出精确的计算，方能保证船只顺利到达目的地。测量航程主要使用的是木片计程法。在我国的史书中，很早就有关于此种方法的记载，

---

① 张燮：《东西洋考》卷九《舟师考》，北京：中华书局，2000年标点本，第170页。

② 李诩：《戒庵老人漫笔》卷一《周髀算尺》，北京：中华书局，1982年标点本，第29页。

三国时期的《南州异物志》一书中有这样的描述：在船头上把一木片投入海中，然后从船头跑向船尾，看是否与木片同时到达，以此来测算航速航程。航速和航程的基本计算方法是，用船的长度除以木片从船头漂到船尾的时间，得出的数值便是该船只的航速，再用求得的航速乘以航行的时间便可得到具体的航程。这便是木片计程法的雏形。由于这种方法原理简单，操作方便，所以一直为历代航海者沿用。明清时期，人们仍然使用这种方法测量航速和航程，只不过在细节上稍加改善，力求得到的数值比以往更加精确。具体的做法是把一昼夜分为十更，通过燃香的支数来计算时间，把木片投入海中，人从船首到船尾，如果人和木片同时到，计算的更数才标准，如人先到叫不上更，木片先到叫过更，一更是三十公里航程，这样便可算出航速和航程。这种计程的方法，已与近代航海中扇形计程仪的方法十分相似①。对于水深情况的探测主要是为了防止船只触礁，明清时期主要使用的探测水深的方法为下钩探深法和以绳结铁探深法，总的做法即是用较长的绳索一端系上铁器抛入海中，待铁器接触海底后再将其拖出水面，测量入水部分的绳长即可得到水深数值。

大海永远以它的捉摸不定震慑人心，所以要保证航行过程的安全顺利除了需要技术设备的支持和方法的辅助外，经验也是非常重要的一环。比如对于航程、水道、气候、洋流、潮汐、暗礁等海上环境的熟悉，就是一个航海者所必需的。一代一代的航海勇士们在搏击大海的征程中，用眼泪、创痛、甚至生命换取了宝贵的经验，更为可贵的是，他们将此编纂成航海指南之类的书籍，指引、启迪着后人。明清时期，这类航海指南性的书籍称为航海针经，针经即是航线，在罗盘指引下，从某地到另外一地的某一航线上有不同地点的航行方向，将这些航向连接成线，并绘于纸上，就是人们所说的针路，又称针经、针簿。实质上，针路就是从一地到另一地的航线缩略图。

---

① 严敦杰：《中国古代航海技术上的成就》，见《中国古代科技成就》，转引自林仁川：《明末清初私人海上贸易》，上海：华东师范大学出版社，1987 年，第 26 页。

在长期航海实践中，沿海居民绘制出大量针路图，如《筹海图编》卷二记载了两条东渡日本的针路：

> 福建使往日本针路：从福州外港梅花开船，向东南取小琉球（台湾）方向，套北过鸡笼屿、彭嘉山后向东取钓鱼屿、赤坎屿方向，再到古米山，然后到大琉球，在那霸港泊船。船开出那霸后，基本上利用南风，沿亚洲大陆外围岛弧北上，过热壁山、琉黄山、田嘉山、梦加剌山、大罗山、野顾山（屋久岛）、旦午山（种子岛）后到亚甫山。亚甫山平港口，其水望东流甚急（指的是九州岛南端暖流黑潮的流向）。船出亚甫山后，取东北方向沿亚慈理美妙或沿湾奴、乌佳眉山后转北到而是麻山、大门山，然后到兵库山港。到兵库港后循本港再入日本国都。
>
> 太仓使往日本针路：从江苏太仓开船，经吴淞江、过宝山、南汇出海后，南下到舟山群岛双屿港（六横岛）南方洋面，然后再取九山（韭山列岛）方向，到九山后向东过洋二十七更可到日本港口。如果从乌沙门开洋七日即到日本。中国古代海民，称岛为山。从现在的地图看，基本上是在舟山群岛南方洋面的韭山列岛一带放洋渡东海。①

明代中后期以后，中日间私人海上贸易兴起，尤以福建、浙江两省赴日贸易商人最多。为增加航行的安全系数，缩短航程，海商们绘制了许多从福建、浙江的港口到达日本长崎的针路，《指南正法》对此记载相对详细：

福建港口：

1.自厦门至长崎：大担（福建金门岛附近的大担岛）开舡，用甲卯离山。用艮寅七更取乌坵（即乌坵屿，在福建湄洲岛东），往祭献。用艮寅

① 郑若曾：《筹海图编》卷二，《景印文渊阁四库全书》第584册，台北：商务印书馆，1986年影印本，第48—49页。

及单寅七更取鸡笼头（今台湾基隆）。用艮寅二十更，取单寅下十五更，单寅上十五更，取天堂（日本天草港）。用子癸并壬亥收入港。

2.自沙埕（今福建福鼎沙埕口北）至长崎：开船南风，用甲寅四更离山。单寅七更、艮寅二十更、单寅八更，见里甚马南过。艮寅七更收入妙也。

浙江港口：

1.自温州至长崎：温州开船，用单甲五更，用甲寅六更，用单寅二十更，用艮寅十五更，取日本山。

2.自凤尾（浙江定海南，急水门东）至长崎：出港西南风，用甲寅五更，单寅六更、艮寅二更、艮寅十八更、单寅八更见里慎马（长崎港外之女岛），甲寅七更收入港。

3.自宁波至长崎：普陀放洋，用单卯十四更，又用单卯十更，又用甲寅八更，又用单甲八更见天堂（日本天草港，在长崎港南），收入长崎。

4.自普陀往长崎：放洋南风，用甲寅十更、单寅十更、甲寅三更见里甚马（长崎港外之女岛），艮寅七更收入妙也。

5.自尽山（即嵊泗列岛的陈钱岛）至长崎：开舡北风，用单寅十五更，艮寅九更取五岛（长崎港外的五岛列岛），单寅五更收入港可也。[①]

针经既然是航线缩略图，那么在实际航海过程中它必然要和指示方向的罗盘配合使用。罗盘由方位盘及磁针组成。方位盘划分为24个方位，分别由地支的子、丑、寅、卯、辰、巳、午、未、申、酉、戌、亥；天干的甲、乙、丙、丁、戊、己、庚、辛、壬、癸；八卦的乾、坤、坎、离、震、兑、艮、巽24个字搭配而成，称“丹针”或“单针”，共计360°，每个字所占度数相当于现代罗盘的15°。如航海图中有“用丹午针，进西后门”，这里的丹午针意为船舶朝南180°行驶。两字之间中缝线的方位称“缝针”，用相邻的两个字表示，如“用辛酉针，八十四更，船收加剌哈”。这里的辛酉针指的是船舶朝西稍偏北277.5°行驶。实际上这些缝针又构成了另外的24个方位。这样，按照针路的指引，一共有48个方向，两

① 向达校注：《两种海道针经》，北京：中华书局，1961年标点本，第168—176页。

个方向之间相差7.5°，偏差比较小，可以比较准确地判定航向。

从确定航向的牵星术的普遍使用，到航程、航速、水深的准确测量，再到大量针路图的细致描绘，均可见明清时期我国的航海技术已经达到了相当的高度，这为日后我国商人东渡日本提供了坚实的安全保障。

二、发达的造船技术

我国的造船工艺起步很早，上古时代即有“伏羲始乘桴”和“伏羲氏刳木为舟”的传说。说明在原始社会末期，人们已经可以造出独木舟和筏之类简单的船只，这些船只虽说简陋，但可以看成是我国造船业的滥觞。西周时期，南方的越人很善于造船，《艺文类聚》中有“周武王时，于越献舟”[①]的记载。春秋战国时期，造船业进一步发展，以地处东南沿海的吴、越两国造船业最为发达。出现了船宫，也就是专门的造船工场，能够造出“艅艎”“大翼”“小翼”“突冒”“楼船”“桥舡船”等多种船只。秦汉时期，随着国家统一和物质力量的增强，我国的造船业发展更加迅速，秦始皇在征服百越地区的战争中，为解决军粮问题曾组织一支运送50万石军粮的船队。汉武帝时期建造的“豫章大舡”，船上建有宫殿，宏大无比。三国时期，孙吴的造船业也很发达，孙吴所在的江东地区，历史上就是造船业发达的吴越之地。当时吴国造的战船，最大的上下五层，可载3000名战士。吴国灭亡时，被晋朝俘获的官船就有5000余艘，足见孙吴造船业之兴盛。值得一提的还有南齐时期大科学家祖冲之发明的“车船”，这种船的特点是利用人力脚踏机轮推动船只前进，这一动力来源的重要改进不仅使船只航行进一步摆脱了风向、风力等自然条件的限制，而且大大提高了航速。这种新的船只驱动形式在唐宋时期得到广泛应用，成为我国古代船只动力改进的重要方向，在我国造船工艺史上占有十分重要的地位。

隋唐时期，我国的造船业有了新的发展。隋代越国公杨素灭陈时率领

① 《艺文类聚》卷七十一，《景印文渊阁四库全书》第 888 册，台北：商务印书馆，1986 年影印本，第 510 页。

的船队有五层高的楼船，可容八百多人，称“五牙”。还有一种较小的战船称为“黄龙”，也可乘百余人。唐代则突破了以往造船业过分集中于东南沿海的局限，造船工场几乎遍及所有沿海地区，山东的莱州、登州，江浙的扬州、苏州、杭州，福建的福州、泉州及广东的广州等地都有规模不等、数量各异的造船工场。而唐代的造船技术也日趋成熟。唐代海船建有水密隔舱，它由底部和两舷肋骨以及甲板下面的横梁环围而构成。船中部以前的舱壁安装在肋骨之前，中部以后的舱壁就装在肋骨之后。这种安装方法可以防止舱壁移动，使船舷与舱壁板紧密地结合在一起，牢固地支撑着两舷。这种工艺和技术的使用，大大增强了船体的横向强度，使船只能够抵御更大的风浪，提高海上航行的安全系数。也正因为如此，唐代阿拉伯人大多乘坐坚固的中国船只穿越印度洋来到中国。

宋元时期是我国海外贸易发展的高峰时期，海外贸易蓬勃发展的客观需要刺激了造船业的突飞猛进。在遍布全国的造船工场中又以浙江的温州、明州，福建的泉州、福州，广东的广州为最。据徐兢《宣和奉使高丽图经》记载：徽宗宣和年间，宋廷每次派遣使臣赴高丽，都会乘坐“客舟”和“神舟”，其中“客舟”“长十余丈，深三丈，阔二丈五尺，可载二千斛粟”，“神舟”则更为高大，约是“客舟”的三倍。当两艘出使船只到达朝鲜港口时，总会引起“倾国耸观，而欢呼嘉叹”①。与官营造船业遥相呼应的是宋代民间造船业的崛起，宋代是我国私人海外贸易的大发展时期，大批商人投入到贩海致富的队伍中，船只这一海上交通工具的需求量日益增大。为不受官办船厂的掣肘，商人们纷纷自谋资金自主造船。民间私人造船业在经济利益的刺激和大批海商的不懈努力下迅速壮大，据《宋会要辑稿》记载：“漳、泉、福、兴化，凡滨海之民所造舟船，乃自备财力，兴贩牟利而已。”南宋《梦粱录》中对于海商船只有这样的描述：“海商之船，大小不等，大者五千料，可载五六百人。中等二千料至

---

① 徐兢：《宣和奉使高丽图经》卷三十四，《景印文渊阁四库全书》第593册，台北：商务印书馆，1986年影印本，第891页。

一千料，亦可载二三百人。余者谓之‘钻风’，大小八橹或六橹，每船可载百余人。”可见，当时私人打造的海船毫不逊色于官船。而且，由于官方所造船只主要服务于外交和战争领域，在造船过程中就会有许多特殊的需要，如外交船追求奢侈华贵，造型考究。战船则不仅要求外壳坚固厚重，连整个船只内部结构也与一般商船相去甚远。反观私人造船，由于大多是服务于海上贸易的商船，所以整个建造理念都包含着明显的实用主义倾向。而这种倾向决定了它既能全面地吸收官办造船业的先进技术，又能摆脱官船诸如刻意追求浮华等缺陷，推动造船业更好地为航海贸易服务。元代我国造船业继续发展，造船技术主要有两项改进，一是造出的船只更加高大，如当时出现了载重9000石的大船，远远超过了宋船5000石的顶限。二是船身更加坚固。元代来到中国的摩洛哥旅行家伊本·巴记录了他所见到的大海船，“大船有三帆以至十二帆，帆皆以竹木为横架，织成席状。大船一只可载一千人，内有水手六百人，兵士四百人”①。

进入明清时期后，我国的造船业在原有的基础上又获得了新的改进和发展，无论是建造规模还是工艺水平都达到了中国古代社会的最高峰。明代东南沿海各卫都设有船厂，在众多的造船厂中，以南京的龙江船厂和淮南的清江船厂规模最大，郑和下西洋时所使用的大型船只大多是这两家船厂所造。据马欢《瀛涯胜览》对郑和船队的描述，“大者长四十四丈四尺，阔一十八丈；中者长三十七丈，阔一十五丈”，“篷帆锚舵，非二三百人莫能举动”。明代一尺相当于0.311米，大号宝船折合公制，长约138米，宽约56米，吨位可以达到1500吨。如此庞大的船只在当时的世界上也处于绝对领先的地位，而百年以后震动世界的哥伦布远航和麦哲伦环球航行，其舰队的总吨位都不超过280吨，其间差距是何等的悬殊。当时民间运营的造船业的发达程度完全可以同官方媲美，据《明世宗实录》记载：漳州“龙溪、嵩屿等处，地险民犷，素以航海通番为生，其间豪右

① 张星烺：《中西交通史料汇编》第二册，北京：中华书局，1977年，第54页。

之家，往往藏匿无赖，私造巨舟，接济器食，相依为利。”[①]甚至有些大的海商集团的船只比官船还大，如诸葛元声《三朝平攘录》所提到的王直在经营中日贸易所用的巨舰，“方一百二十步，可容二千人，木为城，设楼橹四门，其上可驰马往来”。在造船工艺上，明清时期从造船木材的选用，到船体的设计，再到船身加固工作的改进，都更趋向于实用性，显示了造船工艺的日趋成熟，“其船只底尖能破浪，不畏横风”，“能斗风行使便易，数日即至也”[②]。而这是同一时期其他国家望尘莫及的。

明清时期造船技术的精湛还体现在众多的船舶类型上，由于我国的海岸线绵长，港口和邻近大陆的岛屿很多，不同港口的水深、海浪、滩头的情况各异。如浙江沿海多浅水沙滩，福建广东沿岸则多是水深浪急，单一船种显然难以适应各地复杂多变的海况。这就要求人们造出各种不同结构的船只来适应不同地区的不同状况。如为适应浙江沿海的浅滩，人们设计了一种称为沙船的船只。这种船底平而长，操控灵活、不怕搁浅，极其适合在浅水中航行，但它的缺点是吃水浅，抗风浪的能力较弱。为弥补这方面的缺陷，船工们对其设计进行了改进，在位于船中央主桅杆的左右舷处装有可拆卸的“胁板”，不使船随下风漂流，极大地增强其抗击风浪的能力。这一点在日本史料中也有反映，据西川如见的《增补华夷通商考》记载：

> 道距日本海程三百四十里，方位在日本九州正西。自南京至北京，陆程凡四十日，亦可以河舟往来。今所云来长崎之南京船，为此种河舟直接出海者。故其所造之舟，底平而长，不拘风

① 台北“中央研究院”历史语言研究所编：《明世宗实录》卷一八九，《明实录》第79册，台北：台北“中央研究院”历史语言研究所，1968年校勘本，第3997页。

② 郑若曾：《筹海图编》卷二《倭船》，《景印文渊阁四库全书》第584册，台北：商务印书馆，1986年影印本，第68页。

向，安行无妨。来日本之船，四季均有之。[①]

可见经过改进的沙船显示出更强的适应性，广泛应用于江浙地区的对日贸易。

与沙船纵横于浙江沿海一样，福船和广船也在福建、广东的海面上逐浪前行。福船比沙船要高大许多，《筹海图编》中对福船的设计有这样一番描述："福船高大如楼，可容百人，其底尖，其上阔，其首昂而口张，其屋高耸，设柁楼三重于上。"[②]福船这种船身巨大，甲板宽阔，尖底尖头而船尾较宽的设计比较适合在水深浪大的海面行驶。而同为尖底设计的广船比福船更为高大坚固，"盖广船乃铁栗木所造，福船不过松杉之类而已，二船在海若相冲击，福船即碎，不能当铁栗之坚也"[③]。广船船身坚固，吃水深的特点使其成为远洋航行的重要交通工具。

综上所述，我国的造船技术在明清时期得到了长足的发展，其建造工艺之精湛，船舶类型之众多，在工业革命之前独步世界，即使在工业革命之后相当长的时间内，我国的造船业仍能居于世界的前列。而我们的亚洲近邻日本，虽然作为一个四面环海的岛国，在此方面却与我们有着明显的差距，据史料记载：

日本造船与中国异，必用大木取方，相思合缝；不使铁钉，惟联铁片，不使麻筋桐油，惟以草塞罅漏而已。费功甚多，费材甚大，非大力量未易造也。凡寇中国者皆其岛贫人，向来所传倭国造船千百只，皆虚诳耳。其大者容三百人，中者一二百人，

---

① ［日］西川如见：《增补华夷通商考》卷一，甘节堂，1708年刻本，第5—6页。

② 郑若曾：《筹海图编》卷十三，《景印文渊阁四库全书》第584册，台北：商务印书馆，1986年影印本，第406页。

③ 郑若曾：《筹海图编》卷十三，《景印文渊阁四库全书》第584册，台北：商务印书馆，1986年影印本，第405页。

> 小者四五十人或七八十人，其形卑隘，遇巨舰难于仰攻，苦于犁沉。故广福船皆其所畏。而广船旁陡如垣，尤其所畏者也。其底平不能破浪。其布帆悬于桅之正中，不似中国之偏。桅机常活，不似中国之定。桅使顺风，若遇无风、逆风，皆倒桅蘯橹，不能转戗。故倭船过洋，非月余不可。今若易然者，乃福建沿海奸民买舟于外海，贴造重底，渡之而来，其船底尖能破浪，不畏横风、鬪风，行驶便易，数日即至也。①

由此可见，当时我国的造船技术全面领先于日本，而船只上的优势带来了贸易上的优势地位，尤其在日本商人囿于幕府的锁国政策无法来华贸易，中国海商赴日独力支撑中日贸易大局的情况下，这种作用显得尤为重要。可以说，造船业的繁荣稳定为这一时期中日贸易的开展提供了牢固的技术保障，为推进中日贸易的发展起了极其重要和不可替代的作用。

第三节 中日贸易发展的时代背景

任何事物的出现和发展都不能摆脱时代的限制，清代中日贸易也不例外，它的兴起与发展被深深打上了时代的烙印。在古代，由于交通和通信手段的极端落后，国家与国家之间的交流、地区与地区之间的沟通是有限的。但是，伴随着生产力的发展，商品生产交换的规模逐渐扩大，尤其是15世纪末开始，在东方寻梦的驱使下，地理大发现拉开了序幕。弹指一挥间，西方探险家们不仅完成了人类历史上的壮举，而且世界五大洲相对独立隔绝的状态被打破。在新航路开辟一个半世纪后的明清鼎革之

① 李言恭、郝杰：《日本考》卷一《倭船》，北京：中华书局，1983年标点本，第28页。

时，西方、日本、中国三方对于海外贸易却有着迥然不同的态度，而由不同的态度所引发出不同的贸易发展态势则构成了清代中日贸易发展复杂的时代背景。

一、西方世界对于海外贸易的充分利用

16世纪，世界历史发生了质变，近代资本主义诞生；西方资产阶级登上历史舞台；近代资本主义文明以高屋建瓴之势冲击着古老的东方文明。它处处向世人昭示着一个新的时代的到来。由于攫取利益是资本主义发展的第一需要，而西方的殖民者也正是在经济利益的驱动下走遍世界，所以在推行其海洋文明的历史过程中，商业贸易一直扮演着急先锋的角色。

葡萄牙是最早来到亚洲地区的西方国家，以 1511年占领第一块亚洲殖民地满剌加为标志，这一老牌殖民帝国开启了其在亚洲的殖民历程。斗转星移，当历史的车轮转到1644年，葡萄牙人已经东来一个半世纪了。在这一百多年间，他们占据了印度的果阿、马来半岛南端的马六甲、中国的澳门等地。建立了线型的东方海上帝国。从16世纪后半期至17世纪前期，葡萄牙作为中日之间最主要的贸易中转商，每年都把大量的中国商品运到日本去贩卖，几乎垄断了所有的对日贸易。澳门—长崎航线也成为当时最主要的对日贸易渠道。据学者研究："当时，几乎垄断了与日本贸易的葡萄牙人，每年大约带来10万至25万日斤（6万—15万公斤）的生丝。在他们的贸易基地澳门，1570年前后，甚至专门成立了称做'阿尔玛桑'的对日生丝贸易组织，澳门市政当局就不必说了，甚至连市民每个人的生活都与阿尔玛桑的成败，即对日贸易的成败如何息息相关。"①当时葡萄牙通过澳门—长崎航线输入日本的货物种类相当繁多，下文将以万历二十八年（1600）由广州途经澳门中转的一艘葡萄牙商船所载运到日本的货物为例，

① ［日］速水融、宫本又郎编：《经济社会的成立：17—18世纪》，厉以平监译，北京：生活·读书·新知三联书店，1997年，第133—134页。

以列表的形式统计货物的数量、中日之间的地区差价和利润率。

表 1—1　万历二十八年（1600）广州经澳门出口往长崎货物表

货物名称	数量	广州价格	长崎价格	利润率 %
白丝	500—600 担	每担银 80 两	每担银 140—150 两	75—87
各种丝绒	400—500 担	每担银 140 两	每担银 370—400 两	164—186
各种绸缎	1700—2000 匹	每匹银 1.1—1.4 两	每匹银 2.5—3 两	111—127
棉线	200—300 担	每担银七两	每担银 16—18 两	128—157
棉布	3000 匹	每匹银 0.28 两	每匹银 0.5—0.54 两	80—90
黄金	3000—4000 两	每两银 5.4 两	每两银 7.8 两	44
水银	150—200 担	每担银四十两	每担银 90—92 两	125—130
铅	2000 担	每担银 3 两	每担银 6.4 两	113
白铅粉	500 担	每担银 2.7 两	每担银 6.5—7 两	155—160
锡	500—600 担	每担 15 西元		
糖	210—270 担	每担银 0.8—1 两	每担银 3.5—5.2 两	100—200
麝香	2 担	每担 8 西元	每担 14—16 西元	75—130
茯苓	500—600 担	每担银 1—1.1 两	每担银 4—5 两	300—354
大黄	100 担	每担银 2.5 两	每担银 5 两	100
甘草	150 担	每担银 3 两	每担银 9—10 两	200—300
陶器	20000 件			

资料来源：黄启臣：《明代广州的海外贸易》，见《中国经济史研究》1990 年第 4 期，第 112 页。

从列表统计中我们可以清楚地看到，当时经葡商之手转运到日本的货物主要包括丝织品、棉纺织品、金属、糖类、药材、陶器等等。这些货物转贩日本的利润率很高，虽说不同种类的货物利润率有所差异，但平均利润率超过了100%，个别种类的货物利润率竟然达到了300%。这种巨大的贸易量和高额的利润一直持续到1640年左右，如1637年的贸易总额为260万两白银。[①]而在1638年仅经澳门输出到日本的绸缎即为2100箱，每箱约

① 全汉昇：《明代中叶后澳门的海外贸易》，《中国文化研究所学报》1972 年第 5 卷第 1 期。

有一百匹至一百五十匹，总数在210000匹至315000匹之间。[①]如此高的利润，使葡商乐此不疲地奔波于中国与日本之间，拉动对日贸易额直线上升。

1640年前后，曾经盛极一时的澳门—长崎航线走向沉寂，素有17世纪“海上马车夫”美誉的荷兰人接过葡萄牙人手中的旗帜，继续在中日贸易中发挥重要作用。荷兰人在航海事业上起步较晚，但成熟的航海、造船技术，先进的经营理念使其迅速崛起，到17世纪，荷兰成为海上的第一强国，荷兰船只的吨位占全世界船只总吨位的四分之三。与此同时，荷兰在亚洲的势力也得以扩张，占领了印度尼西亚的爪哇岛及摩鹿加岛（今马鲁古岛）等地后，他们于万历二十九年（1601）、万历三十一年（1603）两次派遣船只到中国要求互市，但均未得到明政府的允许。打开与中国贸易的通口成为荷兰人迫切的愿望。天启二年（1622），荷兰如愿以偿占据澎湖，但其强盗般的行径引起明政府的强烈不满。天启四年（1624），明政府收复澎湖，荷兰转而占据台湾南部。崇祯十五年（1642），荷兰击败西班牙，独占台湾并控制了大员—长崎贸易。但总体而言，荷兰在台湾的对日贸易并不顺利，进入17世纪中叶后，大员—长崎贸易走向衰落。

综上，西方殖民者东来亚洲的叵测居心毋庸置疑，其在殖民地的野蛮行径以及造成的灾难性的后果也毋须多言。但他们向世人昭示了一种新的经济模式正在冲破传统的小农经济，成为世界经济发展的主流。历史的进程也进一步证明其强大的动力推动了世界格局新的发展。而纵观他们在亚洲地区的活动，尤其是与中日贸易相关的经济活动，为清代中日贸易的发展起到了诸多重要的作用。

首先，明代厉行海禁，即使在明末海禁政策有所松动的时期也从未放宽对日本的禁航令，因此，中国私人海商的赴日贸易终明一代都属于非法

① 全汉昇：《略论新航路发现后的中国海外贸易》，见张彬村主编：《中国海洋发展史论文集》第五辑，台北：中山社会科学研究所，1993年，第7页。

的范畴，遭遇朝廷很大的阻力。而西方殖民者参与到对日贸易中来并以澳门、大员等地作为中转港口，有力地配合了中国海商们冲破朝廷禁令的斗争，丰富了中日之间的贸易渠道，扩展了双方的贸易规模。

其次，葡、荷等国商人的居中转贩，使得大量中国货物进入日本市场，中国货物的增多扩大了其在日本的消费群体，刺激了日本对中国货物的消费需求，增强了中国商品对日本市场的吸引力。而这种习惯性需求的养成和扩充则为中日贸易的持续稳定发展提供了动力。如在清代的某些时段，日本无法获得足够的中国商品时就会通过对马藩—朝鲜和萨摩藩—琉球的贸易方式来尽力获取不足的部分。

再次，西方殖民者在长期的海外贸易过程中积累了相当丰富的贸易经验，如他们对利益来源敏锐的洞察力，对经济贸易资源的充分利用，富于冒险的商业精神和对经济利益的不倦追求都给中国海商提供了良好的借鉴。我国海商们需借鉴西方经验毋庸置疑，但更应该借鉴西方经验的是清政府。西方国家几乎都通过经营海外贸易使国家在相对较短的时间内积累了巨额的财富。这种贸易富国的理论和实践经验，以及出于经济利益的考虑实行的鼓励海外贸易的政策和与此相关的管理规定，本应成为清政府制定海外贸易政策的指南。清政府如能借鉴西方国家的成功经验，仿效西方国家的政策，其焕发出来的力量必然远远超越个体海商零散的吸收借鉴。但囿于传统思想的限制，清政府并没有让我们的美好设想成为现实。在西方列强纷纷通过海外贸易迅速致富，增强国力之时，清政府却对当时中国优越的贸易条件和丰富的贸易资源视而不见，仍在重农抑商思想的指引下，在“君子喻于义，小人喻于利”的自我慰藉中，沿着封建主义千年不变的老路蹒跚而行。

二、中日两国对贸易环境的营造

中国和日本作为清代中日贸易最根本的两个参与者，各自国内的政治形势、经济发展状况、统治者意图、贸易政策、贸易状况等都会对两国之间的贸易产生深刻的影响。在明清之际的时间断限内，日本在对外贸易上经历了一个从四面出击到全面收缩的过程，而中国则呈现出私人海外贸易逐渐冲破海禁政策的堤坝得以迅速发展的态势。

1600年，德川家康在关原之战中击败了丰臣秀吉之子丰臣秀赖及其家臣石田三成，掌握了日本政权，并于1603年建立起德川幕府。新的幕府统治建立后，一改以往的强硬政策，积极谋求恢复与中国断绝五十年之久的朝贡贸易关系。1610年，福建应天府商人周性如到达日本五岛列岛，德川家康将他们一行人邀请至江户，盛情款待，并颁发朱印状。在周性如返回中国时，幕府总管本多正纯代表德川家康致书福建道总督军务都察院都御史所（简称《致福建道书》），并委托周性如转交。由于中日双方断绝朝贡关系以来，鲜有书信往来，所以这封书信就显得尤为珍贵。鉴于此，全文照录于下：

> 日本国臣上野介藤原正纯奉旨呈书福建道总督军务都察院都御史所
>
> 夫吾邦之聘问于商贸于中华者，杂出于汉、隋、唐、宋、元明之史及我国记家乘者昭昭矣。然前世当朝鲜分扰之时，有中华之贵价来我价来我邦，而译者枉旨执事抵牾，而其情意彼此不相通。比来海波扬而风舶绝，可谓遗憾。方今，吾日本国主源家康一统阖国，抚育诸岛，左右文武经纬纲常，遵往古之遗法，鉴旧时之炯戒。邦富民殷，而积九年之蓄，风移俗易，而追三代之迹。其化之所及，朝鲜、安南、交趾、占城、暹罗、吕宋、西洋、柬埔寨等蛮夷之君长酋帅，各无不上书输宾。由是益慕中华，而求和平之意无往于怀。今兹应天府周性如者适来于五岛，乃诣上图因此此事不亦幸乎？明岁福建商舶来我邦，期以长崎港为凑泊之处，随彼商主之意交易有无，开大閴岂非两国之利乎？所期在是此耳。比其来也，亦承大明天子之旨以赐勘合之符，则

必我遣使船，以来秋之番风而西其帆者何疑哉？及符来，而我只遣大使船一只而已，明其信也。若余船之无我印书而到者，非我所遣也。乃是寇贼奸宄伏窜岛屿，而猾中华之地境之类，必须有刑法。若又我商船之往还于诸蛮者，因风浪之难，有系缆于中华之海面，则薪水之惠何赐加之。今将继前时之绝，而兴比年之废，欲修遣使之交，而索勘合之符，复古之功不在斯乎？我邦虽海隅日出抑谚所谓蕞尔国也。中华以大事小之意，想其不废乎？然则来岁所为请颁符使来，则海东之幸，而黎庶之所仰望也。中华设虽贵重，而其不动遐迩博爱之意哉？感激之至，在于言外。

命旨件件请宣领诺

岁庚戌季冬十有六日[①]

这封加盖有幕府将军朱印的信件，格式正规、措辞恭敬，在抒发了对中华仰慕之意的同时，表达了日方与中方重新建立朝贡贸易关系的强烈愿望。此外，德川家康还在1610年和1612年分别授意长崎市舶使司长谷川左兵卫和岛津家久在给明朝官员的书信中再次表达此意愿，足见其希望与中国通商的迫切心情。虽说由于明政府始终对日本怀有戒心，以致双方的朝贡关系无法得到恢复，但日方对中日贸易的积极态度却为中国海商赴日贸易提供了宽松的环境，中日私人贸易得到了发展壮大的契机。

除了谋求恢复与中国的贸易来往外，幕府对其他国家商人的赴日贸易也持欢迎态度。在幕府的积极鼓励下，葡萄牙、西班牙、荷兰、英国都先后与日本建立了贸易往来，并在日本建立了各自的商馆。由于当时外国商馆多建在长崎县的平户，贸易也多在平户地区展开，所以从1600

① 《异国日记——金地院崇传外交文书集成》，转引自何慈毅：《明清时期琉球日本关系史》，南京：江苏古籍出版社，2002年，第58—59页。

年平户建立外国商馆开始至1641年荷兰商馆迁出平户为止的一段相对比较宽松的自由贸易时期被人们称为“平户商馆贸易时期”或“平户时代”。

在鼓励外商来日贸易的同时，德川初期的日本还允许日本商人出海贸易，建立朱印船贸易制度。所谓朱印船就是指获得由幕府颁发的“异国渡海朱印状”，可以赴海外特定区域进行贸易的船只。朱印状实质上就是日本海商出国贸易的许可证。由于朱印船贸易的主要区域为东南亚地区，因此，日本幕府向这一区域内的西属菲律宾、安南、柬埔寨、荷兰东印度公司等国家和地区贸易管理者发出请求，希望他们对日本的朱印船予以承认和保护。当然这些地区的贸易管理者出于发展贸易获取利润的基本目的，都接受了日方的要求，朱印船贸易也就顺理成章地发展起来。

当时朱印船贸易十分繁盛，对于朱印船贸易的盛况，日本学者岩生成一已经有了很深入的研究，现就庆长九年（1604）至宽永十二年（1635）日本朱印船的主要渡航地及船只数进行统计，具体如下表所示：

表 1—2　朱印船主要渡航地一览表

（单位：艘）

渡航地 年代	高砂	西洋	安南	东京	交趾	占城	柬埔寨	暹罗	吕宋	合计
1604		1	4	3		1	5	4	4	22
1605		8	3	2		1	5		4	23
1606		1	2	1		1	3	4	3	15
1607		8	1			1	4	4	4	22
1608			1			1	1	1		4
1609				1	1		1	6	3	12
1610			1		3		1	3	2	9
1611			2		3			1	2	8
1612				1	3			2	1	7
1613				1	6		1	3	1	12
1614				1	7		2	3	4	17

续表

渡航地 年代	高砂	西洋	安南	东京	交趾	占城	柬埔寨	暹罗	吕宋	合计
1615	1				5		1	5	5	17
1616				1	4				1	6
1617	2			2	5			1	1	11
1618	4			3	7		2	1	3	20
1619				3	1				1	5
1620	1				5		1		2	9
1621	3			1	2		1		4	11
1622	1				1			2	2	6
1623	3			2	2	1	2	3	1	14
1624	1			1	2			1	2	7
1625	3			1			1	2		7
1626	2							1		3
1627	2				1		1	2		6
1628	2			2	2		2	3		11
1629					1		1	1		3
1630				1	1			1	2	5
1631	5			2	1		1	1		10
1632	3			2	3		4		2	14
1633	3			3	2		1	1		10
1634				3	2		2			7
1635					1		1			2
合计	36	18	14	37	71	6	44	55	54	335

资料来源：［日］岩生成一：《朱印船と日本町》，东京：至文堂，1966 年，第 35 页。

从上面的表格我们可以看到，每年都有大批取得朱印状的日本船只驶往东南亚，在31年的时间里共有300多艘船只到达此地进行贸易。而在所有东南亚国家和地区中，交趾、暹罗、柬埔寨、吕宋和高砂（台湾的旧称）的朱印船贸易最为兴盛。东南亚地区一些交通较为便利、商品经济较为发达的城市，如“越南的岘港、会安、东京，吕宋的马尼拉，暹罗的大城府，柬埔寨的金边，台湾的赤嵌城，马来半岛的马六甲以及葡萄牙的殖民贸易据点澳门，成为朱印船频繁光顾的贸易城市”[①]。

朱印船制度从庆长九年（1604）推行至宽永八年（1631），之后幕府虽又实行奉书船制度，但由于二者本质相同，故奉书船制度被看成是朱印船制度的一个延续，1635年奉书船制度被废除。朱印船和奉书船制度前后推行30年，对日本经济和贸易的发展起到十分积极的作用。首先，使日本摆脱了在东亚地区的贸易孤立状态。明中后期以来禁通日本，使得在东亚地区活跃的贸易圈中并无日本的身影。而这种日本商人走出国门，主动出击发展外贸的活动使日本货物得到了更广阔的销路，同时也从国际市场上获得了更多国内急需的外国商品，逐步摆脱了原有的孤立状态。其次，日本货物更多的出口刺激了国内商品生产的发展，而生产的发展又为贸易提供了更多的货物，形成了一种有机的良性循环。再次，日本商人大规模的出海贸易有利于增强日本的贸易自主性。如朱印船贸易制度实行以前，日本的生丝进口几乎由葡萄牙人所垄断，朱印船出海以后，每年数十条朱印船从东南亚地区载回大量的中国生丝，打破了葡萄牙商人对日本对外贸易的巨大牵制力。最后，朱印船贸易的存在对中日贸易的保持和发展起到了非常特殊的作用。由于中国船只禁通日本，中日之间的直接贸易往来受到很大限制，但由于中日双方都有相当数量的海商到东南亚地区进行贸易，所以，双方既可以以东南亚地区为平台进行直接贸易，又可以通过东南亚商人之手获得对方的货物进行转运贸易。也就是说，在中国海商通过走私方式赴日之外，朱印船贸易又给中日贸易提供了一个既合理合法又简单快捷的新途径。

但无论是平户时代的自由贸易政策还是曾经繁盛的朱印船贸易，都随

① 尤建设：《试论德川幕府时期日本与东南亚的朱印船贸易》，《南洋问题研究》2006年第4期，第90页。

着幕府对外政策的转变和锁国体制的出台戛然而止。而促使日本幕府出台诸项政策并由开放转向封闭的直接原因就是天主教势力的恶性发展。天主教最初进入日本是在16世纪中期，日本统治者出于鼓励对外贸易的需要对天主教在其国内的传播采取了默许的态度。但幕府这种宽容的态度使得天主教在日本的势力迅猛发展，据统计，1582年前后，日本各地教徒已达15万人，教堂200多座；而到1605年，全国的天主教徒已经多达75万人，业已形成了一股强大的力量，对幕府统治形成了一种威胁。但更让幕府难以容忍的是一些大名为了吸引西方国家的商人入藩贸易，纷纷皈依天主教。特别是1580年肥前国（今长崎县）的领主大村纯忠，将自己领地上的贸易港口长崎和茂木捐赠给耶稣教会，使这两个港口处于教会的统治下。在幕府的眼中这几乎是公开分裂国家和制造国中之国的行为。于是在幕府的授意下，一系列打击天主教的活动和禁止其传播的诏令陆续出台。

最早的禁教令是天正十五年（1587）由丰臣秀吉颁布的“天正禁教令”，但此禁令实行的时间并不长，在收回了长崎、茂木等港口后，丰臣秀吉于文禄三年（1594）放宽了禁令。之后，天主教势力迅速抬头，很快再一次触及了幕府能够忍耐的底线，为压制恶性发展的天主教势力，1613年，幕府将军德川家康不得不重拾禁令，任命大久保忠邻为“禁教总奉行”，再一次在全国禁教。如果说丰臣秀吉和德川家康的禁教令更多的是打击天主教势力的话。德川幕府的第二任将军德川秀忠则是通过一系列禁令真正把日本带入了锁国的轨道。他于1616、1634、1635、1636、1639年连续发布五次禁教锁国令。其内容主要包括：1.禁止外国船只（明朝船除外）在平户、长崎两港以外靠岸；2.禁止日本人搭乘外国船只出海；处死外籍及日本本国的教士，并驱逐葡萄牙人出境；禁止西班牙人来日本经商，将西班牙人、葡萄牙人在长崎所生的子女一律处死；3.将逗留在日本的葡萄牙人驱逐到长崎人工建造的小岛——出岛居住，不允许其与日本人杂居；4.禁止葡萄牙船前来贸易，其他商船也只准在长崎一地贸易。1641年，幕府又把荷兰商馆搬到出岛。以上禁教锁国令的提出是日本由相对开放的自由贸易时期走向全面收缩的闭关锁国阶段的重要转折点。从其具体内容我们也可以看到，这一时期的禁教锁国令与丰臣秀吉和德川家康时期存在明显的不同，即幕府此次提出禁令的目的并不仅仅要在国内禁止天主教的传播，更重要的是要改变日本对外政策的倾向，具体说来即是逐步废除以往鼓励海外贸易的开放政策，转而实行保守封闭，阻隔甚至切断与其他国家联系的锁国政策。正是通过上述诸条禁令的实行，日本完成了锁国，除了与中国和荷兰在长崎一港保持贸易外，断绝了与其他国家的一切联系。日本这种锁国政策对海外贸易的消极作用自不待言，但也正是由于日本幕府对于其他国家的排斥，造成了日本贸易渠道的单一化，使得荷兰和中国商人得到了垄断对日贸易的良机。而无论从地理位置，货物种类还是贸易品在日本市场的受欢迎程度，中国都远胜于荷兰。可以说，正是日本实行的锁国政策，为中国海商消除了众多的竞争压力，也终结了平户时代日本对外贸易百花齐放的局面，形成了中国海商一家独大的新格局。

明中后期以来中国政府对海外贸易尤其是对赴日贸易的态度和政策笔者在绪论中已做了详尽阐述，在此只做总体概况。虽然中日贸易受到海禁政策和明末中日关系恶化的影响，但私人贸易的发展已成为一股不可逆转的潮流。到明末我国海商私人赴日贸易的规模已经相当大，几乎形成了一个有序的贸易系统。在贸易路线、贸易方法、与日本官方的交涉等各方面都为清朝从事中日贸易的海商提供了几乎可以仿效的标尺。清代的中日私人贸易也正是在承继明末海外贸易衣钵的基础上得以发展的。

第二章　清代中国对日贸易政策的演变

纵观对清代中日贸易产生影响的众多因素，国家贸易政策的影响无疑是最直接也是最重大的。它体现着国家对此项贸易的总体态度，营造着贸易的总体氛围，把握着贸易发展的宏观走向。清政府入主中原后，顺治帝随即开始调整对日贸易政策。在双方朝贡贸易未能建立的情况下，特许中日私人贸易的存在。康熙帝收复台湾以后，大开洋禁，私人出海贸易得到国家的许可，中日贸易随之获得飞速发展。雍正皇帝为解决中日贸易过程中出现的新问题，在继承以往政策的基础上创立了商总制度。乾隆以后，由于中日贸易在整个国家经济生活中的比重日渐降低，清政府的中日贸易政策基本趋于稳定，没有出现大的政策变化。

第一节　顺治时期的对日贸易政策

顺治皇帝是清朝入主中原后的第一代君主，而清由东北地方民族政权向统一的中央政权的转化，使得顺治帝的政策有了更为广泛的影响范围。他对明中后期以来对日本实行的洋禁，极端仇视和对抗日本的政策做了大范围的调整，积极谋求与日本建立朝贡贸易关系，甚至在全面实行海禁的情况下仍单独允许对日牌照贸易的存在，足可见对日贸易在清初海外贸易中所占据的特殊地位。

一、建立两国朝贡贸易的努力

清是代明而起的少数民族政权，刚刚从东北一隅走出来的清统治者，在面对广袤的中原大地和众多的汉族民众时，表现出了作为少数民族政权在机构设置、统治经验、文化底蕴等多方面的劣势。而定鼎燕京的既成事实迫使他们不得不立刻拿出行之有效的政策来驾驭这个庞大的帝国。在这种情况下，“清承明制”便成了最为简单快捷而又行之有效的方法。可以说，清对明的继承远远比“汉承秦制”更为全面，清几乎是照搬了明的整个统治机器，然后在此基础上根据历史经验、时代需要和本民族特色对其进行有效的增删调整。而这种制度上的承袭体现在海外贸易政策上即是模仿明代做法，推行朝贡贸易制度。

朝贡贸易建立在中国传统的藩属体制基础上，是维系藩属体制运转的一种经济形式，即在以中国为中心，“万邦环拱”的对外关系模式下，其他国家和地区定期向中国朝贡，并以此为契机，与中国进行商品交换和贸易往来。在此过程中，清政府以“厚往薄来”的方式寻求一种地位上的尊崇、心理上的满足。由于中国历代统治者都奉行“中国既安，四夷自服”

的理论，所以，朝贡体系的丰满和牢固程度以及朝贡国的多寡被看作是衡量中原王朝强盛与否的重要标准。清作为骑射民族政权，在八旗劲旅凭借他们的军事优势以所向克捷的进军席卷全国，建立起中央政权后，如何让清政权得到国民及周边国家心理上的认同便提上了顺治帝的议程。在无他良策的情况下，清统治者全然不顾自己的夷狄出身，再次祭出“华夷秩序”的大旗，提出“凡四夷朝贡之国乃朝鲜、琉球、越南、南掌、暹罗、苏禄、缅甸等国”。希望在摧毁前明朝贡体系的基础上，迅速建立起以清帝国为中心的、新的朝贡体系，继续推行朝贡贸易。

由于清政权起自东北，地理位置上的邻近使得清政府很早便把日本作为争取的对象之一。早在清太宗皇太极时期便有争取日本入贡的意向。1637年，皇太极在亲征朝鲜大获全胜后向朝方提出的招降条件中即有这样的条款：“日本贸易，听尔如旧，但当导其使者赴朝，朕亦将遣使至彼也。”[①]其中的意图很明显，就是希望朝鲜作为中日两国的中介，游走其中，争取日本早日臣服于清，成为以清为核心的朝贡体系的一员。

清政权入主中原后，出于自身利益的考虑，争取日本的愿望更加强烈，而客观条件似乎也在给清朝提供机会。1644年6月，日本越前国（今日本福井县）商人竹内藤右卫门等人漂到中国满洲珲春附近，后被送至北京。顺治帝对他们进行了妥善安置，并于顺治二年（1645）十一月将他们送往朝鲜，准备经朝鲜再送回日本。据史料记载：“启程时13人都骑着马，有100余名清军护送，打着大龙旗，拿着箭戟，一直送到朝鲜国境。”[②]后来，这些日本漂民经釜山、对马岛于次年6月返回大阪。顺治帝在给朝鲜国王的谕旨中表示：“今中外一统，四海为家，各国人民，皆朕赤子，务令得所，以广同仁。前有日本国民人一十三名，泛舟海中，漂泊至此，已敕所司周给衣粮。但念其父母妻子，远隔天涯，深用悯恻，兹命

① 吴晗辑：《朝鲜李朝实录中的中国史料》，北京：中华书局，1980年标点本，第9册，第3593—3594页。

② ［日］圆田一亀：《韃靼漂流记》，南满洲铁道株式会社，1939年，第198页。

随使前往朝鲜至日，尔可备船只，转送还乡，仍移文宣示，俾该国君臣共知朕意。”[①]把顺治帝对日本漂民的优礼和送还与他给朝鲜国王的谕旨结合起来，便能清晰地看出他的真正意图，即一方面通过送还漂民标榜自己怀柔远人的天朝上国形象，极力提高自己的威望；另一方面则是想以此事为契机，博得日本的好感，加强与日本的联系并进一步拉拢日本成为大清的朝贡国。

漂流事件后，清政府仍致力于与日本建立朝贡关系的努力。顺治四年（1647），在清政府平定浙东、福建后颁布的诏书中再一次表露此意：“东南海外琉球、安南、暹罗、日本诸国，附近浙、闽，有慕义投诚、纳款来朝者，地方官即为奏达，与朝鲜等国一体优待，用普怀柔。”[②]但无论是清朝送归漂民的积极示好，还是委托朝鲜从中游说，日方始终无动于衷，没有给清政府任何积极的回应，双方的朝贡关系更是无从谈起。日本之所以对与中国建立朝贡关系持如此消极的态度，原因主要出于以下几个方面，首先，日本自德川秀忠继任将军后加快了锁国的步伐，到1641年基本完成锁国，不仅日本人出海贸易被完全禁止，与外界沟通的渠道也因幕府的政策所限变得极其狭窄，日本的政策已从开放转向全面收缩。清政府于此时提出建立朝贡贸易关系的建议显然不合时宜，很难引起日本幕府的共鸣。其次，这种朝贡贸易关系对日本缺乏经济上的吸引力。此时日本虽已进入锁国阶段，但仍可通过多种渠道获得他们需要的中国货物。如中国海商直接赴日贸易、台湾郑氏势力经营的对日贸易、荷兰商人转运中国货物至日本等等。由于以上诸多渠道的存在保证了中国货物的对日供应，淡化了当时朝贡贸易的经济意义，使得幕府对中方提出的建立双方官方贸易的建议不以为然，置若罔闻。再次，日本对于出身夷狄，由边陲少数民族政权身份入主中原的清政权一直存有强烈的鄙视和抵制的心态。日本自

① 《清世祖实录》卷二十一，《清实录》第3册，北京：中华书局，1985年影印本，第186页。

② 《清世祖实录》卷三十，《清实录》第3册，北京：中华书局，1985年影印本，第251页。

古以来一直以中国为模仿和学习的榜样，在全面借鉴中国的政治经济制度的同时，中国的思想文化观念也对日本社会产生了深远的影响，“华夷观念”便是其中的代表。日本人的华夷观念由来已久，无论是南北朝时期日本专程与南朝来往而鄙视北朝，还是后来对元王朝的坚决抵制，都是此观念的鲜明体现。在这种观念的作用下，当他们得知披甲辫发的满洲贵族成为中国的新主人后，认为中国“先王礼文冠裳之风悉就扫荡，辫发腥膻之俗已极沦溺”[①]。把明清易代看成是：“鞑虏横行中原，是华变于夷之态也”。试问日本对清政权抱有如此鄙夷之心态，又怎能屑于向清称臣纳贡，加入以清王朝为核心的朝贡体系之中呢。

日本这种消极漠然的反应，对于长期以来一直居于东亚藩属体制顶端和朝贡体系中心位置的中国来说，无异于一种无声的挑战，尤其在清王朝刚刚入主中原，急需建立自己“天朝上国”威望的关键时刻。那么，清王朝对于“蕞尔小夷”这种近乎狂妄的做法又作何反应呢？总体来说，清政府对此是心怀不满的，正如郁永河在《海上纪略》中所谈到的那样：“日本即古倭夷，于海外为莫强之国，恃强不通朝贡，且目中华为小邦，彼则坐受诸国朝贡，夜郎自大，由来久矣。”但在冷静地分析了当时的情况后，清政府还是理智地接受了这一现实。首先，虽说清王朝业已定鼎燕京，做了整个中国的新主人，但放眼望去，整个中华大地烽火遍地，狼烟四起。北有叛降不定的漠西蒙古准噶尔部，南有虽颠沛流离但仍苟延残喘的南明政权，东南有困守海岛的郑氏势力。不仅如此，当时民众也并未从心底接受新政权，国内统治的全面稳定尚需时日。面对这种极端复杂的国内环境，清统治者一方面无暇过多地纠缠于和日本的关系之中，另一方面也更需谨慎地处理和日本的关系。其次，也许是出于同是少数民族入主中原的原因，清政府始终非常注意吸收元政权的经验教训。而元世祖忽必烈数次侵日遭遇“神风”大败而归的事实使得他们始终未动武力压服日本的

① ［日］中川忠英：《清俗纪闻》，北京：中华书局，2006 年，第 5 页。

念头。再次，清初铜料的严重短缺使得中国对对日贸易有很大的依赖性，清政府担心与日本关系一旦闹僵会影响到铜料贸易，进而影响到国家的铸币大计。因而，对日本一直采取比较谨慎和放任的态度。从上面的分析我们可以看出，清政府对日本采取默许的态度是形势使然，是在当时矛盾丛生，极端复杂的形势下做出的无奈选择。但从另一方面讲，它又是一个明智的决定。有效地避免了清在内忧不断的情况下树立外敌，也避免了日本接济南明、郑氏等反清力量，使得清统治者能够专心致力于镇压各路反清力量，平复和争取民心，全力稳定其在全国的统治。而这些相较于朝贡圈的扩大，对于刚刚问鼎中原的清王朝似乎更为重要。

二、海禁政策实行前的中日贸易

顺治入关以后，在积极推行朝贡贸易的同时，也加强了对私人海外贸易的管理力度。早在顺治三年（1646），清政府便颁布了“私出外境及违禁下海律”，对私人出海贸易问题做出明文规定：“凡将马牛、军需、铁货、铜钱、缎匹、绸绢、丝绵私出外境货卖及下海者，杖一百。挑担驮载之人，减一等。物货、船车并入官。于内以十分为率，三分付告人充赏。若将人口、军器出境及下海者，绞；因而走泄事情者，斩。其拘该官司及守把之人，通同夹带，或知而故纵者，与犯人同罪。失觉察者，减三等，罪止杖一百。军兵又减一等。”[①]可见清统治者从入关伊始便非常重视对出海贸易的管理。而对顺治九年（1652）发生的一起山东即墨商人私通日本的案件的审理更能清晰地反映出这项规定的执行情况。

顺治九年二月，黄之粱、可翰明、杜得吾等人“潜纠不逞之徒，各买细绫氈布等货，挈附来相之舟。假道庙湾，售之倭国。走险若骛，甘冒厉禁”[②]。在赴日销售掉所有携带的货物后，他们于次年四月携带从日本

① 《大清律例》，天津：天津古籍出版社，1993 年标点本，第 327—328 页。

② 台北“中央研究院”历史语言研究所编：《明清史料》己编，北京：中华书局，1987 年校勘本，上册，第 349 页。

贩运的"胡椒、紫檀、钢藤"等物回国。返回山东即墨女姑口之后被人告发。此案经过审理，判决如下：1.黄之梁等通番商人"俱合依将段疋细绢丝绵私下海货卖者律，各杖一百"；2."薛来相、周尚文、段安俱依驮载之人减一等律，各杖九十，货物、舡并入官"。此外，在禁海令中有"若将人口、军器出境及下海者，绞"的相关规定。所以官员在具体的审理过程中，对人口、军器问题进行了详细检查。结果发现船上有网巾、假发等小孩扮戏之物，但并没有小孩。于是审查人员怀疑该船将小孩贩卖到日本，但经反复审讯才得知小孩儿因为遭遇飓风而坠海，并非以"人口售之于倭"，因此免于以人口出境罪论处。而对于船上存有钢藤、弓矢等违禁之物，考虑到上述物品是用来自卫的，"亦与私将军器下海者有殊"，对携带武器一事并没有深究。从清政府做出的规定和相关案件的审理我们可以得出以下几点结论，第一，当时清统治者着意加强对私人出海贸易的管理。对违禁行为及相应的处理办法做出了详细的分类，条理清晰、明确。足可见清政府在此问题上的态度之坚决。第二，沿海地方官吏对于官方出台的贸易政策基本能够秉承认真的态度，在处理判决时也能严格按照条律的规定执行，这也从一个侧面说明此律令具有一定的可执行性。第三，清政府当时的政策远没有后来的禁海政策那般严厉，可见其主导思想是管理而非打击私人贸易。

虽说清政府对私人海外贸易控制很严，但由于当时我国铸币铜料紧缺，而日本是当时铜料的主要输出地，使得对日贸易肩负着为国家提供铸币材料的重要使命。基于此，顺治二年清政府颁布敕令："凡商贾有挟重资愿航海市铜者，关给符为信，听其出洋，往市于东南、日本诸夷。舟回，司关者按时值收之，以供官用。有余，则任其售于市肆，以便民用。"[①]敕令中有两个关键用语，"关给符为信"，即政府发放牌照，允许商人赴日贸易，非"私出"行为；"以供官用"，即出洋的目的是为国

① 张寿镛：《皇朝掌故汇编》卷十九《钱法一》，光绪二十八年（1902）求实社铅印本，第1—2页。

家收买铜料，非“违禁”行为。可见，牌照贸易是当时中日贸易的一条合法渠道。而关于这一时期中日之间的牌照贸易，只能在一些零星史料中看到只言片语的记载，据《朝鲜李朝实录》载：

仁祖王二十三年（清朝顺治二年）十月丙戌，黄海监司郑维城驰启曰：“今月初三日，汉船一只，自白翎镇外洋漂到吾义浦，船中人皆汉人之剃头者也。其中有马儒者，自称清国漕都司，以天津军饷贸贩事出来，遇风漂来云。”备局令其道厚给衣粮而送之。①

从以上史料记载中可以推断，首先，材料中提到的马儒自称为“清国漕都司”，单从他亮出清朝官员这一身份，足可见当时清政府官员出洋贩运并不是违禁行为，那么这艘船极有可能是领有牌照的出海船只。其次，“以天津军饷贸贩事出来”说明出海的目的是为了购买一些国内急需又相对比较紧缺的物资。

《明清史料》中提到的一桩案件也涉及了海禁前的牌照贸易，顺治十一年（1654），“南台牙户陈肇鼎，因都司库乏黄制药，遂藉居奇，纠集夏元一、李伯雷、谢明卿、郑伯玄，指称借贷，各凑重资，打造大船”，并于次年二月出海贸易。他们出海后贩买了大量的番货带回国内，事发被捕。在对整个案件审理过程的记载中，出现了“认领照票采买”“呈请院道给文采办”“黄土查系奉文采买”等字样，说明此船只出海确实是领有官方发放的牌照，是以为官方收买硫黄的名义出海的。而通过史料记载中数次提到“查详允给牌在十一年七月内”，“在未禁之先”②来看，这种官方允许的牌照贸易应局限在海禁政策实行之前。

综合以上资料我们可以看出，对日牌照贸易作为官方允许的对日贸易形式，在海禁政策全面出台以前确实存在过，也是当时中日之间唯一一条

① 吴晗辑：《朝鲜李朝实录中的中国史料》，北京：中华书局，1980 年标点本，第 9 册，第 3752—3753 页。

② 台北“中央研究院”历史语言研究所编：《明清史料》己编，北京：中华书局，1987 年校勘本，上册，第 716 页。

得到官方认可的贸易渠道，对推进双方的贸易起到了一定作用。但应该指出的是，这种牌照贸易由于受到贸易形式和官方政策的影响，有很大局限性。海商领牌出海的前提是为国家采买紧缺的物资，如铜和上文提到的硫黄等等。普通物资显然无法申请到官方的牌照。而这种率先服务于为政府采买紧俏物资的贸易形式，必然使海商的灵活度和利润率受到影响，而且也极大地限制了贸易规模。所以，对海禁之前中日牌照贸易的评价应持谨慎态度，对其作用也不宜做过高估计。

三、海禁政策的实行

随着清王朝在大陆统治的基本稳定，郑成功的海上抗清力量成为满洲统治者最后的心腹之患。为孤立和打击郑氏海上力量，清政府于顺治十二年（1655）根据闽浙总督屯泰“沿海省份，应立严禁，不许片帆入海，违者立置重典”的建议，颁布了禁海令，规定：“海船除给有执照许令出洋外，若官民人等擅造两桅以上大船，将违禁货物出洋贩卖番国，并潜通海贼，同谋结聚，及为向导，劫掠良民；或造成大船，图利卖与番国，或将大船赁与出洋之人，分取番人货物者，皆交刑部分别治罪。至单桅小船，准民人领给执照，于沿海附近处捕鱼取薪，营汛官兵不许扰累。”[①]翌年，清政府又颁布《申严海禁敕谕》，认为郑成功抗清力量之所以长期存在，是因为“有奸人暗通线索，贪图厚利，贸易往来，资以粮物。若不立法严禁，海氛何由加清”，因此要求浙江、福建、广东、江南、山东、天津各督抚镇，“申饬沿海一带文武各官，严禁商民、船只私自出海，有将一切粮食、货物等项与逆贼贸易者……即将贸易之人，不论官民俱行奏闻处斩，货物入官”，对于各个港口，“要严饬防守各官，相度形势，设法

① 昆冈：《钦定大清会典事例》卷六二九《绿营处分条例》，《续修四库全书》第807册，上海：上海古籍出版社，2003年影印本，第753页。

拦阻，或筑土坝，或树木栅，处处严防，不许片帆入口，一贼登岸”[①]。禁海令的提出标志着清政权海禁政策的全面出台，从此清代的海外贸易政策进入了“片板不得入海”的新阶段。

禁海政策实行数年后，清政府发觉其对郑氏力量的限制作用远不及想象中那般明显。于是有人向清政府提出了迁海的建议，首先提出此建议的是郑成功的降将黄梧。据江日昇《台湾外纪》所载，黄梧于顺治十四年（1657）三月向清政府呈递的奏本中即提出了迁海的建议。他指出：“金、厦两岛弹丸之区，得延至今日而抗拒者，实由沿海人民走险，粮饷油铁桅船之物，靡不接济。若从山东、江、浙、闽、粤沿海居民，尽徙入内地，设立边界，布置防守，不攻自灭也。”[②]但当时黄的建议并未得到清政府的重视。真正迫使其痛下决心的是顺治十五年（1658）郑成功、张煌言在东南沿海组织的军事进攻。这次重创清军，紧逼南京的军事行动使得清政府意识到海上抗清力量还拥有相当雄厚的实力，而江南广大汉族民众对郑氏进兵的群起响应更是强烈地刺激了他们的神经，清政府业已稳定的统治一时间变得危机四伏。正当此时，兵部尚书苏纳海向清政府再次提出迁海的意见，他指出：“（郑氏势力）得遂猖獗者，实恃沿海居民交通接济。令将山东、江、浙、闽、广海滨居民尽迁于内地，设界防守，片板不许下水、粒货不许越疆，则海上食尽，鸟兽散矣。”[③]正在酝酿比单纯海禁更加严厉，更加行之有效方法的清统治者断然采纳此建议。顺治十八年（1661）清政府将直隶、山东、江苏、浙江、福建、广东六省的滨海居民向内迁徙三十至五十里，在海边形成一块人口和物资的空白区

① 台北“中央研究院”历史语言研究所编：《明清史料》丁编，北京：中华书局，1987年校勘本，第二册，第155页。

② 江日昇：《台湾外纪》卷四，《台湾文献史料丛刊》第6辑，台北：大通书局，1987年标点本，第184页。

③ 夏琳：《闽海纪要》卷上，《台湾文献史料丛刊》第6辑，台北：大通书局，1987年标点本，第28页。

域，意图以坚壁清野的方式孤立郑氏海上力量，防止沿海居民对其再次进行支援，史称“迁海”。

迁海政策的实行遭到了许多汉族士大夫的强烈反对。湖广道御史李之芳和广东巡抚王来任便是其中的代表人物。在迁海令颁布不久，李之芳即上书“冒死条陈”迁海的“八不可”。从天朝形象、经济收益、迁民安置、人心向背、海防大局等八个方面论述反对迁海政策的理由，分析得抽丝剥茧，丝丝入扣，可谓言之凿凿。王来任对海禁政策的批评更为直接，迁海一线区域父母官的经历使他对迁海给人民带来的诸多不便和痛苦有了更为深入的了解。他在《展界复乡疏》中大声疾呼：“沿海边民，惨被荼毒，或被戮而尸骸遍野，或被掳而骨肉星分，或被横征而典妻儿，颠连万状，罄竹难书。纵有一二遗黎，亦是鹄面鸠形，枵腹待尽……老弱相转沟壑，壮者流毒他方，酿祸非浅”“海无渔盐之赋，田无输纳之贡，是欲益国，反损国也”。“今若弃彼民居，鞠为墟莽，贼得乘虚窥伺，潜聚窃发，掠境犯城，无所不至，是欲防盗，反开盗路矣。”[①]晚年的王来任更加直言不讳地批评海禁，他说：“臣思设兵以卫封疆而资战守，今避海寇侵掠，虑百姓之赍盗粮，不见安攘上策，乃缩地迁民，弃其门户而守堂奥，臣未之前闻也。”[②]令人痛心的是，这些肺腑之言并未引起清政府的重视，一心想迅速剿灭郑氏势力的清政府顽固地推行着海禁与迁海的既定政策。

那么为清政府所坚守的大规模迁海举措是否达到了他们预期的效果呢？答案是否定的。首先，迁海就是利用坚壁清野的方法孤立和削弱郑成功的海上力量。但可悲的是，此举非但没有达到削弱的目的，反而使其控制了东南沿海的全部海上航线，垄断了这一地区的贸易，进而增加了对抗清政府的经济、军事资本。据史料记载：“我朝严禁通洋，片板不得入

① 清嘉庆二十四年《新安县志》卷二十二《奏疏十二》，《中国地方志集成·光绪广州府志》第 18 册，上海：上海书店，2003 年影印本，第 945—946 页。

② 王来任：《王来任遗疏》，见何福海：《新宁县志》卷十四《事纪略下》，光绪十九年（1893）刻本。

海，而商贾垄断，厚贿守口官兵，潜通郑氏，以达厦门，然后通贩各国。凡中国各货海外皆仰资郑氏，于是通洋之利，惟郑氏独操之，财用益饶。”[①]

其次，大规模迁海给沿海地区人民生活带来灾难性的影响。由于清政府孤立海上义军的心情极其迫切，因此迁海令的实行也是急如星火，来势凶猛。在迁海政策的逼迫下，许多沿海小民流离失所、妻离子散、家破人亡。据《榕城纪闻》载：“令下即日，挈妻负子，载道路露处，其居室放火焚烧，片石不留，民死过半，枕藉道涂。即一二能至内地者，俱无澹石之粮，饿殍已在目前。……火焚二个月，惨不可言。”屈大均也在《广东新语》中就对当时迁海过程中小民的惨状有过这样一番描述：“先是，人民被迁者以为不久即归，尚不忍舍离骨肉。至是飘零日久，养生无计。于是父子夫妻相弃，痛哭分携。斗粟一儿，百钱一女……其丁壮者去为兵，老弱者展转沟壑。或合家饮毒，或尽帑投河，有司视如蝼蚁。”[②]时人卢若腾更是在其所作的《虏迁沿海居民诗》中写道：“天寒日又西，男妇想扶携。去去将安适？掩面道旁啼。胡骑严驱遣，尅日不容稽。务使滨海土，鞠为茂草萋。富者忽焉贫，贫者谁提撕？欲鱼无深渊，欲畊无广畦。内地忧人满，妇姑应勃豀。聚众易生乱，矧为饥所挤。闻将凿天堑，置戍列鼓齐。防海如防边，劳苦及旄倪。既丧乐生心，溃决谁能堤。”[③]这些史料生动地表述了当时小民在迁界后漂泊流浪，居无定所，衣食无着的凄惨景象，又表达了士大夫们对此暴政的强烈不满。

再次，清政府的迁海政策严重影响了东南沿海地区经济的发展。东南沿海地区是我国捕鱼、晒盐的主要地区，同时也是对外贸易的中心区域。而大量沿海居民的内迁，使东南沿海成为一片草莽荆棘之地，大量盐场被废置，捕鱼难以进行，出海贸易更是无从谈起。痛失渔、盐和贩海之利对

① 黄叔璥：《台海使槎录》卷四《伪郑附略》，《台湾文献史料丛刊》第2辑，台北：大通书局，1984年标点本，第81页。

② 屈大均：《广东新语》卷二《地语》，北京：中华书局，1985年标点本，上册，第57—58页。

③ 《金山县志》卷十二《兵事》，光绪四年（1878）刻本。

沿海地区的经济是一个毁灭性的打击。而经济衰退，民生凋敝也使得清政府在这些地区的税收大受影响。康熙十二年（1673），福建总督范承谟在奏折中做出统计："自迁界以来，民田废弃二万余顷，亏减正供约计有二十余万之多，以致赋税日缺，国用不足。"[①]足见迁海政策的确是一件"偷鸡不成蚀把米"的愚蠢做法。

第二节　康熙时期对日贸易政策的调整

康熙帝是清代非常有作为的一位君主，他在位期间，清政府平定了"三藩之乱"，击败了困守海岛多年的郑氏势力，收复了台湾。内忧外患的先后解除，为对外贸易政策的调整提供了契机。康熙帝审时度势地开放海禁，重新允许私人海商赴日贸易，并以派遣特使赴日的方式积极了解日本的情况，对中日贸易进行多方的维护。在中日贸易遭到信牌事件的干扰时，他力排众议，促成了信牌风波的迅速平息。正是在他的积极维护和扶持下，中日贸易进入了繁荣稳定的高潮阶段。

一、大开洋禁，设立海关

康熙帝即位初期，面对依然强大的郑氏势力和依然存在的海防压力，他选择了继续沿袭顺治朝的海禁和迁海政策。但康熙七年（1668）发生的一件事情似乎使人们看到了展界的希望。康熙七年八月，康熙帝派都统特晋到广东，会同两广总督周有德、广东巡抚刘秉权和提督等会勘广东沿海边界。在亲眼目睹迁民流离失所，饥嚎啼寒的凄惨景象后，周有德上疏康

---

① 范承谟：《条陈闽省利害疏》，贺长龄：《皇朝经世文编》第6册，台北：文海出版社，1972年校勘本，第3032页。

熙帝请求立即复界。其疏称："臣今身任地方之责，目睹流离之惨，若候会勘之后方请安插，恐时日尚缓，不能待命。臣历行界外，一望青草，径路阻芜，即令民皆复业，力难一时开垦。又须早示招徕，预备牛种，需之岁月，方可资生。臣不得不陈情形，为民请命！伏乞皇上怜悯迁民望恩之切，敕下臣等勘过地方安设兵将后，一面即同该管府县，查照迁民旧籍，给与前业，亲行安插；不许豪强隐占欺凌，亦不许无赖匪类影射混冒。及今急为料理，明春庶可耕种。迁民早还故土，即救旦夕之危，地方早得安静，钱粮亦得起科。"①此疏提出展界不仅可以迅速救民于水火之中，而且有利于社会经济的恢复发展，是利国利民的善举。康熙帝也对此疏做出肯定的批复，康熙的首肯使得广东地区在康熙八年（1669）获准展界。

正当展海事宜取得突破性进展之时，郑经突袭东南沿海地区，重新占据了厦门，内地的抗清势力又有暗流涌动之势，威胁到清王朝在福建地区的统治。康熙十七年（1678），为稳定局面，清政府再次下达迁海令，规定："如顺治十八年立界之例，将界外百姓迁移内地，仍申严海禁，绝其交通。"②据《海纪辑要》记载，一时间，福建地区"上自福宁，下至诏安，沿海筑寨，置兵守之，仍筑界墙，以截内外，滨海数千里，无复人烟"。滨海地区又恢复到顺治末年那蓬草遍地，千里无人的肃杀气氛之中。

展海真正被提上日程是在康熙十八年（1679），此时郑氏势力已走向衰败，清政府也陆续收回沿海地区的失地，工科给事中丁泰上《开海禁疏》，要求山东地区开海，得到了康熙帝的同意。山东地区禁海令解除后，士大夫们关于开海的奏折接踵而至，时任河道总督的靳辅率先进言，阐述山东开海的合理性，并提出建议向其他沿海地区推广，他在奏折中写道："近蒙皇上洞悉民隐，深念民艰，特沛恩纶，特许沿海之民采捕鱼

① 江日昇：《台湾外纪》卷六，《台湾文献史料丛刊》第6辑，台北：大通书局，1987年标点本，第251页。

②《清圣祖实录》卷七十二，《清实录》第4册，北京：中华书局，1985年影印本，第928页。

虾。又于庙湾等处，许驾一二百石小艇往来觅利，沿海之民感诵皇仁莫不欢声震地，自庆更生将见，多年积困之残黎，从此渐有声色矣。惟是沿边采捕所得不过鱼虾，而日耗之银不能使之增益。臣反覆筹维，莫若另为立法，将商人出洋之禁稍微变通，方有大裨于国计民生也。”①江苏巡抚慕天颜更为大胆地提出开放海外贸易：“臣思海舶通商诚有益于民生。盖地产所出丝布药材等货原属平常之物，一至外国得价数倍，使外国之金银岁入于我，百姓赖以充裕，赋饷赖以转输，岂非生财之大原。较之斤斤议节议不啻霄壤悬殊也。”②身处抗击郑氏势力第一线的福建总督姚启圣也从稳定沿海地区民生和巩固海防的角度出发，提出展海的建议，他在上疏中提到：“今投诚之众，率前迁徙界外之民，勒归农，则无田可给，势将复去为盗，莫若以界外田地按籍给还，并弛海禁收鱼盐之利，给军食。”③这些封疆大吏的开海主张成为清政府展海的先声。

展海令真正进入大规模实施阶段是在康熙二十二年（1683），这一年施琅击败郑氏势力收复台湾，为清政府解决了多年的心腹大患。“三藩之乱”也于前一年得以平定，一度混乱的国内局势渐趋稳定。内忧外患的逐渐解除使得开海的实施成为可能，尤其是台湾的收复为康熙帝树立了信心，也为开海提供了最大的动力。当时有许多大臣纷纷上书，提出开海贸易的主张，认为“今海外平定，台湾、澎湖设立官兵驻扎，直隶、山东、江南、浙江、福建、广东各省，先定海禁处分之例，应尽停止”④。鉴于国内形势的变化和臣下诸多的开海建议，康熙皇帝在详加考虑后顺应民

① 靳辅：《靳文襄奏疏》卷七《生财裕饷第二疏》，《景印文渊阁四库全书》第430册，台北：商务印书馆，1986年影印本，第681—683页。

② 慕天颜：《慕天颜请开海禁疏》，席裕福：《皇朝政典类纂》第14册，台北：文海出版社，1982年校勘本，第1085页。

③ 朱彝尊：《曝书亭集》卷六十六《尚书杜公疆理记》，《景印文渊阁四库全书》第1318册，台北：商务印书馆，1986年影印本，第382页。

④ 嵇璜：《清朝文献通考》卷三十三《市籴考》，杭州：浙江古籍出版社，2000年影印本，第1册，第5155页。

意，审时度势开放海禁，他指出："向令开海贸易，谓于闽、粤边海民生有益，若此二者民用充阜，财货流通，各省俱有裨益。且出海贸易，非贫民所能，富商大贾，懋迁有无，薄征其税，不致累民，可充闽粤兵饷，以免腹里省分转输协济之劳。腹里省分钱粮有余，小民又获安养，故令开海贸易。"①次年，康熙下诏开放海禁，康熙二十四年（1685），把江苏的松江、浙江的宁波、福建的泉州、广东的广州定为对外贸易的港口，并分别设立江浙闽粤四个海关，专门负责管理海外贸易及其相关事务。②关于康熙开海的情况，姜宸英曾谈道："康熙二十三年，克台湾，各省督抚臣先后上言，宜弛航海之禁，以纾民力。于是诏许出洋，官收其税，民情踊跃争奋，自近洋诸岛国，以及日本诸道，无所不至。"③从中可以看出，这一政策上的巨大转变为清代对外贸易发展提供了前所未有的历史机遇，中日之间的贸易当然也乘此良机蓬勃发展起来。康熙二十三年到达长崎贸易的中国商船只有24艘，次年激增至73艘；康熙二十五年为84艘，二十六年更增加到115艘。④至此，清代中日贸易走出坚冰期，逐步走向繁荣。

二、遣使赴日与对日贸易的维护

康熙开海以后，中日贸易进入一个繁荣稳定的发展阶段，康熙帝对中日贸易的管理和维护也是相当重视和谨慎。为更好地推动和管理中日贸易，他甚至两次派官吏为特使东渡日本。虽说两次遣使的原因各有不同，

---

① 《清圣祖实录》卷一一六，《清实录》第5册，北京：中华书局，1985年影印本，第212页。

② 史学界对于江海关的始设地点却有四种不同观点。一是"淮安府云台山"，二是"松江府上海县"，三是"镇江府云台山"，四是"先设于云台山，后迁上海"。据赵树廷考证，江南省海关始设于两地，除松江府上海县设有海关外，另一处在淮安府庙湾镇，淮安府云台山和镇江府云台山均未设立海关。参见：赵树廷：《江南省海关设于庙湾考》，《江海学刊》2006年第2期，第90页。

③ 姜宸英：《日本贡市入寇始末拟稿》，贺长龄：《皇朝经世文编》第6册，台北：文海出版社，1972年校勘本，第2958页。

④ [日]木宫泰彦：《日中文化交流史》，胡锡年译，北京：商务印书馆，1980年，第640页。

但从中我们可以看出康熙帝对中日贸易的重视程度。

第一次是为解决台湾驻军军饷问题而起的。伴随着台湾的收复，如何对台湾进行管制的问题引起了朝野上下的争论，大臣们主要分成两派，以索额图为首的保守势力认为台湾与大陆有大海相隔，风浪无常，应迁其民，弃其地，甚至有人主张把台湾交给荷兰殖民者来管辖。而以姚启圣、施琅为代表的一派则坚决反对此荒谬想法，主张把台湾纳入到清帝国的版图内，设置行政机构进行管理。康熙帝权衡再三支持了姚启圣、施琅的正确主张，设立台湾府隶属于福建省，下设台湾、凤山、诸罗三县。但是问题随之而来，台湾与大陆隔海相望，台湾驻兵的兵饷补给问题如何解决。正当此时，康熙帝召见降清的郑克塽等人，康熙帝就台湾兵饷物资供给问题向郑氏发问："台湾未归时，我朝行海禁，尔等兵饷何以为济？"郑克塽回答道："台湾粮饷如有不足可由柬埔寨、泰国贩来，其他则以台湾土产鹿皮、砂糖，赴日贸易，贩货助饷。"[①]郑氏的回答引起了正为台湾清军粮饷难以接济感到棘手的康熙帝的关注，他原本就认为"彼地钱粮不足赡养，岁需内地协饷数万金，似非长计"[②]。而这种利用台湾土产贩海贸易以助饷的方式正是他心目中解决兵饷问题的"长计"。于是康熙二十三年（1684），康熙帝诏令福建总督施维翰和靖海侯施琅，仿郑氏旧例，以台湾土产赴日贸易助饷。适逢施维翰病故，次年，经继任总督王国安和施琅商议，由福州出船三艘，厦门出船十艘，组成官船队，满载台湾旧储之鹿皮、砂糖前往日本[③]。康熙帝此次派遣使臣赴日的目的相当明显，就是通过这次兼有出使性质的官方贸易建立起两国长期的官方贸易往来，并通

① [日]林春胜、林信笃编：《华夷变态·申上觉·觉·七十七番福州船之共申口》，东京：东洋文库，1958年，上册，第744页。

② 中国第一历史档案馆编：《康熙起居注》，北京：中华书局，1984年标点本，第2册，第1307页。

③ [日]林春胜、林信笃编：《华夷变态·申上觉·觉·七十七番福州船之共申口》，东京：东洋文库，1958年，上册，第744页。

过官方组织的台湾土产对日贸易来解决台湾驻军的饷银问题。

此次出使日本的具体时间为康熙二十四年七月，对于出使船队的负责人，陈东林做了详细的考证，两位负责押运船只的官员为江君开和梁尔寿。其中江君开为武官，时年六十岁，福建省福州市福清县人，原为商船船头，曾五次到达日本。文官梁尔寿，时年四十五岁，陕西镇安县人，贡生出身，首任台湾府同知。据日本史料记载：此次赴日，江君开的官衔为"奉令督理兴贩洋船左都督"，梁尔寿的官衔为"奉令台湾府督捕海防厅"①。这次赴日贸易虽说规模很大，但并未取得什么实际效果，日方出于各方面考虑并未同意清政府这种官方贸易的申请。但这是清代唯一一次由官方出面组织的公开对日贸易活动，体现了当时中国的最高统治者对中日贸易的态度。此后，清统治者的遣使赴日活动均在暗中进行。

康熙二十四年的大规模出使日本失败后，康熙帝虽未再组织官方赴日活动，但其对中日贸易情况仍十分关注。原因在于当时我国市场上主要的流通货币为铜钱，故每年清政府都要铸造大量的铜钱以满足市场流通的需要，这就需要大量的铜作为原料。而当时由于受到矿禁政策和滇铜尚未开发的影响，我国的铜料始终不敷使用，对日本铜料进口的依赖性很强。也就是说，当时的中日贸易肩负着为国家提供铸币原料的重要任务，所以康熙帝在对待日本方面显得非常谨慎。

康熙三十九年（1700）十一月，康熙帝组织了第二次专使赴日活动。他命江南"三处织造会议一人往东洋去"，调查中日贸易的情况。次年正月李煦会同江宁织造曹寅、杭州织造敖福合共同商定由杭州织造乌林达莫尔森前往日本。当李煦把这一结果上呈后，康熙帝鉴于上次出使日本的失败，十分谨慎地嘱咐："千万不可露出行迹方好。"而李煦也深切领会了康熙帝的意图，"臣煦等恐从宁波出海商舶颇多，似有招摇，议从上海出

① ［日］林春胜、林信笃编：《华夷变态·申上觉·觉·七十七番福州船之共申口》，东京：东洋文库，1958 年，上册，第 745 页。

去，隐僻为便。莫尔森于五月二十八日自杭至苏，六月初四日在上海开船前往”。康熙帝特别指示：“回到日即速报。”同年十一月李煦又奏：“杭州织造乌林达莫尔森于十月初六日回至宁波，十一日至杭州，十五日至苏州，十六日即从苏州起行进京。”①行程安排如此紧凑，足见康熙帝对此事的重视和谨慎程度。

康熙帝之所以在这一时期又一次派遣特使秘密赴日并不是偶然的。首先，自从康熙开海以来，随着海外贸易的不断发展，国内商品流通的规模越来越大，对货币即铜钱的需求量也逐渐增加。而国内铜矿开发缓慢远远不能满足不断扩大的货币需求，国内市场对日本铜的依赖性进一步增强，这种依赖性使得统治者对中日贸易的关注度远远超出了一般性的国别贸易。其次，为保证日本铜的有效输入，清政府于康熙三十八年（1699）对办铜制度进行了改革，用内务府商人办铜取代原来的夫差办铜。所谓内务府商人办铜，就是由内务府招募一些大商人，从各关支领办铜银两，采办规定数额的铜，再将额铜解运至京局做鼓铸之用。由于赴日办铜关系到鼓铸大计，办铜方式的转变不失为清政府财政政策的调整。因此，在作出重大调整的初期派遣亲信赴日了解必要的情况也不足为奇。再次，由于中日贸易发展迅猛，使得日本的贵金属尤其是铜料大量外流，而日本幕府为限制铜的外流出台了一系列的政策。早在贞享二年（1685），也就是康熙开海的次年，日本就对中国商船数激增的情况做出了迅速反应，颁布“贞享二年令”，限定中国商船一年内的最高贸易额为银6000贯，入港船数为70艘。1698年，幕府又颁布了“长崎贸易改正令”，开始直接插手长崎的中日贸易。原来的中日铜斤贸易主要是由大阪商人为主的铜屋行会经营的，幕府把经营权收回，转而承包给江户商人，从中收取“运上金”。无论是限制中国商船进港数目，还是幕府直接管理对外贸易都对中日贸易产生了

① 中国第一历史档案馆编：《康熙朝汉文朱批奏折汇编》，北京：档案出版社，1984年校勘本，第1册，第55—57页。

消极的影响。这些措施康熙帝一定有所耳闻，为应对日方的诸多政策，派员赴日了解一些具体准确的信息也在情理之中。

乌林达莫尔森究竟向康熙帝汇报了哪些情况，史料中没有记载，我们不得而知。但关于此事，雍正帝曾经在他对李卫秘奏的批谕中提及，从中我们可以看出一些端倪。雍正帝谈道："当年圣祖曾因风闻动静，特遣织造乌林达麦耳森改扮商人往彼探视，回日复命，大抵假捏虚词，极言其懦弱恭顺。嗣后遂不以介意，而开洋之举继此而起。"[①]很明显，乌林达莫尔森向康熙报告日本"懦弱恭顺"，而日本的这种态度成为康熙帝处理对日关系的重要依据。

此外，朝鲜史料也提供了一些这方面的信息。康熙四十二年（1703）春，朝鲜釜山"倭馆"传出"正月间唐船十二艘来泊长崎岛"细节如下：

> 今春唐船多持土产，将往江户，欲结邻好。关白闻之，持差三太守出送曰："汉商愿交，出于尝试，汝等据理严斥，如有所更聒，一并屠戮，以杜日后之渐。"三太守四月十八日到长崎，诘问交邻之事。汉商言，浙江守官知我等年年买卖于长崎，使以交邻之意告知。江户三太守以为江户之于浙江，水路辽远，彼此疆界，本不关涉，愿为交邻，事甚殊常，仍欲驱出，则汉商恳乞少留买卖而去。三太守四月二十七日撤归云。[②]

从上面的资料中我们可以看出，中国商人自称"浙江守官"，并提出"欲结邻好"的要求，显然不是一般的商人，带有浓厚的官方色彩。从江户幕府派员专程接待，可推断其可能携带有官书之类的信物。如果朝鲜史书所载属实，则有可能是康熙帝在听取了莫尔森的汇报后，又另外秘密安

① 王之春：《清朝柔远记》，北京：中华书局，1989 年标点本，第 73 页。

② 吴晗辑：《朝鲜李朝实录中的中国史料》，北京：中华书局，1980 年标点本，第 1 册，第 207—208 页。

排了一次出使日本的活动。不过此事在中方资料里并无记载，无法查实。

清初，中日双方没有正式的外交往来，清帝了解日本的渠道是非常有限的。而遣使赴日则是当时了解日方最直接最有效的方式。通过这种方式康熙帝将自己的耳目伸到了异国他乡，了解到了最真实的信息。而这些信息遂成为其调整中日贸易政策的可靠依据，由此我们不得不钦佩康熙帝的眼界之宽，方法之灵活！

三、信牌事件的处理

信牌事件是清代中日贸易过程中一件有深远影响的重大事件，在此事件的处理过程中突出地表现了作为最高统治者的康熙帝对中日贸易的态度。事情起源于日方颁布的一项贸易管理规定。1715年，幕府采纳新井白石的意见，在对外贸易中实行《海舶互市条例》，又称《正德新令》。其中除了进一步限制每年中国船只的进港数目和交易量外，还对华商实行信牌制度。信牌即幕府发给中国商人的贸易许可证，按照《正德新令》的规定，只有持有日方颁发的信牌的中国船只才能进港贸易，否则一律禁止入港并被要求立即返航。对于日方新颁布的贸易法规，中国船主大多采取了服从的态度。据日本史书《信牌方记录》记载：1714年日本幕府告知当时在长崎贸易的中国商人，在贸易结束后不要返航，等候领取信牌以便下次赴日贸易。中国商人大多对此规定比较配合，当年到长崎贸易的中国船只共51艘，只有2艘台湾船未服从这一指示在贸易结束后直接返回中国。这两艘商船分别是“午三号”台湾船，船主蒋元甫；“午十号”台湾船，船主谢叶运。第二年，正德新令正式实行，这两艘商船于六月七日再次赴日贸易时，由于没有领取到信牌，无法进港贸易，并被迫于进港当天返航。[①]

① ［日］松浦章：《康熙帝和日本的〈海舶互市新例〉》，《社会科学辑刊》1987年第2期，第80页。

谢叶运在长崎港遭到驱逐后，心生怨恨，回国后联合同样没有获得信牌的船主庄运卿等十余名商人，到浙江宁波府鄞县状告在长崎领受信牌的胡云客、董宜日、李韬士等43名船主背叛朝廷，擅自使用有外国年号的信牌。而领有信牌的船主认为自己的做法合情合理，只是遵守日方的规定并无任何背叛朝廷的行为，谢、庄等人的状告纯属无中生有，污蔑诽谤。于是他们联合将谢、庄等人告上了鄞县公堂。“鄞县知县见事关非轻，不敢擅专，通详督抚两院及布按二司”，而浙江之抚院批发二司会议，二司云：“四十三艘不宜私领外国牌照，霸占生理；庄运卿等亦不宜以叛圣不经之语妄控。拟应将牌照入官，照旧贸易。”谢、庄等人对官方做出的判决不服，又向南京的江海关上诉此事，“南京关部亦详文督抚两院，以士等不宜擅领牌照，浙关亦不宜为他，请给牌照”[①]。从南京江海关的判决来看，他们认为中方的船主不应擅自领取日方颁发的信牌，但他们对宁波海关单独收缴信牌的做法也不认同。实际上，江海关此时主要考虑的并不是几十个中国海商领取信牌的做法问题，而是如果这几十枚信牌都由浙江海关收缴保管，浙江海关便会以此为契机独占对日贸易之利，不仅江海关的贸易收入会锐减，而且江海关乃至江南省在对日贸易中的地位和发言权也会大幅降低。至此，由若干船主私领日本信牌的事件已经转变为江浙两海关的贸易利益纷争。

由于事件的急速升级，地方官府已无力解决这一争端。于是浙江巡抚徐元梦将此事上报朝廷。他认为这种行为极其不妥，“有乖大体”，并且提出处理意见：“行文倭子之处详议，将伊所给牌票发回，以我国文票为凭。”户部对于此案的意见与徐的意见大体吻合，提出：“东洋商贾人等，从前往来行走，并无他故。今年长溪（崎）地方，倭子忽立新例，只与先到之胡元克等四十二船每船牌票一纸，许其交易。若无伊国牌票，即拨回，不许交易。以我中国商船受长溪地方牌票，不但有乖大体，相沿日

① ［日］林春胜、林信笃编：《华夷变态》，东京：东洋文库，1958年，下册，第2692页。

久，大生弊端，亦未可知。”[1]徐元梦和户部提出的处理意见，无不烙刻着传统“中国中心论”的印记，他们对当时中日贸易完全处于中国商人赴日的单向贸易状态，以及由此产生的中国在中日贸易管理上的被动地位深感不满，认为“蕞尔小夷”在与天朝商人的贸易过程中制定规则，指手画脚是相当有损于“天朝上国”脸面的事情。他们反对的何尝是小小的一枚信牌，而是中日贸易这种独特的贸易模式；他们据理力争的又何尝是信牌的归属，而是大清国万邦圣主的威严与地位。

由于士大夫们对信牌制度和当时的中日贸易持有的反感情绪，使得康熙帝对信牌事件的处理意见显得尤为重要。此时的康熙帝沉着冷静，他在上谕中指出：“朕曾遣织造人过海观彼贸易，其先贸易之银甚多，后来渐少。倭子之票，乃伊等彼此所给记号，即如缎布商人彼此所认记号一般。各关给商人之票，专为过往所管汛地以便清查，并非旨意与部中印文。巡抚以此为大事奏闻，误矣。部议亦非。着九卿、詹事、科、道会同再议具奏。”[2]九卿在皇帝的压力下无法再坚持原来的论调，于当年十一月二十九日复奏中对康熙帝的指示做出回应，称：“查得商人等海中贸易，已经年久。伊所给我国商人牌票，不过彼此交易之记号，并无关系。”与此同时，康熙帝又将九卿的意见下发给浙江巡抚徐元梦，他当然也表示接受，并表示：“原呈览倭国票照，仍祈发臣转付商人，照常贸易。”为了加速信牌事件的处理，减少因日本发放信牌引起的纷争，康熙帝进一步指出：“但有票者得以常往，无票者货物雍滞。俱系纳税之人，应令该监督传集众商，将倭国票照互相通融之处明白晓谕。每船货物均平装载，先后

① 中国第一历史档案馆编：《康熙起居注》，北京：中华书局，1984 年标点本，第 3 册，第 2303 页。

② 中国第一历史档案馆编：《康熙起居注》，北京：中华书局，1984 年标点本，第 3 册，第 2303 页。

更换而往。”[①]至此，信牌事件得以解决，一场风波终于平息。

从信牌事件的整个处理过程来看，康熙帝起到了至关重要的作用，突显了一国之君的才识与风范。首先，在事件的抉择上，他能够审时度势。清代日本已经进入锁国时期，中日贸易处于华商赴日的单向贸易状态。如果如士大夫们所言，禁止华商赴日，中日贸易便有立即断绝的危险。从经济层面考虑，当时中国铜料紧缺，每年需要从日本进口大量铜料做鼓铸之用，一旦中日贸易断绝会直接影响铜料来源，铜料不足会导致制钱短缺，市场流通不畅，会影响到全国财政稳定和经济运行的大局，事关重大。从中日关系的现实考虑，贸然断绝中日贸易会影响到两国关系的稳定，有滋生事端的可能。刚刚稳定全国统治的康熙帝当然不想内忧方平，又生外患，而且当时的地方官吏对持有信牌的商人进行打压，据史料记载，受到信牌案件之累，胡云客“不仅被停止经商……纵连田地家产亦已变卖一空”，而且他本人也“屡被传至官府受讯，以至心力交瘁，身染抑郁之症。虽经各方治疗，仍未见有效，终于享保二年五月二十三日病死在故乡杭州”。[②]信牌事件如果得不到妥善处理，就可能导致更多持牌商人受其所累停止贸易，甚至如胡云客一般闹到倾家荡产的地步。在此危急的情况下，康熙帝力排众议，积极促成了信牌事件的解决，平息了风波。其次，在处理手法上，他极力淡化事件的政治色彩，把它当作一件纯粹的经济事件来看待，既平息了士大夫们的不满情绪，也没有因此事惊扰日本，保证了中日贸易继续开展。其务实的态度，博大的胸襟和灵活的手腕令人钦佩不已！

---

① 中国第一历史档案馆编：《康熙起居注》，北京：中华书局，1984 年标点本，第 3 册，第 2373 页。

② ［日］大庭修：《江户时代日中秘话》，徐世虹译，北京：中华书局，1997 年，第 172 页。

第三节 雍正以后的对日政策

在清代的帝王中，雍正帝素以为政刚猛而著称。他这种为政作风在对日贸易政策上也有所体现。即位伊始，他便废除了康熙晚年制定的南洋禁航令，使由此而产生的对外贸易政策中的保守倾向为之一变。他还创立了商总制度，极大地加强了政府对中日贸易的监管力度。乾隆以后，清政府除对中日铜料贸易的贸易形式做了些许调整外，基本沿用雍正时期的对日贸易政策，直到道光二十年（1840）的鸦片战争前夕都未做出大的调整和变更。

一、南洋禁航令的废除

康熙晚年，清朝的海外贸易政策又开始趋向于保守，突出表现在“南洋禁航令”的颁布。康熙五十六年（1717）清政府颁布禁令，做出明确规定：“凡商船照旧东洋贸易外，其南洋吕宋、噶罗吧等处，不许商船前往贸易。于南澳等地方截住，令广东、福建沿海一带水师各营巡查，违禁者严拿治罪。”[①]清政府之所以颁布此禁令的原因很明显，即是长期以来，大量中国商人移居东南亚，清统治者对此深感忧虑，唯恐他们借山高皇帝远的地利之势联合对抗清王朝。康熙帝曾明白表述过对大量商民移居东南亚应有所防范的想法，他说：“海外有吕宋、噶喇巴两处地方。噶喇巴乃红毛国泊船之所，吕宋乃西洋泊船之所，彼处藏匿盗贼甚多，内地之民希图获利，往往于船上载来带去，并卖船而回，甚至有留在彼处之人，不可

① 《清圣祖实录》卷二七一，《清实录》第6册，北京：中华书局，1985年影印本，第658页。

不预为措置。”[①]南洋禁航令的颁布虽未涉及中日贸易，但可以从中看出清政府海外贸易政策中倾向于保守的趋势。

雍正帝即位后，即有官吏就废除南洋禁航令的问题试探皇帝的口风，雍正二年（1724），闽浙总督满保在给雍正帝的奏折中写道：“若稍从宽纵，听海关多得税银，任文武侵分陋例，则将来偷贩事发，沿海文武均难套于严例，事处两难。故臣特将实情秘密奏闻，仰求皇上睿鉴指示。如必欲严立西南洋之禁，则须先禁不许再贩安南，并严饬各海关不许收西南洋货物之税，以便臣等再加严示晓谕。如再不遵，即严拿各偷贩之船，题明治罪。若外洋远彝原无他意，沿海商民借以资生。倘邀皇上洞鉴，欲驰前禁，则臣暂行缓待，候旨遵行。”[②]奏折从南洋禁航令实行的实际效果不佳出发，论证废除禁令的可能性，并借以试探皇帝的口风。

但雍正帝对于满保的建议断然拒绝，他说：

> 商船不许往西南洋吕宋等处，其西南洋货物听其自来，屡奉圣祖谕旨，钦遵通行在案。今定海所泊洋船果从吕宋、噶喇巴回棹，自应照例治罪，有何株连干系之处？至关官加倍收税，地方官借端勒索，尤宜严查参处，以惩将来，有何难归结也？当日设立海关，其来已久，其自外国贩来货物到关，无不收税之理。海洋商船亦无不许往安南之禁。看尔此奏，似欲借此一事，竟开西南洋往贩之禁，甚数（属）不合。十数年来海洋平静，最为得法，惟宜遵守定例，不可更张。[③]

① 《清圣祖实录》卷二七〇，《清实录》第6册，北京：中华书局，1985年影印本，第649页。

② 中国第一历史档案馆编：《雍正朝汉文朱批奏折汇编》第5册，第298号《闽浙总督满保奏陈严禁商船出洋贸易折》，南京：江苏古籍出版社，1991年影印本，第423页。

③ 中国第一历史档案馆编：《雍正朝汉文朱批奏折汇编》第5册，第298号《闽浙总督满保奏陈严禁商船出洋贸易折》，南京：江苏古籍出版社，1991年影印本，第424页。

虽说，这条朱批看起来措辞激烈，仿佛皇帝继续推行南洋禁航令的决心相当坚定。但只要稍加分析，就可以看出，雍正帝的所作所为并不一定是出于对此禁令的欣赏，极有可能是不得已而为之。雍正帝继承皇位的合理性一直饱受质疑，尤其是即位初期，他更是面对着相当多的反对意见和来自方方面面的压力，颇有些如履薄冰、如临深渊之感。为了巩固自己的帝位，雍正帝对康熙朝的既定政策和规章大多承袭不变，借以极力标榜自己合法继承人的身份。因此，他对禁令的坚持极有可能是他标榜自己的又一次表演。

虽说满保的上疏遭到皇帝的严厉驳斥，但东南沿海地区触目惊心的凋敝现实促使许多士大夫就废除禁令一事上言奔走。最具代表性的是雍正二年蓝鼎元所上的《论南洋事宜书》，他在奏疏中指出："统计天下海岛诸番，惟红毛、西洋、日本三者可虑耳"，而"南洋诸番不能为害，宜大开禁网，听民贸易。……南洋未禁之先，闽广家给人足，游手无赖亦为欲富所驱，尽入番岛，鲜有在家饥寒窃劫为非之患。既禁之后，百货不通，民生日蹙，居者苦艺能之罔用，行者叹致远之无方……沿海居民萧索岑寂，穷困不聊之状，皆因洋禁。"[①]此份奏疏可谓条分缕析、言之凿凿，从当时的周边国际格局，海防形势，沿海地区国计民生三方面论述开禁的合理性和必要性。雍正五年（1727），雍正帝下诏废除南洋禁航令，恢复与东南亚的交通贸易。至此，康熙晚年以来，由于颁布南洋禁航令形成的清政府对外贸易政策的保守趋向为之一变。

二、商总制度的创立

雍正皇帝对中日贸易非常重视，从雍正三年（1725）起，他便派自己的心腹李卫担任浙江总督，对当时的对日贸易进行查访和管理。李卫起初是对在浙从事中日贸易的商人进行查访，希望以此方式了解中日贸易状况

---

① 蓝鼎元：《论南洋事宜书》，《鹿洲初集》卷三，《景印文渊阁四库全书》第1327册，台北：商务印书馆，1986年影印本，第597—598页。

并调查其中的不轨行为。此种记载在史籍之中比比皆是，在此仅举一例。雍正六年（1728）八月初八日李卫在给雍正皇帝的奏折中写道：

> 海外诸国与浙江最近者莫如日本，每留心察访，初时风闻彼国有招致内地之人教习弓箭不甚守分，因尚未得确实不敢冒昧琐奏。近于各处出洋商船时常设法密探信息有苏州余姓洋客露出口声言……伊国将军肯出重聘，倩内地之人教演弓箭藤牌，偷买盔甲式样。初时有福州民王应如，于天文战阵之事涉猎不精、好为谈论，首受其万金厚利排演阵法年余即伏冥诛。复荐引一广东长须年满千总，不知姓名，每年受伊数千金，为之打造战船二百余号、习学水师。又有洋商锺覲天、沈顺昌久领倭照，贸易彼国信托。锺则为之带去杭城武举张灿若教习弓箭，每年亦得受银数千两。①

这份奏折所反映的信息异常重要，日本竟然借两国贸易之机聘请中国弓箭教习，并私下购进中国的盔甲式样，雇用中国退伍军人为他们打造战船，举动如此蹊跷，意欲何为？对此，李卫认为：

> 日本虽系蕞尔岛夷，恃其铜铸炮火攻击甚远、倭刀器械犀利非常，前明曾屡为海患，于东洋称一强寇。本朝威灵慑伏，屏迹多年，从无干犯中华。圣祖仁皇帝俞允会议，于东洋贸易止许内商往贩，禁其自来，原有深意。今彼不惜重货，招集无赖，习学内地弓矢技艺，无故打造战船，奸怀叵测，不无窥伺乘有空隙欲为沿海抢掠之谋。②

① 《世宗宪皇帝朱批谕旨》卷一七四，《景印文渊阁四库全书》第423册，台北：商务印书馆，1986年影印本，第200—201页。

② 《世宗宪皇帝朱批谕旨》卷一七四，《景印文渊阁四库全书》第423册，台北：商务印书馆，1986年影印本，第201页。

据李卫的分析，日本的所作所为意在为祸中国，用心险恶，手段卑劣，关乎大清国的安危。但鉴于对日贸易关系到办铜大计，关系国计民生，所以为人谨慎的李卫没有贸然采取行动，他在给雍正帝的奏折中陈述了自己对相关事件的具体处理意见：

> 今若遽将访出之徒张皇拿问，则贩洋往来人多，传至彼地，恐即致激而生事，……臣令现在将所闻尚无确据之人逐一再加暗中查访，根寻其家踪迹行径以验虚实。一面密饬沿海文武营县及各口税关员役借盘诘米谷军器名色严行稽查。凡出洋装货包箱等物悉令打开验明，一应水手、舵工、商人、奴仆附搭小客举著落牙行查明籍贯年貌，出具保结限期回籍，返棹进口点验人数，将缺少者即行拏究。其水师兵船严督各镇协营整顿炮械练习攻战之具，不时哨巡耀杨威武以往有备无患之计。一切废弁验其因公误，原无大过不在解发安置之列。而人材尚可效用者，分别收录，令其食粮不使闲居困苦为人所诱。奸商无赖通同勾引之人俟访实后再为相机另行拏究，明证典刑。彼时倭夷闻之，知事已败露，防范严密，自必震服。①

把这一条史料与上面的材料稍加对比我们不难发现，李卫的处理意见是针对以往中日贸易之中不法行为所提出的，目的是力图在不影响中日正常贸易的前提下通过暗访揪出私通日本的不法商人。通过加强稽查防止违禁物品的流出，在强化对不法奸商打击力度的同时提高致仕武官的待遇，防止他们为日方的厚利所诱惑，意图以釜底抽薪的办法断绝日本吸引中国低级武官赴日的道路。可以说对此问题李卫是经过慎重考虑提出了一个细致而全面的

① 《世宗宪皇帝朱批谕旨》卷一七四，《景印文渊阁四库全书》第 423 册，台北：商务印书馆，1986 年影印本，第 200—201 页。

意见。难怪雍正皇帝在看完奏折后即批谕“此奏深合朕心”[①]。

在得到了雍正帝的首肯之后，李卫加大了查访的力度。通过进一步的查访，他对日本的认识有所改变，他在当年年底呈递给雍正帝的奏折中写道：

> 日本海岛小邦，密迩江浙，内洋向通市易，数年以来，设立倭照挟制客商，始则要求礼物，继则勒带人货，遂多干犯禁条，不一而足。……总缘夷人嗜利，于商船回棹时各指名令其携带违禁人物，不遂其请即有措照退货之举，而商人贪其倭照贸易，惟命是从，若不严加稽察，将来无所底止。[②]

将这篇奏折与其在早些时候上的奏折两相比较，我们便可以清楚地感受到李卫看法的转变。在原来的奏折中，无论是描述日本“铜铸炮火攻击甚远、倭刀器械犀利非常”，还是“习学内地弓矢技艺，无故打造战船”，都无一例外地强调日本军事实力的强大和内心的图谋不轨，始终把日本当作威胁我国海防的一大隐患。而在这份奏疏中，他将日本人索要礼物等等不当行为统统归结为“夷人嗜利”，对先前提到的武器战船和军事威胁只字不提。既然仅仅是“嗜利”这类小错，前折所提到的日本威胁论便不存在，双方存在的仅仅是单纯的贸易摩擦。而对双方问题定性的调整，使得气氛轻松了许多，处理和解决问题的方法也相应简单了许多。既然是贸易中的不法行为，只需要加强管理即可，无须如前折所提到的那样大动干戈。

虽说李卫已经认为中日之间的问题是单纯的经济贸易问题，但他认为有必要更多地了解日本的信息。而要更多地了解日本的情况，仅通过对

---

① 王之春：《清朝柔远记》，北京：中华书局，1989 年标点本，第 73 页。

② 《世宗宪皇帝朱批谕旨》卷一七四，《景印文渊阁四库全书》第 423 册，台北：商务印书馆，1986 年影印本，第 233—234 页。

沿海中国商人进行查访是远远不够的。于是他在雍正六年九月发给医生朱来章五百两白银，商人俞孝行二百两白银，命他们作为密探以赴日行医和从事贸易为由到日本探听消息。朱来章，宁波人，据史料记载："曾在彼医痊倭王，厚赠而归，现领倭照贸易。"[①]因此他获准不必居住于土库。李卫也正是看中了这一点，认为与一般赴日商人相比他可以突破土库的限制，得到的消息必将更加全面准确。俞孝行是浙江当地从事中日贸易的洋商，曾多次在李卫的查访过程中向李卫提供日本方面和中国不法商人的情况，因而得到了李卫的信任。

雍正七年（1729）九月朱来章和俞孝行先后从日本回到浙江，把在日本得到的情报向李卫做了汇报。朱来章主要探听到两方面消息：第一，日本聘请中国商人仿照中国式样打造船只，是为了给幕府将军运送大象，并没有其他不轨之图，而且日方在听说清对此问题的态度后立即停止造船，态度较为恭顺。第二，萨摩岛头目有窥伺台湾之意，但眼下并无具体行动。俞孝行的奏报除了称"现在夷人买换之铜照前数交易，从容不敢短少"[②]之外，与朱来章的奏报基本相同。我们无法核实二人奏报内容的真实性，但他们的确给清政府传达了一个重要的信息，即日本对大清朝的恭顺。这在某种程度上提升了清政府的心理满足感，使其在面对日本时有了更多的拿捏尺度，多了一份从容与镇定。

这种通过赴日贸易商人了解情报，或派遣他们充当密使赴日的做法，对于了解日本的情况，把握中日贸易的概况，抑制奸商的不法行为都发挥了巨大的作用。但这种方式具有较强的随机性，如何克服这一弊端，充分发挥特使监督和搜集信息的作用，成为一个亟待解决的问题。李卫适时提出建立商总制度：

---

① 《世宗宪皇帝朱批谕旨》卷一七四，《景印文渊阁四库全书》第423册，台北：商务印书馆，1986年影印本，第209页。

② 《世宗宪皇帝朱批谕旨》卷一七四，《景印文渊阁四库全书》第423册，台北：商务印书馆，1986年影印本，第255页。

各洋商贸易不宜遽行禁绝，且从前止领夷人倭照，我天朝并未定有到彼作何管束稽查之法，今拟会同江南督抚诸臣，于各商中择身家最殷实者数人，立为商总。凡内地往贩之船，责令伊等保结，方许给以关牌县照，置货验放。各船人货即著商总不时稽查，如有夹带违禁货物，及到彼通同作奸者，令商总首报，于出入口岸处所密拿。倘商总徇隐，一体连坐。①

这一建议清政府欣然采纳，任命李君泽等八人为商总。商总制度建立后，清政府又更加明确地规定：

商总八人于宁、乍、上海分晰稽查。凡有出洋商船，其坐商行商户，必须同出洋商人三名连环互结。船只字号梁头丈尺及所带一切货物书目，逐件开明。在船舵水、搭客，逐名填注正实年貌、籍贯、姓名，一并造册。牙行出具甘结，总商加具保状。地方官详明批准。行知各口海关及文武衙门，方许领照。出口时，海关并点验之文武带同总商、牙行亲身赴船盘验。……其回棹之时，亦照前例将人口货物及纳税若干，造册加结具报。②

从上述规定可以看出，商总的职责就是对赴日贸易的商人进行稽查和担保，运用这种保甲连坐的方式防止不法行为的出现。

在实际运作中，商总不仅承担着中日贸易监管者的职责，还担当起了中日官方之间沟通的使者。据史料记载，雍正八年（1730），长崎港官方令通事托返航的宁波船主郑恒鸣捎信给商总李君泽，要求向浙江总督李卫转呈三件事：第一，向清朝解释日本方面已经遣返所招徕的中国人，“从前欲求效法内地，文武讲究制度，误听奸商夹带违禁私货、人口、僧

① 王之春：《清朝柔远记》，北京：中华书局，1989 年标点本，第 75 页。

② 嵇曾筠：《浙江通志》卷九十六，乾隆元年（1736）刻本。

众”，既然清朝对此提出异议，并追查此事，日方表示理解并“已将陆续招去之人，尽发商馆，专待原船附归”；第二，有日本僧人“欲购《太平圣惠方》《顾氏勾股全书》，黄明阿胶、藤边花篮等件”；第三，日本硫黄产量较大，中国海商并未收购，日本方面希望清政府能够允许中国海商采买硫黄。李君泽迅速将这一情况上报给李卫，李卫很快上呈雍正帝定夺。雍正帝批准僧人赴日，又将大内藏书圣祖御制的《律例渊源》中的《算法》和《律品》二书赠予日本。而对于日方提出的关于开启双方硫黄贸易的问题，雍正帝鉴于“内地所产甚多，无藉于彼”①，没有应允。

在鸦片战争之前的整个清代，中日双方始终没有建立起正式的外交关系，双方政府的沟通较为困难。但商总制度确立以后，商总成为稳定而有官方身份的兼职使臣，多少弥补了双方高层缺乏沟通渠道的缺陷，保证了中日双方沟通的正常稳定。而这种沟通的增强无疑对双方的民间经济往来产生了积极的影响。

在这里要附带指出的是，乾隆以后，清政府对中日贸易的关注局限于两国铜料贸易一项，所以仅仅对铜料采办形式做出调整。而对于整体的对日贸易政策再未作出重大调整，一直沿用至鸦片战争前夕。

在清代适时调整的对日贸易政策中，有一项贯穿始终并趋于稳定，那就是清政府在对日贸易中实行的关税政策。关税是指一国海关依法对进出境的货物或者物品征收的一种税。它是一国对外贸易管理政策中最为重要的一个部分，影响到一国在与他国贸易过程中获得的经济收入的多寡。那么，在清代中日贸易过程中，清政府所制定的关税政策是怎样的呢？实际上，在清政府开海设关之前，中日贸易基本处于免税的自由贸易状态。如牌照贸易时期，政府仅对归航的赴日贸易商人征收额铜，而对其所负载的其他物品基本处于放任状态。海禁时期清政府禁止一切对外贸易活动，征收关税自然无从谈起。故直到清政府收复台湾，开放海禁并设立四海关

① 《世宗宪皇帝朱批谕旨》卷一七四，《景印文渊阁四库全书》第423册，台北：商务印书馆，1986年影印本，第304—305页。

后，才正式开始对中日贸易征收关税。这里需要特别指出两点：其一，当时清朝实行的是“从量关税”，即以货物的计量单位（重量、数量、体积）为计征标准而计算征收的一种关税；其二，在清代的关税制度下，关税数额趋向固定，波动较小。

清政府对中日贸易的贸易品征收关税分为进口关税和出口关税两部分。进口关税是针对进口的日本商品所征收的关税，当时日本输入中国的贸易品以铜料和海产品为大宗。故在《钦定户部则例》关于日本进口物品的征税条目中，首先即提到以上两种物品的征税比例。即“进口东洋船内，海参、鳆鱼等货照后开本条科算，以柒折征税，进口东洋船内，红铜即照后开本条科税”。[①]也就是说，日本进口铜料按照原定税率征收，海参、鳆鱼等海产品则按照税则所定税率的70%征收。后来为鼓励贸易商输入日本铜料，将红铜进口的关税税率降低，仅按照税则中所定数目的六折征收。这里所说的只是一个征收方法，而包括铜料、海产品在内的诸多日本进口商品的关税征收的具体情况如下表所示：

表 2—1 日本商品进口关税统计表

（单位：两）

品目	课税基准	浙海关		江海关	闽海关	粤海关	备注
		乍浦口	大关				
海参	100斤	0.21	0.21	0.30	0.30	0.20	
鳆（鲍）鱼	100斤	0.28	0.28	0.50	0.455	0.20	
鲨鱼翅	100斤	0.28	0.288	0.50	0.455	0.30	
红铜	100斤	0.21	0.21	0.35	0.40	0.40	番铜
铜叶	100斤	0.48	—	—	0.50	—	
（熟）铜器	100斤	0.50	0.50	0.50	0.50	0.35	
倭船	100斤	0.08	—	—	—	0.30	
倭锡	100斤	0.40	0.36	0.60	0.60	0.80	番锡
倭铜天平杆	10副	0.40	—	0.40	—	—	
倭铜烟筒	100支	—	—	0.12	—	—	

① 承启等点校：《钦定户部则例》，台北：成文出版社，1968年影印本，第4256页。

续表

品目	课税基准	浙海关		江海关	闽海关	粤海关	备注
		乍浦口	大关				
倭粗漆盘	10 个	0.016	—	—	—	—	
倭牛角	100 斤	0.04	0.036	?	?	?	
日本纸（大）	100 张	0.0032	?	0.005	?	?	
日本纸（小）	100 张	0.0016	?	0.002	?	?	
海带菜	100 斤	0.056	0.0576	0.08	0.08	0.05	
鸡脚菜	100 斤	0.056	?	0.08	0.08	?	
石花菜	100 斤	0.056	0.56	?	0.1—0. 08	?	
紫菜	100 斤	0.064	0.064	0.2	0.1	0.2	
红菜	100 斤	0.028	0.028	0.08	?	?	
海粉	100 斤	0.48	0.432	1	1	0.92	同洋粉
							洋菜

资料来源：刘序枫：《财税与贸易：日本锁国期间中日商品交易之展开》，《财政与近代历史论文集》，台北："中央研究院"近代史研究所，1999 年，第 310 页。

通过上表提供的统计数据，我们对清代四海关对日本进口商品的关税征收情况有了一个清晰完整的印象。总体而言，浙海关相较于其他三个海关的税率略低。从中可以看到清政府的一个政策导向，即利用浙海关在中日贸易中的特殊地位，降低关税税率，鼓励日本物品进口，进而增加铜料输入。诚如前文所说，清代实行的是从量关税，难以如从价关税①一般清晰地反映出准确的税率。但台湾学者刘序枫根据《钦定户部则例》中的资料将二者进行了换算，统计出铜料及海产品等几类主要的日本进口商品的关税税率，具体情况如下表所示：

表 2—2　日本主要输华商品进口关税税率表

商品	铜（官商输入）	铜（民商输入）	海参	鲍鱼	鱼翅
税率	1.56%	1.2%	0.57%	1.03%	1.4%

资料来源：刘序枫：《财税与贸易：日本锁国期间中日商品交易之展开》，《财政与近代历史论文集》，台北："中央研究院"近代史研究所，1999 年，第 311 页。

① 从价关税：是指以商品价格为标准征收的关税。它是按价格的一定百分比征收，税额随价格的上升而增加，随价格下跌而减少。关税收入直接与价格挂钩。

由此表可知，清政府对日本进口到中国的贸易品的关税率是非常低的。而且，有一点需要指出的，也是刘序枫特别强调的是他在计算日本进口海产品的税率时，由于无法找到海参、鲍鱼、鱼翅在中国市场上的售价，故只能使用其在日本市场的售价，而海产品输入中国后其市场价格显然要高于其在日本市场的销售价格。故日本进口至中国的海产品的税率应比该统计数据更低。而清政府对日本进口商品征收如此超低关税的目的相当明显，就是要鼓励日铜的大量输入，以缓解国内的铜料紧缺以及由此引发的钱荒和钱贵等货币危机。

相对于进口关税，清政府对中国出口日本贸易品的关税在《钦定户部则例》中规定，“出口货物照后开本条科算，系往本省者，征税不折。系往闽、广、越南、海南、东洋等处者，俱捌折征税”[①]。也就是说，向日本出口的物品按照税则所规定的税率的八折征收出口关税。但由于笔者未找到每种出口物品单位重量征收的关税数量及关税税率，故无法提供中日贸易过程中中国出口物品关税的具体数据，有待日后作进一步研究。

纵观清代的对日贸易政策，可以看出它有几个相当显著的特征。而在这些特征中，首当其冲也是最令笔者钦佩不已的是这些政策中体现出的清统治者的积极态度和务实精神。顺治帝在日本多次拒绝加入以清王朝为中心的朝贡体系时，能够保持冷静的头脑，客观分析当时的国内国际环境，不仅没有鲁莽地对日采取军事手段来维护自己的“大国权威”，反而允许私人牌照贸易的存在。康熙皇帝的务实精神更是毋庸置疑，他在平定三藩、收复台湾之后，审时度势地开放海禁，将中日贸易推上高潮。在信牌事件中他从国家财政经济和中日关系的大局出发，力排众议，保证了中日贸易的正常进行。即使在颁布南洋禁航令，对外政策暂时趋向保守的康熙晚年，他也始终鼓励、支持对日贸易。雍正时期，在中日贸易过程中虽出现一些商人借贸易之机从事不法行为的现象，雍正帝本人也曾对“日本威

---

① 承启等点校：《钦定户部则例》，台北：成文出版社，1968 年影印本，第 4257 页。

胁论”有所认同，但他始终从大局考虑，没有贸然采取断绝两国贸易的过激行为，而是通过创立商总制度对中日贸易过程中商人的不法行为加强管理。这种趋利避害的做法达到了双重的效果，即在对中日贸易的大环境进行有效清理的同时，时刻注视日方动向，既保证了中日贸易的畅通，满足中国财政上的需求，又有效地防范了日方可能造成的威胁和侵害。乾隆以后直至鸦片战争之前的清统治者也都以积极务实的态度审慎地对待中日贸易。可以说，务实是清政府对日贸易政策的一个基调。这比起走私贸易几遍天下却仍抱残守缺的在对日贸易问题上坚持海禁的明政府要高明得多。

其次，在务实思想的指导下，清政府的对日贸易政策显得灵活多变，即根据实际情况的变化适时做出调整。如顺治帝在朝贡贸易无法进行的情况下，创立了牌照贸易这一新的贸易形式来维持双方的贸易关系。康熙帝为解决驻台清军的军饷问题曾派遣官吏押运船只赴日，希望建立中日双方持久稳定的官方贸易关系。暂且不论其实际效果如何，但从中可以看出，清代对日贸易政策并不是僵化地恪守着一定的既定规章，而是根据实际情况的变化不断做出调整。这种机动灵活的政策导向同样是远非至死不渝地坚持对日强硬、对日禁通的明王朝可比的。

至此，我们对清代对日贸易政策的探讨告一段落。可以说，清代对日贸易政策在学术界始终处于一种默默无闻的地位，与几近家喻户晓的明代中日关系和明代对日政策显然无法相提并论。这种关注度的差异使得人们在对中日贸易甚至是对外贸易政策整体的评价上形成了一种褒明贬清的惯性思维。但从上文的分析我们不难厘清此观点的谬误，在整个对外政策领域彻底分析明清两朝的利弊得失显然非笔者力所能及，但在对日贸易政策层面清代无疑是更高明的，无论政策导向还是政策的具体实施层面，清代较之明代都显得更加积极，更加开放，也更加务实。

第三章　日本幕府对华贸易政策的变迁

1644年清政权入主中原建立对全国的统治时，日本已经进入锁国时代，仅开放长崎一处对外贸易港口，保持与中国和荷兰的贸易往来。因此，对华贸易受到幕府极大的关注，制定了一系列的政策和管理办法，并随着两国贸易走向的变动做出调整。这一时期日本幕府对华贸易政策的制定和调整可以分为两个大的方面，一方面是着眼于中日贸易的整体形势，制定出宏观的贸易政策；另一方面是着眼于个别的贸易过程，即从微观角度入手，对华商赴日后，在具体贸易过程中涉及的具体环节做出的诸多管理规定。

第一节　正德新令以前的贸易政策

从清商赴日贸易伊始至正德新令颁布的数十年，是日本幕府对华贸易政策的震荡期。在这一时期内，由于受到中日贸易形势变动频繁，江户幕府管理贸易经验不足等诸多因素的影响，日本的对华贸易政策更迭频繁。在短短的71年里，幕府四次调整对华贸易政策，前后使用了包括丝割符制度、相对商卖法、市法、贞享令、长崎贸易改正令在内的五种贸易制度，平均每十几二十几年便有新政策出台，其政策更迭频率之高可见一斑。

一、丝割符制度与相对商卖法的更迭

清日贸易初期，日本实行的是丝割符制度。“丝”指白丝；“割符”指在竹片、木片上写字，在中央做上印记，然后一分为二，一片留底，一片交给贸易商，做交易时将两片合在一起作为凭证。也就是说，丝割符制度是一种生丝的专买专卖制度，即赋予一定人员生丝的收购和专卖权，以分成两片的“丝割符”为收购和专卖的凭证，其做法与我国春秋战国时期调兵用的虎符相类似。由于白丝是当时中国输入日本的最大宗商品，故丝割符制度是当时最主要的一种外贸制度。

早在庆长年间（1596—1614），葡萄牙商船每年便将大量中国生丝经澳门运往长崎，但由于当时没有固定的贸易方法，导致生丝交易十分不顺利。于是商人们便向长崎奉行提出意见，时任长崎奉行的小笠原为宗为保证日本市场的生丝供应，建议幕府组织堺、京都、长崎三地的大商人将生丝全数买下。但到了第二年，又有大量的生丝运来，导致丝价暴跌，前一年收购生丝的商人损失巨大。在这种情况下，幕府做出规定：赋予这些大商人收购生丝的特权，由他们凭执照，以能获得一定利润的价格，比照上

一年的收购数量对生丝进行收购，这便是丝割符制度的雏形。真正意义上的丝割符制度实行于庆长九年（1604），由于当时日本的生丝贸易几乎由葡萄牙商人垄断，因此，它最初实行的目的完全是针对葡萄牙人的。到了宽永八年（1631）才开始应用于中日贸易。

表 3—1　丝割符时期（1644—1654）中国商船赴日贸易情况表

年　代	船数（艘）	输入贸易额	输出贸易额
（正保）元年（1644）	54	12663 贯 980 匁	?
二年（1645）	76	17320 贯 292 匁	?
三年（1646）	54	8527 贯 413 匁	?
四年（1647）	29	?	?
（庆安）元年（1648）	17 ?	4437 贯 806 匁	3999 贯 109 匁
二年（1649）	50 ?	?	9876 贯 765 匁
三年（1650）	70	?	12222 贯 241 匁
四年（1651）	40	?	7257 贯 548 匁
（承应）元年（1652）	50	?	11833 贯 124 匁
二年（1653）	56	?	12822 贯 109 匁
三年（1654）	51	?	15251 贯 237 匁

注：1 贯 =1000 匁

资料来源：[日]山本纪纲：《长崎唐人屋敷》，东京：谦光社，1983 年，第 100—101 页。[日]岩生成一：《关于近世日支贸易数量の考察》，见《史学杂志》第 62 编第 11 号，第 12 页、19 页、22 页。

丝割符制度的具体做法是，幕府命堺、京都、长崎三个城市的丝绸交易商联合组成一个公会，称为“丝割符仲间”①。再由幕府从这些商人中挑选豪商出任丝割符老中，作为这个公会的领导者。他们负责与生丝输入商的代表共同协商决定生丝的输入价格。在确定价格后由公会将所有输入的生丝垄断性全数收购。收购完毕后，先由幕府将军或其“御用商人”以进口原价收购一定数量的生丝，待他们收购完毕后再由公会内部的商人继续收购剩余的部分。然后其他商人再从这些公会内部的商人之手购买生丝，销往全国。

① 后来江户和大阪的商人分别于宽永八年（1631）和宽永九年（1632）加入此公会。

如前所述，“丝割符仲间”最初是由堺、京都、长崎三座城市的丝绸交易商组成，所以，最初进口的生丝是在这三地的公会商人中分配。其具体的分配比例是堺120丸，[①]京都和长崎各100丸。到了宽永八年，江户商人加入公会，在其他地区份额不变的情况下，江户增加了50丸。次年，大阪商人加入，获得30丸的定额。到宽永十年（1633），江户的配额提高到100丸，而大阪提高为50丸。[②]从这些配额的变化可以看出，作为幕府都城的江户和被誉为“天下的厨房”的大阪在全国政治和经济格局中所占的地位是不断上升的。在这里还要附带指出的是，得到生丝专卖权的不只是上述提到的幕府将军及其御用商人和“五地商人”，少数北九州的商人于1631年也获得了部分生丝专卖权。但考虑到当时九州的大名已被幕府剥夺了参与海外贸易的机会，这一举动应视为幕府给予相关大名的一点点补偿。[③]到了1641年荷兰商馆迁移到长崎以后，平户的商人也被分给10丸的配额，这也是在同样的考虑下做出的决定。[④]

丝割符制度的实行有效地打击了葡萄牙对日本生丝贸易的垄断，维护了日本的贸易主权和经济利益，确保了幕府对外贸局面的有力控制。但随着丝割符制度的运转，一些问题逐渐暴露，其中最主要的问题出现在白丝的定价上。如前所述，丝割符制度下白丝的价格是由丝割符老中与白丝出口国的商人代表共同协商决定的，这种协商大多在每年的春季进行，价格一旦确定则适用于全年的交易。这种僵化的定价方式和相对灵活的交易时间给了华商以可乘之机，他们利用控制每年春季白丝输入量的方式对白丝的输入价格进行影响和控制。具体做法是，华商相互约定在每年春季白丝

---

① 丸：重量单位，1 丸 =50 斤。

② 陈国栋：《东亚海域一千年——历史上的海洋中国与对外贸易》，济南：山东画报出版社，2006 年，第 150 页。

③ [日]中田易直：《锁国　成立　丝割符》，《(东京教育大学)史学研究》第 10 号(1956)，第 14—15 页。

④ 陈国栋：《东亚海域一千年——历史上的海洋中国与对外贸易》，济南：山东画报出版社，2006 年，第 150 页。

定价时节运送较少的白丝赴日，造成日本市场上白丝紧缺的局面，借以抬高白丝的价格。白丝高价形成后，他们又在夏、秋两季运来大量的白丝，在价格不变的前提下通过扩大交易量获取高额利润。日本史料《崎阳群谈》中对这种情况有较为详细的记载："承应二年（1653）春，唐船运来的白丝很少，丝割符商人与唐人共同商定了特别高的买价。其后唐船数艘来航，运来大量白丝，因为要以春时定的高价买入之故，丝割符行会不能买下，商人不能交易。因其差价甚大，大阪御藏金全部买下，末次平藏请结帐交与唐人。所载白丝136600斤被公仪买下，限原价购买的2722丸白丝中，被遣往大阪的1360丸，被长崎并旅商购买的1361丸，代银是大阪藏银交纳。"[①]从记载可以看出，丝割符制度下僵化的定价方式难以适应变动相对比较灵活的市场供求。不仅导致进口丝价过高，幕府和特权商人蒙受巨大的经济损失。而且，由于夏秋两季华商提供的白丝过多，"丝割符仲间"的特权商人难以在如此高的价格水平上全数买下，结果大量剩余白丝为无专卖特权的商人收购，这与丝割符制度的初衷严重背离。当然，除了定价僵化外，由于进口替代等因素的影响，白丝在中日贸易中所占比重的降低也是丝割符制度遭遇危机的重要原因。总之，在综合考虑了多方面因素后，幕府认为丝割符制度已经不再适合当时中日贸易的现状，于明历元年（1655）宣布废除此项制度，改用相对商卖法。

与先前实行的丝割符制度相比，相对商卖法是一种相对比较自由的贸易政策。它省去丝割符制度下的许多诸如定价之类的中间环节，由日本商人与中国商人采取面对面类似拍卖的方式直接定价交易，即日商与华商齐聚一处，由买方向卖方提供报价，在一定价格水平上双方达成一致后，交易即告完成。这种贸易方式简单明快，买卖双方都感到方便快捷，因此，在相对商卖法实行期间，中日贸易极其繁盛，每年都有大量的中国商品涌入日本市

---

① ［日］中田易直：《崎阳群谈》，转引自高淑娟：《中日对外经济政策比较史纲》，北京：清华大学出版社，2003年，第225页。

场。现将这一时期的赴日船只负载的主要贸易品情况做列表统计：

表 3—2 相对商卖法时期中国主要商品输入日本数量表

年 份	白丝（斤）	绢织物（反）	砂糖（斤）
1654 年 11 月—1655 年 10 月	140137	178221	1737480
1657 年 3 月—1657 年秋	76340	523938	1505610
1658 年 1 月—1658 年 10 月	79530	46168	2059780
1658 年 12 月—1659 年 9 月	188838	132020	3389700
1659 年 11 月—1660 年 9 月	19780	250401	1176986
1661 年 1 月—1661 年 10 月	198924	276885	988630
1661 年 9 月—1662 年 11 月	357990	173375	3933393
1662 年 4 月—1663 年 10 月	46625	71200	2104530
1664 年	112598	77083	2520610

注：反为布匹的日制长度单位，一反为 34 厘米。

资料来源：[日]永积洋子:《唐船输出入品数量一览：1637—1833》，东京：创文社，1987 年，第 13 页。

单纯列举这一时期的贸易品输入数量可能难以形成一种直观的印象，下面将丝割符制度和相对商卖法两个时期中日年平均贸易量放在一起做以计量比较：

表 3—3 丝割符与相对商卖法时期年均贸易额比较

商品 \ 时期	丝割符时期	相对商卖法时期
中国生丝输入额（银）	13015 贯 934 匁	18859 贯 934 匁
日本白银输出额（银）	5198 贯 850 匁	12676 贯 582 匁

资料来源：[日]中村质：《近世长崎贸易史の研究》，东京：吉川弘文馆，1988 年，第 295 页。

从列表统计我们可以直观地看到，无论是生丝的输入额，还是白银的输出额，相对商卖法实行时期都比丝割符时期有明显的提高，尤其是白银输出额增长幅度最大，可见相对贸易时期中日贸易是极其繁荣的。但这种繁荣的贸易形势不仅没有使幕府感到欣慰，反而使他们陷入深深的忧虑之中。因为这种华商提供货物，日商竞价购买的贸易形式虽使交易变得方便快捷，但这种类似拍卖的贸易形式极易抬高商品价格，形成卖方市场，使华商轻易地获取高额的利润。在利益的驱使下，更多的华商投入到中日贸易中，日本市场每年都输入大量的中国货物。但与之形成鲜明反差的是，日本每年可供出口到中国的货物并不多，这就导致了日本白银的大量外流。为此，幕府采取了多方面的措施，如允许金输出、减少奢侈品输入等，但都收效甚微，白银大量外流的局面仍无法改变。宽文八年（1668），无计可施的幕府竟然下令禁止白银输出，但这种单纯行政命令的禁止根本不切实际，它只会导致日方无法得到足够的中国货物。此禁令实行了一年即告结束，而禁令的废止既宣告了幕府利用行政命令抑止白银外流做法的破产，又反映出他们在需求中国货物和抑制白银外流上进退维谷、茫然无措的心态。

相对商卖法是日本幕府在锁国时期颁布的管理最为宽松的贸易政策。中日商人面对面的贸易形式，拍卖式的竞价方法，幕府几乎不加干涉的贸易格局共同决定了相对商卖法实行时期中日贸易的繁荣发展。正如一位日本史家描述的那样："处在输入中心的生丝购买制度已经废止，而后世看来严格的贸易统制又尚未确立，在此间隙的长崎贸易，从经济史的观点看，展现的是非常耐人寻味的市场经济。"①但也正是这种几乎接近自由贸易的政策性质，压缩了其自身的生存空间，缩短了它存在的年限，宽文十二年（1672），在相对商卖法实行的第十六个年头，这种宽松自由的贸易政策走到了尽头。个中缘由值得我们细细体味，相对自由的贸易政策多数是在生产比较发达的国度里实行的。其原因有二：一是这些国家生产能力强，国内货源充足，无惧别国的货物竞争，无须贸易壁垒的保护；二是通过实行这种限制较少的政策最大限度地发挥其生产优势，使其能够拥有足够数量的货物冲击别国的贸易壁垒，使更多的本国货物进入他国的贸易市场。而反观当时的日本，其国内手工业发展水平和规模都与中国相去甚远，这使得日本的对华贸易缺乏有力的经济依托，根本无法拿出足够多足

① [日]速水融、宫本又郎编：《经济社会的成立：17—18世纪》，厉以平监译，北京：生活·读书·新知三联书店，1997年，第148—149页。

够好的货物打入中国市场。可以说，相对商卖法不符合当时日本的国情。它不仅不能对日本经济起到任何的保护作用，反而刺激了中日贸易，巨大的贸易量使得大量白银外流，日本经济负担越发沉重。在这十几年的中日贸易过程中日本始终处于严重入超的状态，这种几乎单纯依靠输出国家非可再生资源维持的贸易对国家经济的长远发展完全是一种侵害。而且当时整个贸易世界的金科玉律即为重商主义理论，各国都在极力促进出口减少进口，以增加国家的贵金属持有量。作为日本统治者的德川幕府无论从贸易理论、实际利益还是国家经济长远发展考虑都不可能容忍这一严重侵害国家利益的政策长期存在。

二、市法的颁布与实施

在相对商卖法的实行过程中，幕府观察到了一组奇怪的现象，即在此法规的刺激和鼓励下中日贸易走向繁荣，但随之而来的却是日本白银的大量外流。而且中日贸易的规模越大，日本白银的流失越严重。这种贸易规模与利益的悖论使得幕府统治者陷入困惑，他们开始对其贸易政策进行重新审视。经过思考，他们认识到以日本当时的生产能力和所能提供的货物种类，在短期内是无法在中日贸易过程中与中国抗衡的，实行类似于自由贸易的相对商卖法无异于自寻死路。唯一可行的方法是调整贸易政策的倾向，对华商的输入进行限制，才能有效地缓解入超的压力，抑止白银外流的倾向。而这种政策倾向调整的第一步即是废除相对商卖法，实行市法。

"市法"是"市法货物交易法"的简称。它的具体交易办法为：中国商船进入长崎港后，由五地商人选出的商人头目、管理人和货物鉴定人会同奉行所的检使、町年寄、常行司等官员一起对货物进行清点和检查。然后，将货物卸下运至指定地点封存，接着对所载的货物进行估价。估价的方法是由五地商人按照低于京都地区市价三成到四成做出价格表，清商可以通过唐通事（贸易管理官吏，本章第三节将对其进行详细论述）对货物进行讨价还价，估价过后将作出的价格表和货物样品共同送交长崎奉行所，由长崎奉行（同上）对价格做最后定夺。长崎奉行一旦决定了某种货物的输入价格，清商便再无争辩的权利，摆在他们面前只有两条路，要么接受，要么被禁止交易勒令返回。不仅如此，每年货物的输入量也由长崎奉行决定。汪鹏在《袖海编》中对市法实行时期中国商船进港后的贸易程序进行了比较详细的描述：

> 唐船维缆之后，当年司事者示期上办。上办即以货贮库，有关验，有揭封。揭封者，其物零星，在货不货之间，另为封识之，以待请给上办，犹曰到办。到办则专事此番交易也，故曰某办船。……曰清库，司事者与客会集货库，将上办所贮货物一一盘查，各为号记，俾无遗失。并将各货包皮秤明斤两，以便出货时除算，明晰而清楚也。曰王取，使院择而有取，不在卖额之内。曰插番，司事人领本国远商开库视货。货之高低，唐山客与商虽觌面，都不交谈，其所事在串，串之为言插也。曰讲价，通事之官进馆集客列坐，授以批价文簿，评论低昂，随时增减，至有竞而哗者，非一日所能。定则书卖字于货口之上，盖以图记，则交易之事粗毕，专待出货。每数艘讲价已定，本国商人咸集于会馆，看板则知某货共有若干，其货之优劣，前于插番时见之矣。看板后各商书其所值之价，密封投柜，名曰丢票。然后择善价而售不劳较论，亦交易之良法也。①

可见，日本的各级贸易管理官吏基本上能够严格按照市法的有关规定对中日贸易进行有条不紊的管理，这也在某种程度上说明日本幕府推行市法的决心还是比较坚定的。那么，市法实行的效果如何呢？这种贸易政策

① 汪鹏：《袖海编》，《丛书集成续编》第65册，上海：上海书店，1994年影印本，第890—891页。

的调整是否达到了幕府减少贸易入超的初衷呢？现将市法实行前后中国赴日船只数量和贸易量做一比较：

表3—4 市法执行前后中国商船入港数与贸易额度对照表

	年代	船数（艘）	贸易额
市法实行前	（宽文）元年（1661）	39	29313 贯 729 匁
	二年（1662）	42	18859 贯 093 匁
	三年（1663）	29	11089 贯 768 匁
	四年（1664）	38	20870 贯 675 匁
	五年（1665）	36	12690 贯 570 匁
	六年（1666）	37	13099 贯 704 匁
	七年（1667）	30	10154 贯 663 匁
	八年（1668）	43	17541 贯 477 匁
	九年（1669）	38	16408 贯 361 匁
	十年（1670）	36	15282 贯 037 匁
	十一年（1671）	38	14426 贯 115 匁
市法实行后	十二年（1672）	43	15082 贯 170 匁
	（延宝）四年（1676）	25	7399 贯 880 匁
	五年（1677）	29	9599 贯 881 匁
	七年（1679）	33	10404 贯 496 匁
	八年（1680）	29	10435 贯 946 匁
	（天和）元年（1681）	9	1604 贯 061 匁
	二年（1682）	26	9982 贯 89 匁
	三年（1683）	27	4869 贯 295 匁
	（贞享）元年（1684）	24	4181 贯 850 匁

资料来源：［日］林春胜、林信笃编：《华夷变态》，东京：东洋文库，1958 年，上册，第 143—443 页。［日］山胁悌二郎：《长崎の唐人贸易》，东京：吉川弘文馆，1964 年，第 45 页。［日］岩生成一：《关于近世日支贸易数量の考察》，见《史学杂志》第 62 编第 11 号，第 19 页、22 页。

从列表中的数据我们可以清楚地看到，市法的实施还是有一定效果的，无论是中国商船的进港数还是总贸易额与相对商卖法时期相比都有比较明显的下降。可以说，幕府对于本国经济发展状况和贸易形势的剖析还是比较准确的，其对贸易政策做出的调整也是比较务实且卓有成效的。

从市法的推行中我们可以总结出日本政府调整贸易政策的两条基本思路。第一是通过一系列政策对赴日贸易的华商进行打压，加强日方在中日贸易过程中的掌控。虽说市法并未达到如后来的贞享令那样直接对来日船只的数目进行限制的程度，但这种打压的倾向业已明显。市法的规定使日方在中日贸易过程中的发言权远强于中方，尤其是长崎地区最高长官长崎奉行，他掌握的最终定价权和输入数量决定权对中日贸易几乎具有决定性的影响。而反观中方，商船船主虽可在日方估算货物价格后通过唐通事与其进行讨价还价，而且如果双方不能达成一致，有权不接受交易。但不交易的结果只能是原路返回，这样做必然遭受比按价交易更大的损失。因此，中国海商对于日方的压价交易举动也只能忍气吞声地接受，轻易是不敢提出异议的。日方这种做法有效地改变了相对商卖法时期日商相互竞争，竞相抬高价格的卖方市场局面，降低了中国海商的利润率，减少了日方单位商品的贸易入超。第二是通过一系列政策变革强化幕府对于长崎贸易的管制，使得贸易管理权和贸易利益一步步由长崎地方向幕府转移。这一思路在贸易物品定价上反映的最为明显。在市法贸易制度下，参与物品定价的官员是从京都、长崎、堺、大阪、江户五地商人中挑选出来的，但真正拥有挑选权和指定权的是幕府，所以，中日贸易实际的议价权是掌握在幕府手中的。而且他还通过长崎奉行掌握着贸易定价的最终决定权。也就是说，在市法贸易体制下，中日贸易的全部价格决定权都归属于幕府，其对长崎贸易的监管力度也走上了一个新的台阶，并开始逐步向全面监管中日贸易过渡。

三、贞享令和长崎贸易改正令的实施

市法的实行，改变了日本在以往中日贸易中的被动局面。正当幕府以为市法政策已经为他们撑起了一柄抑制中国海商和阻止日本入超的保护伞，为终于找到了在中日贸易过程中抑制中方的有效方法而欢欣鼓舞，认为从此可以高枕无忧地享受政策变革带来的丰硕成果时，康熙皇帝的一纸开海诏书使幕府的所有美好设想瞬间成了镜花水月。1684年，清政府宣布开海贸易，翘首期盼的中国海商终于获得了合法的出海贸易权，在政策的佑护和利润的刺激下，中国海商竞相赴日，导致长崎入港商船数量激增。1683、1684年的长崎中国商船进港数还分别只有26、27艘，到1685年数量飞速上升，达到85艘，而之后两年都继续上升，分别为102艘、136艘，1688年更是达到创纪录的194艘。入港船只数量的激增导致贸易额出现了数据井喷，使得幕府通过推行市法千方百计降下来的入超量又飞速提升，日本的贵金属以更快的速度流向海外。面对如此巨大的贸易额和由于入超造成的资源流失，幕府认识到在暂时无法在贸易上与中国抗衡的时候，尽可能地减少资源流失是最明智的选择，在当时最有效的方式就是限制双方的贸易规模，即限制中日双方的交易量。而市法那种单纯依靠压低交易价格来减少入超损失的方式在巨大的贸易额面前已经如同杯水车薪，新的贸易管理政策的出台已经势在必行。贞享元年（1684），幕府废除市法，于第二年颁布了贞享二年令，此后又陆续颁布了一系列法令，这些法令与贞享二年令合称为“贞享令”。具体内容包括：

（1）限定一年内的最高贸易额，唐船为银6000贯，荷兰商馆金5万两（折合银3000贯）。超出限额的货物一律勒令退回，不允许交易。

（2）对唐船的数量及来源地进行限制。入港唐船被限定为70艘，按入港季节分为春船20艘，夏船30艘，秋船20艘。20艘春船内，有南京船5艘、宁波船7艘、普陀山船2艘、福州船6艘；30艘夏船内，有南京船3艘、泉州船4艘、宁波船4艘、漳州船3艘、咬留吧船2艘、柬埔寨船1艘、普陀山船1艘、厦门船5艘、太泥船1艘、福州船4艘、广东船2艘；20艘秋船内，有南京船2艘、交趾船3艘、暹罗船2艘、高州船2艘、福州船3艘、宁波船1艘、广东船4

艘、东京船1艘、潮州船2艘。总体比例为福建省25艘，浙江省15艘，广东省10艘，江苏省10艘，东南亚地区10艘。[①]

（3）幕府对华商在长崎的居住地也有了限制。贞享五年九月，幕府令长崎市民在十善寺村御药园建立唐人坊，又称唐馆。次年二月竣工后规定，所有入港华商除有日方特许之外，一律居住于唐馆之内，所有交易活动不得超出唐馆和后来建立的长崎会所的范围。[②]

从上述规定的内容看，贞享令在限制华商和中日贸易规模方面较之以往的市法又迈进了一步。首先，它首次提出了限额贸易的要求，即对中日贸易的年度交易总额用直接的行政命令加以限制，这是以往所有中日贸易政策中所没有的。而且为了保证限额贸易政策的有效执行，贞享令对来航长崎的中国商船数目以及启航地点都做出了明确的规定。其次，对于入港居住的华商的限制也比从前严格了许多。总之，贞享令的实施既是对康熙帝实行开海政策的一个反应性措施，也是幕府对中日贸易限制政策的进一步深化，由使用诸如价格弹压等间接手段转变为使用规定双方贸易额等行政命令的直接手段。而这种对华贸易的政策倾向和操作手法也为后来的中日贸易政策所承继，在以后幕府制定的一系列对华贸易政策中都能清晰地看到它们的印记。

由于贞享令的严格规定，每年都有许多中国商船因超出限额而被勒令返航。此种做法给华商带来巨额损失自不待言，甚至许多日本商人也觉得将这些漂洋过海的中国商船原封不动地退回是一件浪费资源的事情。于是他们中的某些人便有了收购这些被勒令遣返商船货物以谋取利益的想法。有鉴于此，为进一步满足华商对于日本铜的大量需求和日本商人对利益的

① [日]大庭修：《江户时代日中秘话》，徐世虹译，北京：中华书局，1997年，第25页。
② [日]木宫泰彦：《日中文化交流史》，胡锡年译，北京：商务印书馆，1980年，第661页。

追逐，幕府将贞享令中对贸易额的限制做了有弹性的调整。实行“代物替”政策，即允许双方在贸易定额之外以铜易货。对于这一调整性政策的产生，新井白石曾做过这样的介绍：

> 昔日唐船数目及交易银额皆无定额，贞享二年乙丑（1685）定为唐船交易岁额银六千贯目。荷兰船金五万两。至元禄元年戊辰（1688），规定唐船岁额七十只。然元禄八年乙亥（1695）有名为伏见屋四郎兵卫者，获准额外进行银千贯目之交易，申请用铜购买价值相当银千贯目之货物。其请得允，此世间所称以货易货贸易之始。次年丙子（1696），因须上缴运上税金一万两，请求准许银五千贯目之以货易货贸易，又得所请。此即运上税之始也。次年丁丑（1697），长崎商人曰高木彦右卫门者申请允许于船额七十只之外增加十只，银额六千贯目之外加以货易货贸易二千贯目，运上税则上缴金二万余两。于是停伏见屋之以货易货贸易，从高木所请。①

通过上述记载可以看出，这种法外贸易的额度是有限制的，元禄八年（1695）代物替最初实行的时候定额为白银1000贯，后来随着双方需求的增多逐渐上涨，到1697年已追加至7000贯，再加上幕府定额的6000贯，当年中日贸易的总贸易额实际为13000贯。以下为代物替制度实行时期若干年份的贸易情况：

表 3—5　宝永元年（1704）至正德元年（1711）中国商船贸易额及铜代物替数量表

年　代	进港船数(艘)	遣回船数(艘)	贸易总额	铜代物替额
宝永元年（1704）	80	4	12523 贯 900 匁	5000 贯
二年（1705）	80	8	7624 贯 986 匁	2669 贯 640 匁
三年（1706）	80	13	12430 贯	4760 贯

① ［日］新井白石：《折焚柴记》，周一良译，北京：北京大学出版社，1992 年，第171—172 页。

续表

年　　代	进港船数(艘)	遣回船数(艘)	贸易总额	铜代物替额
四年（1707）	80	4	11858贯670匁	4100贯
五年（1708）	59	47	11220贯匁	4260贯
六年（1709）	54	3	4560贯312匁	1020贯
七年（1710）	51	3	7165贯	2825贯
正德元年（1711）	57	0	4763贯	600贯

资料来源：[日]林春胜、林信笃编：《华夷变态》，东京：东洋文库，1958年，下册，第2351—2692页。[日]山胁悌二郎：《长崎の唐人贸易》，东京：吉川弘文馆，1964年，第106页。

从上表统计数据可以看出，代物替制度的实行使中日贸易的总贸易额有所增加，大多突破了6000贯的上限。但这并不能改变贞享令旨在限制贸易规模的政策性质，它的施行给中国海商带来了诸多不便，同时也给蓬勃发展的中日贸易蒙上了一层浓浓的阴影。首先，贞享令颁布于1685年，也就是康熙开海后的第二年，这就意味着广大赴日贸易的中国海商刚刚摆脱清政府对中日贸易的政策限制，取得合法的贸易身份，准备在贸易中大展拳脚之时，又被日方的贸易政策束缚住了手脚，其苦闷心境可想而知。其次，贞享令所规定每年6000贯的贸易额，根本无法满足众多华商的贸易需求。即使在实行代物替制度贸易额有所增加之后，每年仍有大量中国商船因贸易额限制而被遣返回国，这于中国海商而言无疑是一笔巨大的损失。据史料统计，从实行贞享令到正德三年（1713）的28年中，因为贸易限额而被迫返回的中国商船达到343艘之多。华商对于自己不辞辛苦浮海东来却时常因超过限额不能完成交易而蒙受巨大损失的处境很不满，他们多次在被禁止贸易后与日方进行交涉。如贞享二年，也就是禁令颁布的当年，程敏公、吴士彦、林二官等五十一名因超出贸易额而被禁止贸易的清朝船主就联名上诉，请求幕府同意其进行货物交易：

旧岁即奉新令定额，公等咸蒙派卖，惟足此间费用，遵将原货载回。但公等来货，俱依日本式样，别无脱处，不已。……若复原货载回，可怜商经两载，本丧殆尽。固知贵国立法如山，敢求宽假。奈公等私情迫切，不已。哀恳王上俯垂慈悯，格外开恩，于额卖之外，酌准兑换贵国货物，庶公等不至空回，稍获微利。①

而当年较晚时候来到长崎的第五十二号至五十九号八艘中国商船，更是连卸货都没有被准许。因而船主委托唐通事诉苦说，船在海上因风浪而破损，水浸很甚，装在舱底的砂糖有浸水的危险，日夜排水，已精疲力竭，毫无办法，请求准许早日卸货。②从史料的记载来看，华商的要求虽与日方政策相违背，但也属于情有可原。而从贞享令实行时期中国船只的遣返数量上分析，在大多数情况下，日方还是严格执行了贞享令的有关规定，法外开恩满足清商要求的应属于极少数。最后，日方确定的贸易额和入港船数的限制在具体执行层面也有很大问题。日方坐守长崎一港，很容易便能统计出当年的贸易额和入港船数。但由于清朝海商彼此分散，他们分别从中国各地前往长崎，根本无法预知当年已经有多少船只先于自己到达长崎，也无法知道自己是否还在当年70艘船只的限额之内。而只有到了长崎港后才能知晓自己是否还拥有贸易资格，但此时得到结果为时已晚。因此，在实际贸易过程中，华商把握和执行此项规定的难度是相当大的。而贞享令在实际操作领域的缺陷也是造成大量商船被遣返回国的重要原因之一。

贞享令的实行的确起到了控制中日贸易额的作用，而幕府想要得到的却不止于此，他要建立的是幕府对长崎贸易的直接控制权。为达到这一目的，江户幕府于元禄十一年（1698）颁布了“长崎贸易改正令”，它的核心内容包括两个方面，第一是长崎会所的建立，第二是长崎官方开始向幕

---

① ［日］林春胜、林信笃编：《华夷变态》，东京：东洋文库，1958年，上册，第626页。

② ［日］木宫泰彦：《日中文化交流史》，胡锡年译，北京：商务印书馆，1980年，第650页。

府上缴“运上金”。

长崎会所是幕府设立在长崎的管理海外贸易事务的专职机构，下设代物替会所、俵物会所、杂物替会所等机构，其下设机构也根据不同时期贸易的不同状况进行增减变化。其中代物替会所是为管理代物替贸易于元禄十年设立的，正德年间废除代物替制度后取消；俵物会所是在元禄以后海产品输出数量激增的情况下设立的，后于天明五年（1785）为俵物方役所所取代；杂物替会所是在享保十四年（1729）实行杂物替制度，即使用杂货换取进口货物时设立的。长崎会所的建立是幕府直接插手中日贸易的开始，也是长崎贸易官营化的标志。在此之前，幕府也曾设立过诸如“役人共会所”“市法会所”之类的贸易管理机构，但就性质而言与长崎会所有着本质的区别。“役人共会所”和“市法会所”都是由江户、大阪、堺、长崎、京都等地商人组成的民间组织，虽说它们都在不同程度上受到幕府的影响，但这并不能改变其民间商人共同体的性质。它们终究不是直接隶属于幕府的官方组织，幕府也只能通过它们对海外贸易施加间接的影响。而长崎会所则是长崎奉行领导下直属于幕府的官方机构，幕府可以名正言顺地通过行政命令的方式对其进行控制和管理。幕府也正是通过建立受自己掌控的长崎会所的办法实现了直接插手长崎地区中日贸易的管理，并对贸易施加直接影响的夙愿。

提到幕府开征的“运上金”，简而言之就是长崎地方要从每年的贸易收入中抽出一部分交给幕府作为一种税收的制度，是幕府通过经济手段插手长崎贸易的重要举措，关于征收“运上金”的具体情况，下文将做详尽阐述，故在此不赘述。

第二节　正德新令及以后的政策调整

经过七十一年贸易政策震荡期的实践，幕府官方在制定和调整对华贸易政策方面积累了比较丰富的经验，逐步走向成熟。体现在政策的针对性更强，可执行性更高，手腕更趋老到和灵活。正德新令便是其典型例证，它的出台是幕府对华贸易政策成熟和稳定的标志。其后日本官方制定的政策基本上都以其为蓝本，稍作调整，在稳定的基础上逐步走向多元化。

一、正德新令的实施

随着贞享令和长崎贸易改正令的实施，日本在对华贸易上的入超问题得到一定的缓解，白银外流得到一定的抑制，同时幕府在长崎贸易上的参与度也得到了大幅度的提升。但一系列新问题随之出现。

首先是铜的大量外流问题。从前日本幕府关注的主要是白银的外流问题，但康熙开海之后，情况出现了新的变化。伴随着中国商船获得了梦寐以求的合法出海贸易权，每年都有大批中国商船来到长崎洋面进行贸易活动，而且由于当时中国的铜产量很低，清政府每年都需要进口大量的铜料作为铸币的原料。因此，日本的铜料成为当时中国海商的主要采购目标。据长崎港官方统计，代物替制度施行后，每年日本由于代物替而输出的铜竟达八百九十万二千斤[①]，中国海商从日本输出的铜料“自宽文三年癸卯（1663）至宝永四年丁亥（1707）四十四年之间，达十一亿一千四百四十九万八千七百余斤”[②]。为增加铜的产量，日本使用了包括

① [日]木宫泰彦：《日中文化交流史》，胡锡年译，北京：商务印书馆，1980年，第651页。

② [日]新井白石：《折焚柴记》，周一良译，北京：北京大学出版社，1992年，第174页。

由大阪炼铜厂筹办、由炼银厂承包炼铜厂等诸多方法，但仍不能满足华商对于铜料的需求。而铜料年复一年地大量外流引起了幕府的关注与担忧，其中，新井白石的言论代表了当时幕府的整体看法，他说：

> 自德川氏执政，开始海舶互市以来，百余年间（1601—1708），我国宝货（指铜钱）流入外国已及大半。金货失四分之一，银货四分之三，此犹指公开所知可以推算者。此外不可推知者，其数犹多。今后不出百年，我国财用尽竭，其事不待智者自明。……苟事不得已，先王之制“量入为出”，可以取我国当前通行宝货数量，与各国每年出产物品数量相比较计算，酌定流出中国及西南外洋各国、朝鲜、琉球等之岁额。[①]

他通过援引日本在中日贸易过程中黄金白银外流的例子，指出如果同为非可再生资源的铜料的外流趋势得不到有效抑止的话，将会步白银的后尘，日本也会落到“财用尽竭”的尴尬境地。他认为唯一有效的方法是恢复先王“量入为出”的资源政策，即根据本国实际情况决定每年贵金属的输出量。后来颁布的正德新令在这方面正是秉承了新井白石的主张。

其次是走私问题严重，中日贸易秩序混乱。贞享令提出的限额贸易政策使许多中日海商无法通过正常渠道完成贸易，于是他们铤而走险，走上了走私的道路。走私贸易当时被称为“拔荷”，在长崎、长门、小仓、伊势、北国等地的洋面上都有许多从事走私贸易的船只。新井白石对当时的走私情况做过一番描述，当时 “长崎之庶民因交易不通，多陷于饥饿。孱弱者与留住之唐人相通，在馆中私相交易。强有力者则去长崎，待唐船于海上，进行走私贸易。外国人近年亦不由固定海路往来，而出没于近海，待我国奸商相私贩。近来且登陆取水伐木，夺取渔船所网鱼虾及幼女所拾

① ［日］新井白石：《折焚柴记》，周一良译，北京：北京大学出版社，1992年，第134页。

海藻等。居民如加制止，则执武器抗拒。警备船如靠近，即发大炮威胁。近来荷兰船归时亦有私贩之事。此荷人过去所未有也”[①]。对于层出不穷的走私贸易，幕府也采取了一些措施，如令长崎藩和小仓藩组织人力进行海上巡逻，武力驱逐走私船，对参与走私的日本人进行处罚等等。但由于海域宽广，走私方式又灵活多样，故这些举措的实际效果并不明显，走私现象依然广泛存在。宝永七年（1710）四月长崎奉行在给幕府的信中诉苦道：“虽令西国各大名严加注意领内海上和港湾，但力颇不及。所以然者，因近年唐人与日本人均巧于走私。傍晚乘船行经唐船二三里前后，迨日暮目力不及时，即划近唐船，从事非法贸易。夜间纵距三町五町，亦难以发现，况相距三十里五十里之海面乎？此事实无法防范。”[②]

面对正常渠道贸易过程中源源流出的铜料和百法难禁的走私贸易，幕府高层于正德五年（1715）再一次对贸易政策做出调整，颁布了“海舶互市新例”，即我们所说的“正德新令”。它是江户时期幕府颁布的最为重要的一项贸易法令，对于其主要内容，翁广平在《吾妻镜补》中做了十分详尽的介绍，鉴于其在清代中日贸易史上的重要地位，现全文录述如下：

> 长崎译司特传宪谕，与唐商为约事，今般改定各港通商一年船数并每船载来货物银额，使遂生理等因，着该译司将新例条款示谕唐商知悉。其欲确守条款毋违者，今自译司发给执照，俟其船再到之日，验其从违。果能始终确守毋违者，官给照船公牌，复循旧时之例，而使之安插街坊者，必有日矣。倘或谓新例不便，而不领执照者，永革来贩。
>
> 一、已定照船载来货物银额，则其所带货物尽行全卖。但有

① ［日］新井白石：《折焚柴记》，周一良译，北京：北京大学出版社，1992 年，第 172—173 页。

② ［日］木宫泰彦：《日中文化交流史》，胡锡年译，北京：商务印书馆，1980 年，第 651—652 页。

时价行情，则其货物不能无多寡之殊。若其所带货物多出于定额之外，只剩有三千两额者（即三千贯），许将其货物抵换杂色。再多出于三千两外者，除照银额外悉将其所剩货物估入定额之内罚卖。倘或是时以所剩货物估入定额之内卖之，不为甘心而争执不已者，其所剩货物尽行没官，通船人众永革来贩。至若带来货物原不足定额，而妄称足数者，较之每年货价及本年各船货价其所不足于定额止于三千两，尚照现货实数权令贸易，若乃渐少定额不止于三千两者，不许生理，通船人众，永革来贩。

二、生理之法，照于旧时之例，互于本地执事人众讲定货价。然生理之事，各图其利。尔等唐商谓令丢票自便（即投标贸易法），则允其所愿。既已丢票从事，而如遇丢票之贱，反谓丢票不便，又求批价，反覆多端者，不惟不许其所求，亦且罢其生理，载回货物，永革来贩。

三、领其执照往来本地舟楫，当由所定五岛以南之海驶为针路，不当妄驾定路以外。若遇风不便，漂到意外之地，自有制度在当其来也。故违定路者，不许生理，通船之人，永革来贩。及其归也，风实不顺，难涉定路，即当驾回本港，以报缘由，容待风顺而启棹。或无故港内多日耽搁，或驾出定路之外者，至再来之日，不许生理，永革来贩。

四、领执照者，届于其期，因缘事故不能亲赴，将其执照转与同伙，而使之到长崎者之日，验核所载货物，果系其地物产，估其货价果符定额，其执照无诈冒者，许令贸易，再给下次执照。

五、纵带执照而来者，其所带货物与前不同，亦非其地物产，或低货、赝假等货带来者，不许生理，通船人众，永革来贩。

六、往来藏载违禁等项，固不待言。仅如一物之微，私自交易，纵经数月而发觉者，不许生理，通船人众，永革来贩。

七、我国之人非理相加至不可忍耐者，陈其情由，控诉镇台，听其审断，不许私自斗殴。

八、杀害我国之人者，提出凶首偿命。至若创伤者从其轻重罚银、罚赎罪。

九、南京港门，每船银额一万九千两；宁波港门，每船银额一万九千两；台湾港门，每船银额一万三千两；厦门港门，每船银额一万二千两；广东港门，每船银额二万七千两。

以上所约九款，尔等客商各宜知悉。正德五年三月初五日行。①

从以上史料记载可以看出，正德新令涉及的范围细致而全面，对于贸易额度、贸易方法、航海针路、违禁物品等各个方面都有明确的规定。但正德新令最主要也是对于后世中日贸易影响最大的无疑是其关于贸易额度的限制和信牌制度的推行。

1.对于贸易额度的限制

正德新令对赴日中国商船的数量和贸易额都有明确规定，商船每年限额30艘，贸易额为6000贯，加上代物替，贸易总额也不得超过9000贯。而中国商船每年铜输出量不得超过300万斤，铜料不足的部分由其他物品填补。幕府还将中日贸易总额按照出发地点的不同进行了细化规定：

南京船7艘，宁波船5艘，普陀山船1艘。各船交易银数为200贯目；

厦门船2艘，台湾船4艘。各船交易银量为130贯目；

广东船2艘，每船交易银数250贯目；

温州、舟山、福州、漳州、东京、柬埔寨各1艘。各船交易银数为200

① 翁广平：《吾妻镜补》卷十六《通商条规》，国家图书馆藏历史档案文献丛刊本，全国图书馆文献缩微复制中心，2005年，第2册，第398—404页。

贯目。

广南、暹罗、咬留吧各一艘。各船交易银量为300贯目。

与贞享令相比较，正德新令有三个独特之处：第一，将每年中国赴日商船数目由原来的70艘减为30艘，以进一步压缩中日贸易规模；第二，对各地船只的贸易量做出分别规定，既方便了幕府对商船贸易的管理，也便于日本获得中国各地的商品，丰富了日本市场；第三，在新令中，明确了铜的输出量，抑制了铜料的大量外流。而其中后两方面是以往对华贸易政策中所未提及的。由此可见，幕府在限制中日贸易规模和加强中日贸易管理方面更向前迈进了一步。

2.信牌制度的推行

如前所述，信牌即日本官方发给中国海商的赴日贸易牌照，只有持有信牌的华商每年才有入港贸易的权利。既然信牌是最重要的贸易信物，在这里我们有必要对其进行详细的说明。有关信牌样式，在长崎县立长崎图书馆中保存有安政四年（1857）八月三十日南京船主杨敦厚的信牌原件，如下图：

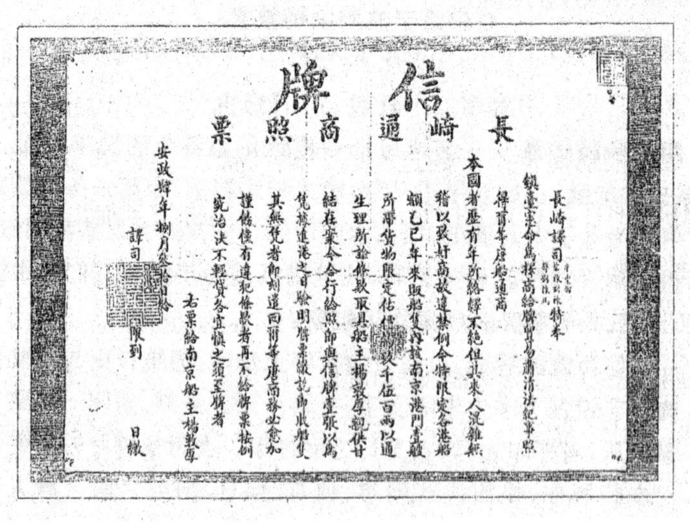

信牌

長崎通商照票

長崎譯司 特奉
鎮臺憲命為擇商給牌貿易肅清法紀事照
得前年唐船通商
本國者歷有年所絡繹不絕但其來人混雜無
稽以致奸商故違禁例今特限定各港船
額乙巳年來販船隻內撥南京港門壹艘
所帶貨物限定估價銀[illegible]千伍百兩以通
生理所諭條款取具船主楊敦厚親供甘
結在案今合行給照即與信牌壹張以為
憑據進港之日驗明牌票繳訖即收船隻
其無憑者即刻遣回著唐商務必愈加
謹飭倘有違犯條款者再不給牌票按例
究治決不輕貸各宜慎之須至牌者
右票給南京船主楊敦厚
安政肆年捌月叁拾日給
譯司
限到　日繳

信牌（长崎县立长崎图书馆藏）

但原件字体过小，难以辨认。幸而《割符留账》（发放信牌的底账）中记载了文化十二年（1815）杨敦素信牌的具体内容，可以帮助我们了解信牌的具体格式和内容，现抄录如下，

熊熊郑

长崎通事　　平刘　　　　特奉

叶樊叶

奉行所之命，为择商给牌贸易，肃清法纪事。照得尔等唐船通商

本国者历有年所，络绎不绝。但其来人混杂，多有奸商故违禁例。今特限定各港船额。丙子年来贩船只内，该宁波港门一艘，所带货物限定估价九十五贯目，以通生理。所谕条款，取具船主杨敦素亲供，甘结在案。今合行给照，即与信牌一张以为凭据。进港之日，验明牌票，缴讫，即收船只。其无凭者，即刻遣回。尔等唐商务必愈加谨饬，倘有违犯条款者，再不给票，按例究治，决不轻贷。各宜慎之，须至牌者。

右牌给宁波船主杨敦素

文化十二年

通事　　限到　　日缴也[①]

信牌作为幕府官方发放给华商的贸易证明书，对其用纸和印章必然有所规定。在使用何种纸张方面，幕府于正德五年（1715）正月颁布的“向唐人传达新例”令中规定：“用纸为鸟子大高檀纸，须为本国产纸。交与对方之条款用纸。亦不得使用外国纸。”[②]这样做的目的显然是为防止华

① 《割符留账》，转引自［日］大庭修：《江户时代日中秘话》，徐世虹译，北京：中华书局，1997年，第79—80页。

② ［日］大庭修：《江户时代日中秘话》，徐世虹译，北京：中华书局，1997年，第80页。

商伪造。印章是官方文书的标志，代表着信牌的权威性。因此，幕府对信牌上所加盖的印章作出了更为细致的规定：

信牌盖骑缝章，或在货物数字上加印。通事择出与所发信牌内容相宜文字为朱印文字，令善篆刻者篆刻。朱印一般藏于奉行所，需押印之际，当奉行之面押印。交付信牌之记录账簿在奉行制作，账面注明何年、何月、何日、何处之船之唐人某某，并加盖当时在场之通事印章。经核查账面和信牌后盖骑缝章，以免日后发生纠纷。①

从以上规定可以看出，为保证信牌的权威性和信牌制度的有效推行，幕府做了比较全面而严格的规定，其考虑还是相当细致而周全的。

表 3—6 正德五年（1715）至享保十一年（1726）中国商船贸易情况表

年代	完成贸易船数（艘）	常规贸易额	代物替贸易额	贸易总额
正德五年（1715）	7	1438 贯 250 匁	243 贯 322 匁	1681 贯 572 匁
享保元年（1716）	7	1440 贯	529 贯 115 匁	1969 贯 115 匁
二年（1717）	43	8274 贯 600 匁	654 贯 970 匁	8929 贯 570 匁
三年（1718）	40	7915 贯 340 匁	1241 贯 760 匁	9157 贯 100 匁
四年（1719）	37	6640 贯 780 匁	1385 贯 740 匁	8026 贯 520 匁
五年（1720）	36	3696 贯 640 匁	473 贯 120 匁	4169 贯 760 匁
六年（1721）	33	3810 贯 199 匁	649 贯 301 匁	4459 贯 500 匁
七年（1722）	33	4485 贯 90 匁	666 贯 390 匁	5151 贯 480 匁
八年（1723）	34	3300 贯 850 匁	54 贯 400 匁	3355 贯 250 匁
九年（1724）	13	1220 贯	26 贯 580 匁	1246 贯 580 匁
十年（1725）	30	3086 贯 600 匁	139 贯 550 匁	3226 贯 150 匁
十一年（1726）	41	4114 贯 360 匁	62 贯 640 匁	4177 贯

资料来源：［日］林春胜、林信笃编：《华夷变态》，东京：东洋文库，1958 年，下册，第 2683—2722 页。［日］中村质：《近世长崎贸易史の研究》，东京：吉川弘文馆，1988 年，第 347 页。

但在实际的推行过程中，信牌制度还是出现了一些问题。其中最主要的是日方贸易管理官吏利用中国海商对信牌的强烈渴望，行敲诈勒索之

① ［日］大庭修：《江户时代日中秘话》，徐世虹译，北京：中华书局，1997 年，第 80 页。

事，“凡倭照一张，值银七八千，每年更番出洋者数十余照，彼之为利甚大”[①]。而幕府得知“商人唯恐不得倭照，每次必重赂译司，历年积有厚赀，彼处将军因而大肆需索。自康熙六十年为始，不论船之多寡，勒令译司缴纳金片二万片，每年逐渐增加。”也就是说，幕府官方通过向译司征收重税的方法强行分取其勒索得来的“赃款”。幕府这种做法无异于对译司勒索的一种默认和鼓励，也使得中国海商获得信牌更加艰难。

信牌制度在运行的过程中还出现了一种比较特殊的情况，即临时信牌的发放。部分中国海商为满足幕府的某些特殊需要和订购，运送些御用物或特殊人才、物资赴日，而日方作为奖励在每年额定信牌数之外又特殊颁发给这些中国海商信牌，允许其贸易。其中御用物主要是将军喜好的物品，特殊人才主要包括日方需要的儒者、医生、精于骑射者、兽医等等，特殊物资包括幕府点名收购的书籍等。朱佩章、孙辅斋通过给幕府提供所需的人才于享保十四年（1729）归国时获得了幕府奖励的信牌，更为奇异和有趣的是享保十三年（1728）海商郑大成因运来当时幕府将军德川吉宗梦寐以求的大象而获得了日方奖励的信牌。虽说这种临时信牌的发放增加了信牌的数量，也在一定程度上扩充了中日贸易的规模，但从中我们也清楚地看到了日方在贸易政策制定过程中的主动与强势，及中国海商甘居被动投其所好的窘态。

虽说正德新令的推行加强了幕府对中日贸易的掌控，通过发放信牌也增加了幕府的收入。但它的推行并非如想象般顺利，而是受到了来自各方面的压力。首先对正德新令提出异议的是从中日贸易中获利的日本人。作为既得利益者，他们显然更希望维持现状。而新的贸易法令的颁布大幅度地压缩贸易规模，他们的利益也随之大幅缩水，自然对新令抱有极大的抵触情绪。对于这些，新井白石说：“前代将军时此事所以未行者，长崎

---

①《世宗宪皇帝朱批谕旨》卷一七四，《景印文渊阁四库全书》第 423 册，台北：商务印书馆，1986 年影印本，第 216 页。

庶民唯愿外国船多，交易物多，奉行等唯愿上缴税款不减少，所管理之庶民各得其所；各地商人唯愿外国货物多来，原价低廉能多获利；世人唯愿缎匹、药材之类多来，价廉便于购求。”但是，在他看来，这些既得利益者的损失是局部的、暂时的，而通过贸易政策的改革对中日贸易框架做出有利于日方的调整则符合国家的整体和长远利益。因此，他坚定地表示：“至于考虑天下后世之事者盖无一人，皆由于不知原委，纷纭议论之故。今后如有不虑朝夕之人，为世间众人议论所惑，妄变其法，必如过去之受害也。”①足见其贯彻新令的决心。其次，中国也传来反对新令的呼声。如前文所述，日方颁布正德新令在中国引起了一场信牌风波，为数不少的中国官员从华夷观念的角度出发，对日本向天朝商人发放信牌及部分商人接受信牌表示出强烈的不满。此事传到日本后，引起了长崎奉行和老中的不安，他们担心会影响到中日贸易的延续性，对新令的继续推行提出了些许质疑。但新井白石作为正德新令的主要制定者和推动者态度极为坚决，他说：“此次长崎奉行陈述之事，自前代将军在世余上海舶互市议时，已在意料之中，非今日骤然出现者也。然余年已老，身又病，恐不能待到事定之日。但无论如何，欲贯彻去春将军命令，必不能废止新令。此外余别无意见。”②可以说，正是新井白石如磐石般坚定的决心保证了正德新令的推行，当然，前文所述的康熙皇帝对信牌事件的妥善处理也是功不可没的。

正德新令秉承了日本幕府限制中日贸易规模和加强对中日贸易掌控的基本精神，它的实施是在贞享令开限额贸易政策之先河基础上的进一步发展，其政策较之贞享令显得更加成熟和老到，可操作性更强，效果也更为明显。尤其是信牌的发放，不仅使得日本扭转了先前贸易中的被动局面，掌握了制定中日贸易政策的主动权，有效地限制了贸易规模和贵金属的流出，而且也使幕府最终完成了对长崎贸易的掌控。正德新令在有清一代日

① [日]新井白石：《折焚柴记》，周一良译，北京：北京大学出版社，1992年，第175页。
② [日]新井白石：《折焚柴记》，周一良译，北京：北京大学出版社，1992年，第184-185页。

本对华贸易史上书写了最为浓重的一笔，是日本对华贸易政策走向成熟的标志。

二、享保以后贸易政策的成熟

正德新令颁布后，幕府的对华贸易政策走向成熟。首先表现在贸易政策趋向稳定，只对入港船数做了些许改动，细节情况如下表：

表 3—7　享保以后日本对中国船数、贸易额限制表

年　代	事　项
享保二年（1717）	中国船每年增加 10 艘，银增加 2000 贯。
享保四年（1719）	中国船定数 30 艘，定银 4000 贯。（翌年实施）
元文元年（1736）	中国船定数 25 艘。
元文五年（1740）	中国船定数 20 艘。
宽保二年（1742）	中国船定额减半，铜 150 万斤。
宽延二年（1749）	中国船定数 15 艘，商额银 4050 贯，铜 100 万斤。
明和元年（1764）	中国船 13 艘，银 3510 贯，铜 80 万斤（翌年实施）。
宽政三年（1791）	中国船定数 10 艘，商额银 2740 贯。

资料来源：［日］箭内健次：《長崎》，东京：至文堂，1966 年，第 126—127 页。

从上表的记载来看，享保以后，幕府规定的中国商船的入港船数、贸易额和铜交易额都呈逐年减少趋势。但应该指出的是，这是官方贸易政策所规定的数量，而实际贯彻的情况又如何呢？由于前文已对享保十二年（1727）之前的中日贸易情况作了详细统计，故下文对享保十二年至天保十年（1839）中国商船的实际入港贸易船数进行列表统计：

表 3—8　享保十二年（1727）至天保十年（1839）赴日中国商船船数统计表

年　代	船数（艘）	年　代	船数（艘）	年　代	船数（艘）
享保十二年（1727）	42	十七年（1732）	36	二年（1737）	5
十三年（1728）	22	十八年（1733）	28	三年（1738）	5
十四年（1729）	31	十九年（1734）	31	四年（1739）	20
十五年（1730）	38	二十年（1735）	29	五年（1740）	?
十六年（1731）	38	元文元年（1736）	16	宽保元年（1741）	4

续表

年　代	船数(艘)	年　代	船数(艘)	年　代	船数(艘)
二年（1742）	15	七年（1770）	13	十年（1798）	9
三年（1743）	15	八年（1771）	13	十一年（1799）	3
延享元年（1744）	20	安永元年（1772）	13	十二年（1800）	8
二年（1745）	20	二年（1773）	13	享和元年（1801）	14
三年（1746）	10	三年（1774）	?	二年（1802）	11
四年（1747）	10	四年（1775）	13	三年（1803）	10
宽延元年（1748）	12	五年（1776）	13	文化元年（1804）	9
二年（1749）	13	六年（1777）	13	二年（1805）	11
三年（1750）	10	七年（1778）	13	三年（1806）	10
宝历元年（1751）	11	八年（1779）	13	四年（1807）	10
二年（1752）	15	九年（1780）	13	五年（1808）	9
三年（1753）	25	天明元年（1781）	13	六年（1809）	11
四年（1754）	24	二年（1782）	13	七年（1810）	11
五年（1755）	12	三年（1783）	13	八年（1811）	9
六年（1756）	7	四年（1784）	13	九年（1812）	10
七年（1757）	12	五年（1785）	13	十年（1813）	10
八年（1758）	14	六年（1786）	13	十一年（1814）	10
九年（1759）	18	七年（1787）	13	十二年（1815）	10
十年（1760）	12	八年（1788）	13	十三年（1816）	13
十一年（1761）	12	宽政元年（1789）	13	十四年（1817）	8
十二年（1762）	15	二年（1790）	9	文政元年（1818）	8
十三年（1763）	13	三年（1791）	10	二年（1819）	7
明和元年（1764）	14	四年（1792）	10	三年（1820）	?
二年（1765）	12	五年（1793）	10	四年（1821）	7
三年（1766）	12	六年（1794）	10	五年（1822）	6
四年（1767）	?	七年（1795）	10	六年（1823）	7
五年（1768）	9	八年（1796）	5	七年（1824）	9
六年（1769）	13	九年（1797）	10	八年（1825）	9

续表

年　代	船数(艘)	年　代	船数(艘)	年　代	船数(艘)
九年（1826）	9	二年（1831）	6	七年（1836）	6
十年（1827）	9	三年（1832）	9	八年（1837）	9
十一年（1828）	9	四年（1833）	5	九年（1838）	6
十二年（1829）	8	五年（1834）	7	十年（1839）	8
天保元年（1830）	9	六年（1835）	9		

注：此列表中的船数为在长崎完成贸易的商船数。

资料来源：［日］木宫泰彦：《日中文化交流史》，胡锡年译，北京：商务印书馆，1980年，第640—647页。

图3—1　享保十二年（1727）至天保十年（1839）赴日中国商船船数变化折线图

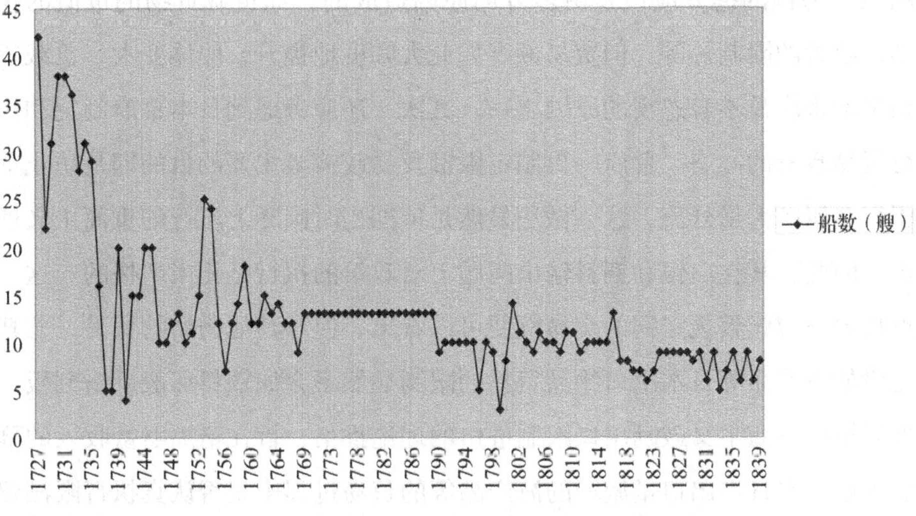

资料来源：享保十二年（1727）至天保十年（1839）赴日中国商船船数统计表

从上述表格中的数据对比来看，享保以后完成贸易的中国商船数与幕府所限定的船数呈一致的下降趋势。但如果据此判断中日贸易额也呈同一趋势则未免有些武断。大庭修即提出对日方规定的成交量标准应有一个较为客观的理解，他认为自正德五年以来，每年规定的入港船数和成交量逐渐减少，“只是铜交易量的缩减，随着铜输出量日趋减少，海产品和其他商品的输出日益兴旺，长崎会所也因而增设了外卖商法口、割增商法口等多种贸易窗口。结果，以往的贸易总额，即铜贸易限额，逐步演变成为以铜为计价标准的多种贸易总额。”[①]也就是说，享保以后贸易额的降低多数是由铜交易额的下降造成的，而以海产品为代表的其他物品的交易额则呈上升趋势。笔者很同意大庭修的主张，但在这里要补充几点看法：

笔者认为将入港船数下降与贸易额减少直接挂钩是有失偏颇的，首先，这里面应考虑到船型的变化，即船体增大对贸易额的影响。早期的船只较小，负载的货物也较少，而越晚近的船只越大，单位船只负载的货物也更多。如贞享年间额定贸易量为6000贯，额定船数为70艘，平均每艘船只的负载贸易量为85贯左右。而到了文化元年（1804）十一艘船只的贸易总额即达到了7345贯，平均每艘船只贸易量达到667贯。虽说单位船只贸易额的提升应该是由多方面原因造成的，如负载货物的价值的变动，政策的限制等等，但贸易额度如此大幅度地提升，船体变大，负载货物量增多应是不容忽视的原因之一。其次，还应考虑到日本幕府制定和执行贸易政策的心态。幕府一再制定限额贸易政策最主要的目的即是防止本国贵金属的大量外流，这一做法显然是依据当时国际上流行的重商主义理论。因此，其在白银和铜料输出问题上对政策的执行是相当严格的。这一点从表3—7频繁规定铜的交易额便可以看出。但对其他物品的贸易，尤其是诸如海产品等日本出口物品贸易的限制显然不会如铜料那般严格刻板。如果按照重商主义鼓励出口限制进口的理论推衍，旨在增加财富收入的幕府高层，在日本出口量激增的海产品等的贸易过程中是否认真执行限额贸易政策则要打上问号。而且这一推衍得到了数据的佐证，据山胁悌二郎调查，文化元年（1804）十一艘唐船的贸易总额为7345贯，而天保十一年（1840）八艘唐船的贸易总额为9217贯有余（内含输出铜代银920贯）。[②]实际贸易额几乎达到了额定数的四倍，因此，在幕府对华贸易限额政策逐

① ［日］大庭修：《江户时代中国典籍流播日本之研究》，戚印平、王勇、王宝平译，杭州：杭州大学出版社，1998年，第20页。

② ［日］大庭修：《江户时代中国典籍流播日本之研究》，戚印平、王勇、王宝平译，杭州：杭州大学出版社，1998年，第20页。

渐强化的背后是中日贸易另一番繁盛的景象。

享保以后日本对华贸易政策走向成熟的另一个表现是政策趋向多元化，幕府能够针对不同的物品采取不同的政策。对于银铜等贵金属的输出仍主要采取的是严格的限额政策；而对长期以来都需从中国进口的生丝、砂糖等物品则鼓励国内生产，以实行进口替代政策为主；对于海产品等出口物品则极力扶持，大力推行出口替代政策。可见替代政策是这一时期日本对华贸易政策的一大特色。贵金属限额贸易政策前文已提及，而提到幕府的进口替代政策。首先要对进口替代做一解释，所谓“进口替代”即为减少进口数量和对外国产品的依赖性，增加国内同类型同功效产品的产量，逐步用国产物品来取代外国产品的政策。日本实行这一政策的原因正如学者高淑娟所说：“由于日本限制白银、铜等金属的出口，客观上限制了日本的进口规模，而日本国内对输入品的依赖在很多场合是生产性而非消费性的，这就造成了生产上的被动。为了解决进口减少造成的困难，只得立足于国内生产那些所需产品，因此刺激了国内新产业的形成与发展，形成事实上的进口替代。”①进口替代对于日本这样一个长期以来受入超困扰，可供出口货物又不多的岛国来说，是十分必要的。

国家大力推进生丝和砂糖的生产，使其产量迅速攀升，逐渐占据本国市场的主要份额，进而摆脱对中国货物的强烈依赖。日本在大力发展进口替代的同时，也积极推行出口替代政策，即幕府通过推进海产品的生产，增加其出口数量，以取代贵金属在对华贸易中主要输出品的地位。有关进口替代和出口替代的具体情况，笔者将在后文中做详细阐述。

---

① 高淑娟：《中日对外经济政策比较史纲》，北京：清华大学出版社，2003 年，第 258 页。

第三节　日本对中日贸易的微观管理

清代日本的对华贸易政策作为一个整体，包括宏观和微观两部分，本章前两节对宏观政策已经做了较为详尽的阐述，下文将对日方在具体的中日贸易过程中作出的一些微观管理规定加以探讨。如幕府设置的贸易管理官吏，清商进出长崎港程序和具体的贸易程序，贸易税的征收，对入港清商的生活管理等。可以说，正是这些具体细致的管理规定保证了幕府制定的贸易政策在实际贸易过程中得以贯彻，而这些管理规定又是幕府宏观贸易方针在实际操作领域的继续，它们的执行情况直接影响到贸易政策的推进。

一、贸易管理官吏的设置

日本为管理中日贸易，设置了众多贸易管理官吏，长崎奉行便是其中之一，也是所有管理贸易的官吏中职位最高权力最大的。由于清代长崎作为日本唯一的对外贸易港口，地位显得十分特殊。因此，幕府命长崎奉行作为长崎地区最高长官，统一管理地方行政和对外贸易事务。实际上，长崎奉行设立的源起是在文禄元年（1592），当时的统治者丰臣秀吉任命寺泽广高担任长崎地方长官，管理长崎地方行政和海外贸易事务，只是当时没有长崎奉行这一职名。到庆长八年（1603），德川家康任命小笠原为宗担任长崎地方长官，才正式命名为长崎奉行。宽永十年（1633），长崎奉行改为两人共同担任；贞享三年（1686）又改为三人共同担任，但有两人在长崎，一人留驻江户；到元禄十二年（1699）又改为四人担任，其中两人在长崎，两人在江户；正德三年（1713），又改回三人，两人在长崎，一人在江户；至正德五年确定为两人共同担任，以一年为期，交替留驻长崎和江户。由于长崎奉行所处的特殊地位，使其成为幕府对华贸易政策的直接代言和第一推动者，如在市法实行期间，他对价格做最后的定夺并决定每年的货物输入量，足可见其在中日贸易中所发挥的强势作用。在长崎奉行之下，又设立有长崎代官、勘定和长崎目付协助他管理民事和海外贸易事务。其中长崎代官设立较早，文禄元年（1592）即已设立长崎总代一职，由村山东安担任，后来末次平藏及其子孙也担任过长崎代官一职，后因从事走私贸易被罢职。到元文四年（1739）以后，由高木作右卫门及其子孙世代担任此职。勘定一职设立于元禄十二年。长崎目付一职设立更晚，正德五年才有此职。这一职位设立虽晚但非常特殊，他是幕府从派驻的监察官员中挑选出来的，带有监察官的性质。每年春秋两季留驻长崎，除协助长崎奉行管理日常工作外，一旦奉行由于各种原因无法履行管理职责时，由他代理奉行的职务。而且，长崎地方上呈幕府的文件都要由奉行与目付共同署名，所有海外贸易事务也要他与奉行共同处理。

以上介绍的都是中央派遣的官吏，是代表幕府对长崎贸易进行监督和管理的。而在实际操作领域，真正直接管理贸易的是以町年寄为代表的各种长崎地方官员。“年寄”是老人的意思，“町年寄”即是街坊长老，后改为固定官职。初设于文禄元年（1592），最初由高木、高岛、后藤、町田四位长崎名流担任，后外町[①]的外师寺、久松二氏加入其中。其职责主要有以下几个方面：

一、皇室及寺院神社事务的管理

二、酒类的审查

三、贸易的管理

四、年赋的征收

① 天正十六年（1588），丰臣秀吉将长崎已有的二三十条街道划为公领，即归其直接占有，并豁免土地税，这些划为公领的街道称为内町。后来，长崎逐渐繁荣，人口逐渐增多，庆长二年（1597）后，又开辟土地，新建了一些街道，这些街道需要交纳一定数量的土地税，为与内町相区别，称为外町。

五、汇兑年赋的征收

六、建筑等的检验[①]

具体的管理办法是这六项职责由六位町年寄以一年为期限轮流执掌，也就是说，每年都由不同的町年寄负责管理长崎的海外贸易事务。

在丝割符贸易时期，丝割符年寄和丝宿老也是管理中日贸易的重要官吏。在庆长九年（1604）最初实行丝割符制度时，设丝割符年寄十人，主要管理生丝贸易，后至明历元年（1635）随丝割符制度一起废除。至贞享二年（1685）幕府恢复丝割符制度时，又设丝宿老两人，履行的职责与当年的丝割符年寄基本相同。设立生丝贸易管理人员，既反映了当时中日之间生丝贸易的繁荣，也突显出幕府渴望提高在生丝贸易中的话语权的强烈愿望。

除了上述提到的町年寄、丝割符年寄、丝宿老等综合管理贸易的官吏外，还有一批如通事、目利、目明、年行司等专职的贸易管理人员。通事是重要的专职贸易管理人员之一，庆长九年（1604）精通日语的长崎唐人冯六被任命为唐通事，即是长崎“唐通事”制度的滥觞。后来，被任命为唐通事的人日渐增多，便有了制度化的倾向。出任唐通事的几乎都是居住在长崎的中国人及其子孙，即所谓的“住宅唐人”。但也有特殊情况，如宽文六年（1666），日方曾任命一百七十六名日本人为内通事役，但后来到宝永五年（1708）全部撤销。在担任唐通事的华人中，以闽浙地区旅居日本的华人为最多，这与闽浙地区历来是我国对日贸易最为发达的地区之一不无关系。刘小珊女士曾对唐通事的组成人员进行了比较深入的研究，她认为，唐通事主要分为三个帮派：“漳泉帮”“福州帮”和“三江帮”。其中，“漳泉帮”的成员主要来自福建漳州、泉州两地，成员包括陈一冲、陈道隆、高一览等；“福州帮”主要来自福建福州一带，代表人物为林大卿、林仁兵卫、何高才、魏之源、王心渠等人；“三江帮”以颖

① [日]木宫泰彦：《日中文化交流史》，胡锡年译，北京：商务印书馆，1980年，第636页。

川官兵卫最为著名，籍贯为浙江绍兴。[①]

唐通事作为一个系统化的制度，除了设有大通事、小通事之外，还包括稽古通事、唐通事头取、唐通事诸立合、御用通事、风说定役等很多官职，关于唐通事制度的官职设定，刘小珊做了详细考证，如下表所示：

表 3—9　唐通事官职一览表

官职名	设置年	说　明
唐通事头取	1782 年（天明二年）	首任林梅卿。以后作为名誉官职存续下来。
唐通事诸立合	1736 年（元文元年）	具备统帅唐通事的作用。
御用通事	1725 年（享保十年）	负责调配将军家贸易商品的官职，后废止。
风说定役	1699 年（元禄十二年）	制作、提交风说书的官职。后随风说书的形式化被废止。
值组定立合通事	1727 年（享保十二年）	位于由正德新例制度化的值组的官职，后由唐通事目付兼任。
唐通事目付	1695 年（元禄八年）	相当于唐通事的监督。
大通事	1640 年（宽永十七年）	小通事出现的 1640 年，正式成为大通事。
大通事		
大通事格	1713 年（正德三年）	新设职务，一种临时的安排。
大通事过人	1819 年（文政二年）	大通事编制人数之外，从大通事助中任命。
大通事助	1751 年（宝历元年）	编制外设置。
小通事		
小通事	1640 年（宽永十七年）	林仁兵卫和绘川藤左卫门最初被任用。
小通事格	1815 年（文化十二年）	临时安排的新职位。
小通事过人	1829 年（文政十二年）	为小通事助的上席，小通事编制外。
小通事助	1751 年（宝历元年）	编制外的设置。
小通事并	1739 年（元文四年）	位于小通事末席的上席。
小通事助格	1811 年（文化八年）	位于小通事并之上，小通事助之下。
小通事末席	1718 年（享保三年）	位于稽古通事的上席。
稽古通事		
稽古通事	1653 年（承应二年）	绘川久次郎被任命。
稽古通事格	1734 年（享保十九年）	大都从内通事小头中任命。
稽古通事见习	1699 年（元禄十二年）	任命名门通事的子弟。

① 刘小珊：《活跃在中日交通史上的使者——明清时代的唐通事研究》，《江西社会科学》2004 年第 8 期，第 171 页。

续表

官职名	设置年	说　明
内通事		
内通事小头	1666 年（宽文六年）	7 人任用。
内通事小头格	1796 年（宽政八年）	作为临时的安排设置。
内通事小头见习	1708 年（宝永五年）	任命小头的子弟。
内通事小头助	1810 年（文化七年）	编制外的设置。
唐船请人		
内通事小头见习末席	1764 年（明和元年）	唐船请人的改称。

资料来源：刘小珊：《活跃在中日交通史上的使者——明清时代的唐通事研究》，《江西社会科学》2004 年第 8 期，第 170—171 页。

从上表的显示来看，制表者对于唐通事制度下官吏的设置做了一番深入细致的研究，整理的结果也颇为系统全面。但有一点争议在这里必须提出，就是大小通事的定制年代。表格中显示大小通事设定成为定制都是在1640年，而据日本学者木宫泰彦的考证大通事定制的确是在1640年，初始时定制为六人，1641年改为四人。但小通事的设置应在万治元年（1658）。[①]由于笔者没有找到其他确凿的史料依据，在这一问题上只能存疑。

唐通事最主要的职责是从事与翻译相关的工作，但从上表中可以看到，唐通事制度下设置种类如此众多的官吏，显然不可能都只是单纯从事翻译工作。据《江户时代日中秘话》记载："1695年3月16日，来自立山奉行所八十鸣武兵卫的命令传达到小通事林金右卫门处。令曰：依惯例，唐船载来御制禁书之际，应将有关事项报告给奉行。其过程如何形成，令大通事林道荣详细报告。"从此令看，当时已经发现商船载来了禁书。当日傍晚，林道荣和金右卫门及小通事彭城藤治右卫门被召至奉行所，奉行令："此次十六号南京船载来《帝京景物略》一书，令审查庸人，为何载

① ［日］木宫泰彦：《日中文化交流史》，胡锡年译，北京：商务印书馆，1980 年，第 637—638 页。

来。”三人受命后连夜赶往唐人屋敷，开始秘密调查。他们让有关人员分别提出证词，然后立即译成日语送交奉行所，一时忙乱不堪。”[①]从史料记载来看，唐通事至少还要承担一部分查验货物的责任，如书籍检查。实际上，唐通事的工作范围远超过上述史料的记载，他们还从事许多具体的贸易管理工作，如检验牌票、制作账簿、维持唐馆秩序等。尤其值得一提的是唐通事的一项特殊职责，即负责书写整理“唐船风说书”。由于清代日本实行锁国政策，仅留长崎一地与外界进行联系，因此了解外界信息的渠道十分有限。基于此，幕府做出规定，每艘到达长崎贸易的中国船主，都有责任向长崎奉行汇报海外的情况和各方面的信息。汇报的内容可谓包罗万象，包括中国国内情况、贸易状况、航海过程中的见闻以及其他一些近期发生的大事等。这些内容由唐通事负责整理成册，即形成了所谓的“唐船风说书”。它是日本在锁国时代了解海外世界的主要渠道，为幕府提供了许多重要的信息，是其制定和调整国内政策的重要依据和参考。同时，保留至今的唐船风说书也为了解和研究当时的中日贸易提供了相当宝贵的文献资料。

专职贸易管理人员除上文提到的唐通事外，还有目利、目明和年行司等官员。目利是在宽文十二年（1672）市法实行后开始设置的。其职责是在中国商船入港后负责验货和定价，由于中国商船负载货物种类繁多，因此目利的设置也有书物目利、药物目利、端物目利、丝目利、唐革目利、唐绘目利等多种门类。每一类货物目利即负责该种货物的验货和定价。鉴于其特殊的职责所在，担任目利的多是一些比较有经验的商人。目明是为防止天主教趁中日贸易之机进行传播而设置的官员。初设于正保元年（1644），最初担任此职的为周辰官等人。年行司是为加强对入港华商的管理而设置的官职。由于中日贸易的发展，每年居住于长崎的中国商人也日渐增多，他们之间不免发生摩擦。为加强对他们的管理，江户幕府于宽

---

① [日]大庭修：《江户时代日中秘话》，徐世虹译，北京：中华书局，1997年，第45页。

永十二年（1635）始设年行司，任命当时旅居长崎的唐人欧阳云台、何三官、江七官、张三官、何八官、陈奕山担任此职，职责便是处理华商之间的矛盾纠葛。除此之外，还设有乙名、町使、船番等官员，文章将在日方对清商的生活管理措施一节对此做详细介绍，在此不赘述。

从日方设置贸易管理官吏的情况来看，官吏的等级清晰，职责范围明确，设置稳定性较强，如唐通事制度一直沿用至江户末年。而这些都使得幕府能够对中日贸易进行有效的管理，保证了中日贸易有序、稳定地开展。还应提到的是，为保证长崎贸易的正常进行，长崎官方每年还要雇用大量的力役以从事体力性的工作。为直观起见，现将长崎港官方的雇役情况以列表的形式表现出来：

表 3—10　长崎地方雇役情况表

年　代	雇役人数（人）	所需费用（银）
天和元年（1681）	1041	?
元禄十五年（1702）	997	?
宝永五年（1708）	1743	3201 贯 105 匁
享保六年（1721）	1801	（新银）2062 贯 834 匁
宽延三年（1750）	1146	3401 贯 351 匁
明和二年（1765）	1949	3278 贯 866 匁
安永四年（1775）	?	3160 贯 45 匁
天明五年（1785）	?	3164 贯 360 匁
宽政七年（1795）	1860	3120 贯 588 匁
文化二年（1805）	?	3149 贯 469 匁
文化十二年（1815）	1741	3347 贯 554 匁
文政八年（1825）	?	3175 贯 200 匁
天保六年（1835）	?	3176 贯 339 匁
天保九年（1838）	2069	3209 贯 983 匁

资料来源：[日]中村质：《近世长崎贸易史の研究》，东京：吉川弘文馆，1988 年，第 336 页。

二、清商的入港、贸易及返航的具体程序

清代赴日贸易的中国商船通常先停泊在普陀山，然后由此出发前往长崎。由于德川幕府于明末开始推行禁教锁国令，因此进入长崎港贸易的清商要接受比明代赴日贸易商人更加严格的检查。具体程序为：每当有中国商船进港时，长崎奉行便会派出哨船数艘，负载町使、与力、步行者、同心等官吏前去迎接。[①]他们首先要确认船只的出港地点，清查船主和船员人数，接着要求清商提供船只负载货物的清单，还要求海商讲述一些航海过程中的见闻以及中国的信息，并由通事记录下来，整理成“风说书”上交幕府。待这些事务都处理完毕后，便有通事在船上宣读日本的基督教禁令，然后要求每个船员都要进行“踏绘”，即踏过刻有圣母玛利亚的铜板，以确认船员中的确没有基督教徒。正德五年（1715）信牌制度建立以后，在原有诸项检查工序之前又加入了检验船主是否持有信牌，如持有信牌则继续进行下面的流程，否则，该船只不得进行任何贸易，一遇顺风天气便立即被要求返航。

上述检验完毕后，第二天，日方检使上船进行被称为“丸荷役”的起验清点和运送货物工作。货物点验完毕后，检使将货物加封并开出出发的货票后，由日方的搬运工将货物运送到岸上的仓库之中。日方允许船主和船员数人随货物一同到仓库，由驻在仓库的检使核对货物确系无误后，在出发货票的背面做上印记再将其送回到船上的检使手中，同时，将货物封存入库，“丸荷役”工作方告结束。而提到清商的货物仓库不免要稍加介绍，起初清商的货物仓库是租用江户町、五岛町、大黑町等沿海街道的仓库。至延宝八年（1680），长崎官方在十善寺的海岸上建立起五座长二十八间，宽三间的仓库，称为梅岭仓库，作为清商货物的存放地，但元禄十一年（1698）的大火将仓库全部烧毁。后来，在长崎市民的要求下，

① 与力、步行者、同心为担任警卫和勤杂的下级官员。[日]木宫泰彦：《日中文化交流史》，胡锡年译，北京：商务印书馆，1980年，第658页。

元禄十五年（1702），长崎官方出动人力在海中填出新地东西七十间，南北五十间，建成仓库十二栋，这就是长崎著名的新地仓库。从此至幕府末年，赴日贸易清商的货物基本都囤积于此。长崎会所建立后，将军和长崎奉行所订的货物则直接运往会所封存。

第三天，进行“精荷役”，即在长崎会所官员、町年寄、年行司、目利、清商和日本投标商人都在场的情况下对货物进行仔细检查，再将货物数量的增减变化情况制成印形账交给检使。[①]然后由长崎奉行大致审核货物样品，下达开始贸易的命令。接着日方的投标商人参观中国货物的样品展示。[②]在此过程中他们会将货物的名称、数量、特色等详细信息一一记录，以作为投标时的重要参考依据。这种记录就是我们现在所熟知的“见账”，它为我们研究清商输入日本的货物情况提供了一份重要而可靠的原始资料。在展览会进行过程中，长崎会所就要对此次来日的中国货物进行定价。正德新令颁布以前，只有生丝贸易才有定价过程，新令颁布后所有商品都要经过定价后才能开始贸易。定价过程是首先由诸目利参考日本京都附近的市场行情、供求情况、输入品的数量多少以及往年的价格等因素，对清商输入的商品逐样进行估价，接着由当年交易的中间人和评议人对目利的估价进行再次评估，以审核其估价的合理性。二次评估结束后，将估价逐一记录制成“直组账”送交长崎奉行做最后定夺。与此同时，清商将被召集到会所与会所官吏就输入货物的价格进行洽谈，通常清商都是通过唐通事进行讨价还价，如清商对于货物的最后定价不满意，可拒绝进行贸易。一旦定价过程结束，接受日方定价并同意进行贸易的清商就要在直组账上签字画押。[③]而后，长崎会所将所带货物悉数收购。定价过程结束后的第二天或第三天（也有少数情况在定价当天），长崎会所将收购到的中国货物重新定价，以类似于拍卖的方式将这些货物发卖给从日本各地

① ［日］山胁悌二郎：《长崎の唐人贸易》，东京：吉川弘文馆，1964年，第299—301页。

② ［日］山胁悌二郎：《长崎の唐人贸易》，东京：吉川弘文馆，1964年，第301—302页。

③ ［日］山胁悌二郎：《长崎の唐人贸易》，东京：吉川弘文馆，1964年，第147—148页。

赶来的投标商人。至此，中国贸易品开始进入到日本国内的流通环节。

投标的结束意味着交易过程的完成，此时日本官方便会组织清商返航。返航时的检查也很严格，据《长崎记》记载，宽文八年（1668）作出规定，为防止清商夹带违禁物品出港，每次有清商返航前，他们输出的货物都要由宿町的乙名加盖印信，方能装载上船，与此同时，还要由检使上船对已装载的货物再次进行严格检查，其中20%—30%要重新启封开箱查验。此外，日方对清商返航的日期也做出了比较明确的规定，宽永十年（1633），日方限定的清商返航时间为每年九月二十日以前，如一些进港较晚的船只也要在五十天内返航。但由于此时返航并无季风助力，航行较为困难，因此清商就返航时间问题与日方多次交涉。至宽文八年（1668），日方对规定作出调整，将限定清商船只的返航时间延长到十一月中旬。而具体的起锚日期要由船主事先报告奉行所，起锚回航的当天，奉行所和町使都要派出哨船随同返航船只一同来到白户边，町使派出的哨船要监视该返航船只离开海岸，直到船只的帆影完全从视线中消失方可离去。日方除了在清商返航时对其进行严格检查外，还要求离港的清商作出若干书面保证方允许其再次来长崎从事贸易。如宽文十一年（1671）二月，日方即责令返航的清商出具保证书，保证船只不在吕宋和天主教国家停泊，再度来日时，也不在长崎以外地点停泊，不搭乘天主教徒和住在海外的日本人，不携带日本的武器、武士画等违禁物品等。[①]正德五年（1715），正德新令颁布后，对清商返航作出了更为明确的规定：

> （一）清商返航时，预先通令附近各大名到处严加警戒，防止非法贸易。（二）清朝船只一旦交易完毕，责令各船分别启碇。（三）返航以前，由奉行所派遣的检使和当地官员会同清朝商人检查输出的丁银、竿铜、俵物及各色杂品等，由检使和清朝

---

① [日]木宫泰彦：《日中文化交流史》，胡锡年译，北京：商务印书馆，1980年，第660页。

商人货主共同加封，装载上船，直到启碇之日，不准一个清朝人上船，并派出船哨严加看守。（四）启碇之日，清朝人走出唐人坊时，须仔细检查衣服、器物等后，再令上船，把船主叫到奉行所，发给准许再次来日的信牌，立即责令启碇。（五）派哨船送到港外，瞭望是否遵守规定路线。（六）当返航时检查货物，如发现违法情事，不发信牌，该船的清朝人永远不准再来日本。[①]

三、贸易税的征收与分配

日本是一个四面环海的岛国，自古以来对海外贸易都不收税。但随着时间走到近古时代的长崎贸易，经济利益已经得到了国家的关注，因此，日本官方也开始对从事海外贸易的商人征税。当时日方征收的税款主要分为两大类，一类是向日本商人征收的，包括口钱、悬物等等；另一类是向清商征收的，包括常例置银、船别置银、八朔礼物等等。

“口钱”是长崎贸易时期最早征收的税种。元和元年（1615）长谷藤广出任长崎奉行，规定入港居住的中国商人仍可自由选择长崎当地人家投宿，但要按照其携带的商品数量，由与其交易的日商按照一定比例交纳费用给宿主，称为“口钱”，也称“宿口钱”。具体交纳方法为绸缎一匹出银一钱，杂货每百钱出银十钱，由买主付给宿主。后来由于中国商人载运来日的货物不断增多，宿主收入大为增加。宽永十年（1633），幕府对口钱征收比例进行下调，规定绸缎一匹出银五分，杂货每百钱出银五钱。虽说口钱征收比例有所下降，但对于宿主来说仍是一笔可观的收入。因此，每当有中国商船入港，长崎市民都会划着小船竞相前往，极力争取商人入住自己家中。后来，长崎官方认为此种口钱征收方法仅仅增加了宿主的收入，长崎港官方并未从中获利。宽永十八年（1641），再次作出规定，在

① [日]木宫泰彦：《日中文化交流史》，胡锡年译，北京：商务印书馆，1980年，第660页。

对每艘中国商船征收的口钱中，宿主只能留三贯作为自己的收入，余下分给长崎街道作为街道官方的收入。明历元年（1655），长崎奉行为增加官方收入，又将宿主所得收入降为一贯五百目。宽文六年（1666），差宿制取消，来日贸易的华商一律责令住在宿町。这样，口钱的三分之二给宿町，三分之一给附町。[①]后来随着双方贸易的发展，长崎港官方对贸易管理的力度逐渐加强，这就直接导致其开支的上升，为弥补开支的增加，官方对前来长崎参与投标交易的日本商人加征重税，即称为“悬物”。

在向日商征收口钱、悬物等税种的同时，日方也向清商征收贸易税。如前文所述，日本官方向清商征收的税种主要有常例置银、船别置银、八朔礼物等。“常例置银”究竟是何时开征，由于找不到具体的史料依据，笔者不敢妄下判断。但《日中文化交流史》中记载了这样一件事情，贞享二年（1685），由于受到贞享二年令的限制，当年进港比较晚的十号船到五十一号船共四十二艘船无法正常进港贸易，于是这些船只的船主向日方提出申辩，以后如何处理均可，本年请按照旧例允许贸易。还提出可以按照当时中国实行的所谓抽分制度，即按照贸易额向长崎官方交纳银两，具体交纳意见为绸缎每百贯出银十五贯，杂货每百贯出银二十贯。[②]常例置银很可能是从这些本不具备贸易资格的船主通过交纳银钱而破例获得贸易权的事例中逐渐发展而来的。其具体的缴纳数额按照正德五年（1715）的规定为每百贯征收七贯六百八十三钱三分。而“船别置银”即按船征税，征收数目为每船征银一贯一百八十八钱二分。[③]“八朔礼物”是由入港贸易的清商向长崎当地管理贸易的官员馈赠礼物演变而来的税种，因商人每年八月朔日向官员馈送礼品而得名。虽后来已经完全不拘泥于八月朔日而是在交易完成后谒见奉行之时馈送，但这一名称则一直予以保留。它起源很早，似乎庆长（1596—1614）、元和（1615—1623）年间就出现了，初

① 附町：是指被排定的为华商服务的街道，如负责救火或被雇佣劳动。

② [日]木宫泰彦：《日中文化交流史》，胡锡年译，北京：商务印书馆，1980年，第669页。

③ [日]木宫泰彦：《日中文化交流史》，胡锡年译，北京：商务印书馆，1980年，第669页。

期并不是固定的制度，只是以馈送礼物的形式存在。至宽文六年（1666）河野权右卫门和松平甚三郎出任长崎奉行时，下令停止对奉行馈赠礼品，改为加俸五百石。宽文十二年又恢复旧例。贞享元年（1684），改为馈赠实物，但到了次年又规定每交易一千贯则交给长崎奉行四贯三百钱，长崎代官[①]八百六十钱，当地管事年寄每人六百钱，町年寄每人三百五十钱，年行司每人一百四十五钱，总计为十一贯六百六十钱。[②]

除了以上提到的几项税收外，盈物、唐人拾遗和间银也应算作一种变相的税收。"盈物"指的是在货物的搬运过程中不免有所散落，而这些散落的货物通常即归搬运工所有。后来，搬运工们见有利可图便在每次搬运的过程中故意多掉，为制止这一流弊，日本官方作出规定自天明四年（1784）起，每条船固定上交砂糖七千五百斤，自此，盈物便由一种流弊转变成为一项定额税收。"唐人拾遗"是指清商在长崎从事贸易期间，为购买食品，修理船具、船只而向长崎官方支付的银两。"间银"最早推行是在宽文四年（1664）的日荷贸易中，当时应荷兰人的要求日方于宽文五年起改用金银混杂向荷兰商人支付货款。当时日本的金银比价为一两黄金兑五十八钱白银，而日方在给外商支付货款时却按照一两黄金兑六十八钱折算，十钱白银的差额即被称为间银，作为长崎港官方的一项收入。后来，这种间银制度也推广到了中日贸易过程中。

通过前文对诸多贸易税收的介绍，我们可以清楚地看到，长崎官方利用唯一对外贸易窗口的地利之便，垄断了大部分的贸易收益。那么，这大笔的贸易税收在长崎又是如何分配的呢？对此，《吾妻镜补》做了较为详细的记载：

长崎各项街费目例，照银额每万两算新例：唐山寺公缘六十

① 代官是江户幕府时代幕府直辖领地的地方官，负责管理某一地区的民政、租税等事务。

② ［日］木宫泰彦：《日中文化交流史》，胡锡年译，北京：商务印书馆，1980年，第670页。

两，右三寺私缘五十两，圣福寺二十两，悟真寺二两，永兴寺五两，官梅翁三两，唐通事九人一百二十两，船番三十两六钱，町使十三两四钱五分，差使四两，大波户役二名四两，二王书记役人二名二两，唐年行使五人十三两五钱，唐内通头十人十两，唐内通事三十人二十两，馆内唐人番六两，馆内番通事九两七分，宿町财副二十两，当年财副九人九两七分，当年差使七人九两七分，当年清册二人六钱一分，馆内财副十二人十五两一钱三分，馆内走差七人三两五分，馆租二百十一两九钱，行年司小使十人三两九钱四分，行年司财副四人一两一钱三分，读礼二人一两一钱八分，内通财副一人六钱六分，出番清账一人三钱二分，内通小使二人一两三钱二分，馆内波户一人五钱七分，唐年行司小使二名六钱六分，椗一人一两三钱二分，唐船造册六人八两四钱六分，通事小使三十两九钱五分，馆内町官小使十六两六钱三分，稻作万禄山寺九钱九分，菩萨祭礼八两四钱六分，风吕屋二两八钱二分，永福菴一两九钱七分，广善菴二两三钱，广福菴四两六钱，野间山二两八钱二分，水神宫二两八钱二分，诹方社一两四钱一分，松森宫八钱五分，万福寺八钱五分，八番寺一两三钱三分，延命宫五钱七分，水观音五钱七分，十五社四两二钱三分，大觉寺四两六钱，霮鹫菴四两六钱，祇树林四两，大悲菴霮源四两六钱，缘罗菴大衡四两六钱。以上每万两该八百一两一钱三分，今新例八百一两一钱三分。①

从以上记载可以看出，长崎地方负责管理中日贸易的官员、吏役和寺庙中的人员从贸易中获取了大量的利益。而这种贸易税收大部归属长崎的

① 翁广平：《吾妻镜补》卷十六《通商条规》，国家图书馆藏历史档案文献丛刊本，全国图书馆文献缩微复制中心，2005年，第414—417页。

做法也逐渐引起了幕府官方的不满。新井白石就这一问题即提出了质疑，他说：

> 外国和本国商人在长崎进行贸易，似乎都只为了供长崎的人们享受，这点很难理解。长崎的人们对于国家没有作出比其他六十余州的人民更突出的贡献。他们年年蒙受国家如此厚恩，却认为自古以来事属当然，习以为常，世人也不以为奇怪。这样的事例，世上还有不少，真是不可理解。①

为改变这种不合理的贸易收益分配格局，幕府采取了数项措施，其中最重要的举措便是征收“运上金”。即限制长崎市从贸易收益中分配的数额比重，将余下部分以“运上金”的形式上交幕府，作为幕府官方的重要收入。运上金最初实行是在元禄八年（1695），当时的贸易限额为清商六千贯，荷兰商人三千贯。正是由于当时的限额贸易政策使得清商和荷兰商人每年都有一定数量的货物因超出限额而无法成交，针对这一情况江户地区的商人伏见屋四郎兵卫向幕府提出用铜来交换清商和荷兰商人交易份额之外的剩余货物，也就是前文提到的“代物替”。交易量限制在银一千贯以内，如获得允许可向幕府交纳一千五百两运上金。第二年，他又提出将这种“代物替”的交易额扩充到五千贯，并上交运上金一万两。元禄十年（1697），长崎官方开始取代个人管理“代物替”交易，并按照规定每年向幕府交纳运上金三万六千两。到元禄十二年，长崎向幕府交纳的运上金数额增加为七万两，上缴运上金后余下的数额方为长崎地方收入。正德五年（1715），由于正德新令的推行，日本的对华贸易政策作出了大范围的调整，原有的代物替制度被废除，但是长崎地方向幕府缴纳七万两运上金，余下方为地方收入的规定得以保留。通过这项举措，幕府也进一步加

---

① ［日］木宫泰彦：《日中文化交流史》，胡锡年译，北京：商务印书馆，1980年，第671页。

强了对长崎贸易的管制。享保以后，长崎上缴运上金的数目屡次变更，但其数额逐渐降低的趋势颇为明显，如享保八年（1723）减少为五万两，及至天明八年（1788）更减少为一万五千两。

四、对入港清商生活的管理

由于鸦片战争以前的整个清代，日本幕府在对外贸易问题上推行的都是锁国政策，即禁止日本人出海贸易。因此，这一时期的中日之间形成了一个平行且单向的贸易结构，即在没有日商来华的情况下，由单纯的清商赴日支撑着清代中日贸易的大局。这种独特贸易局面的维持，客观上要求每年有相当数量的中国商人浮海东渡，而由于清代中日贸易的周期较长，赴日贸易的商人每年都要有相当长的一段时间滞留在长崎。那么如何对这些为数众多的中国商人进行安置和管理便成为幕府不得不面对和思考的问题。

起初，幕府对其推行的是明后期以来的差宿制度。此项制度可以追溯到庆长（1596—1614）、元和（1615—1623）年间，当时到达长崎贸易的中国商人可以随意地投访亲友，并在亲友家里投宿。元和元年长谷藤广出任长崎奉行，规定入港居住的中国商人仍可自由选择长崎当地人家投宿，但要按照其携带的商品数量，由与其交易的日商按照比例交纳一定数量的口钱，作为宿主的收入。而口钱的具体交纳方法及其演变过程前文已作出交代，这里不赘述。这种有别于以往的住宿制度便是差宿制度。宽文六年（1666）之前赴日的清商即是遵循着调整过的差宿制度在长崎港内生活的。

宽文六年，日本改变了入港清商的住宿方式，废除了清商分散居住的差宿制度，实行宿町制。即从长崎的街道中划出一部分供入港清商居住，称为宿町，同时将口钱收入一律上交所在街道。实际上，这种做法在宽永十八年（1641）便开始使用了，当时是将出具便条中街道名称、宿主名称不符及漂流而来的中国商人集中在某些街道中居住，以便区分和管理，这些留宿的街道即被称为宿町。日本官方认为这种划出专门的街道令清商集中居住的制度与原来的差宿制度相比不仅更有利于官方对清商的管理、控制，同时还能将口钱收入全部收归官方所有，是个一举多得的妙招。有鉴于此，宿町制度推行的范围逐渐扩大，并很快取代差宿成为日方对清商新的管理方式。

从差宿制度到宿町制度的沿革可以使我们多多少少看到这一时期日本对中国商人生活管理制度的特点：首先，总体而言，管理并不严格，清商居住活动较为自由，虽有几次政策的调整，但对商人利益并无大的损害；其次，制度调整的出发点多离不开获利，即通过为中国商人安排住所等方式，逐步增加个人或官方的收入；再次，在制度的具体操作过程中，政府的介入力度逐渐增强，如幕府对清商居住街道的指定，口钱逐步纳为官方收入等。这也在某种程度上反映了日本对中国商人赴日贸易的关注和中国商人给日本经济社会生活带来了重要的影响。

正当清商们已逐渐适应宿町这一新的居住方式时，清政府的一纸政策改变了中日贸易的局势，那就是1684年的开海令，康熙帝的开海诏令打开了清代关闭长达二十余年的贸易之门，开启了清代海外贸易的新时代。而伴随着这一新时代一起到来的是赴日贸易商船数量激增和入港清商人数的爆棚。原有的宿町制度对此表现出了相当的不适应。首先，清商人数陡然增加使其与日人杂居造成口角摩擦等事件时有发生，某种程度上影响了当地的治安秩序。其次，由于赴日清商增多，导致中日贸易额上升，而在当时的中日贸易中，日本处于严重入超的不利地位，贸易额的上升意味着贵金属的大量外流。幕府为阻止这一局面的继续恶化，已经对清商推行了限额贸易的政策。但原有的管理措施仍使得他们经常利用宿町内日汉杂居的机会在幕府限额外与日商进行非法的私下贸易，加剧了日本贵金属的外流。为尽快适应变化了的贸易形势，配合幕府对华贸易政策的调整，肃清原有清商居住制度的流弊，日方再一次对入港清商的居住方式进行了调整。即划出一个特定区域令清商集中居住，并且这片区域要与当地人隔离开来。这样方能真正有效地对清商加强管理，避免上述问题的发生。基于此，幕府在元禄元年（1688）九月，令长崎市民在十善寺御药园修建唐人坊，又称唐馆。次年二月完工后做出规定，从唐人坊落成之日起，所有进入长崎港的清商一律居住于此，宿町制度随即废除。从此至幕末百余年中日贸易过程中一直沿用的清商生活管理制度——唐馆制度登上了历史的前台。

据日本史料《长崎实录大成》记载：

（唐人坊）总面积　九千三百七十三坪八合

唐人馆建筑面积　六千八百七十四坪　唐人房间二十所（全是二层楼房，每个房间宽三间，长九间，或宽四间，长七间）店铺一百零七所（各宽一间半，长三间）土神祠一所（六坪）关帝庙一所（十六坪）观音堂一所（六坪）纳凉亭一所（九坪）池塘三个　井三口

大门和二门之间的面积　六百五十四坪六勺　乙名房屋一所（四十三坪）仓库一栋　前面临街房屋（五十五坪，内有通事房间、大门岗哨室、新岗哨室）二门哨所一所（宽一间半，长三间）侦察哨房间一所（一间见方）蔽雨通房一栋（二十四坪，在这里检查唐人随身携带的器物，放置船缆等）牢房一所（内棚宽二间，长三间，外棚宽三间，长四间）

外围竹篱内面积一千八百三十五坪七合四勺　岗哨五所（各宽一间半，长二间）

大门前的码头面积　一百九十三坪　码头哨所一所（隔成两间，一间长五间，宽三间，一间宽一间半，长二间）仓库一栋（宽三间，长十五间）小房一所（供唐人捣米用）栅栏门哨所一所（长一间半，宽一间）[①]

从上文史料记载中我们可以清楚地看到，唐馆是一个建筑规模庞

① 坪是方六日尺的面积单位，十分之一坪称合，十分之一合称勺。

大、设施较为齐备的清商居住点。日本官方为修建此处建筑总共花费白银六百三十四贯四百四十目余，[①]其中四百贯为幕府暂时出资垫付，日后再由长崎官方从入住于此的清商收取的费用中拨取款项分五年归还幕府，余下二百余贯由长崎地方街道支付。[②]作为长崎清商新的居住区域，它集多项功能于一体；从馆内配置有唐人房间、店铺、关帝庙及池塘等生活设施来看，它是一处具有较为完善设施基础的综合住宿区；从设有码头、仓库等港口设施来看，它是一个为赴日贸易清商量身打造商住一体的活动区域；而从其配备有多座哨所和一座牢房来看，它又是一处对清商进行隔离和集中管制的隔离区。为配合对清商的隔离监管，幕府命乙名、町使、船番、通事等官吏进驻唐馆。乙名与年寄意思相近，原意为年长，因年长而受尊敬，后演变为官员的名称。乙名是入驻唐馆内日本官吏的头目，负责总揽唐馆内与清人有关的各项事务。町使即原来的目付，始设于庆长八年（1603），初设时仅有五人，后因需要逐渐增加，达数十人，主要负责长崎的警卫工作。船番自宽文十二年（1672）起开始由侨居长崎的各地浪人十七人担任，其主要工作是对进港的外国船只实施警备。通事分为大通事、小通事、稽古通事等很多种，他们除担任翻译工作之外，还从事一些有关贸易管理的工作。除了派驻原有官吏之外，幕府在唐馆内又增设了唐人番二十名，主要职责为驻守在大门和二门，检查出入唐馆的人员以及配合町使做好唐馆内的警卫工作。

概括而言，唐馆制度相较于之前的宿町制度有两个明显的不同之处，第一，基本实现了日汉隔离居住。原有的宿町制度虽也为清商划出独立的居住区，但就整体的生活状态而言，日汉是杂居而处的。唐馆则是一个独立的、戒备森严的、与日人隔离的居住区，内部配备设施的齐全也使清商可以在此独立居住。第二，唐馆对清商的监管力度有了前所未有的加强，

---

① [日]木宫泰彦：《日中文化交流史》，胡锡年译，北京：商务印书馆，1980年，第662页。
② 重百两称为贯，重一钱称为目。

形成了乙名总负责，町使、船番、通事等各司其职、各负其责的监管制。从清商的进出唐馆到清商入日后的贸易活动悉数过问，让我们不得不惊叹于日人的高度戒备之心。

日本官方为清商修筑唐馆这一独特的建筑，耗费资金之巨大、配备设施之齐全、安排监管之完备，用心之苦可见一斑。那么，进入长崎港贸易的中国海商在这套新的居住管理制度下生活情况如何呢?

首先，他们的活动不像往日那样自由。一旦进入港内就要集中居住于唐馆的围墙之内，不得擅自外出。如有因前往官府或者参拜寺院等事必须外出时，则要预先向通事说明情况，再由通事转告相关的官员，定好出行的日期和人数，待出行之日在唐人番、船番、町使等日方官吏陪伴之下方可出馆。由于清商到达长崎后即被困在馆内，唐馆周围又修建了一圈围墙，故清商们又把唐馆形象的称为“土库”或“土围”。当然，从史料中我们也看到了一些比较特殊的情况，如“医生朱来章向曾在彼医痊倭王”获准可不居住于土库之内，再如“（清商）同在土库，惟请去之教习人等则另居他处”[①]。这里所说的教习是清商应日人之要求，从国内带到日本的一些教授弓马的专职人员。也就是说，只有为日本做出特殊贡献或者满足其特殊需要的人可获准不必居住于土库之内。而同时唐馆对日人进入馆内的限制也极为严格，除派驻馆内的管理人员外，其余人等是不得擅自进入的。馆内的清商不得随意外出，馆外的日人不得擅自进入，唐馆成为长崎一处独特的封闭隔离区。

其次，馆内生活的中国商人虽身处异国他乡，但仍保持着国内的风俗习惯。日本官方出于剔除以往中日混居流弊的目的，对清商出馆和日人入馆限制极严，但对清商在馆内生活方式的限制则明显宽松了许多。每到中国人的传统节日，清商们都依据传统习俗，大摆宴席、载歌载舞地庆祝

---

①《世宗宪皇帝朱批谕旨》卷一七四，《景印文渊阁四库全书》第423册，台北：商务印书馆，1986年影印本，第209页。

一番。如正月十五的上元佳节，家家户户张灯结彩，“馆内无数的灯笼将唐馆照成了不夜城”[1]。被日方称为“蛇踊”的舞龙表演更是不可或缺的一道大餐。春季，清商们还在馆内举行龙舟赛，日人称其为彩舟流。分为大流和小流两种，大流每十年或二十年举行一次，规模十分盛大。小流规模较小，每年或每两三年进行一次。举行龙舟赛的时候两岸锣鼓喧天，人头攒动，而且在进行龙舟赛的同时清商们还要举行大规模的祭祀活动，祭祀海洋中执掌航海安全的神明，以及那些在历次海难中丧生的人们。在寄托哀思的同时希望得到神灵的佑护，在以后的航海中能化险为夷，平安无事。此外，冬至也是中国人心目中一个极为重要的传统节日，每当冬至来临之际，唐馆内家家户户都要供奉关羽、张飞、刘备三杰的画像，做善哉饼。同时准备一桌丰盛的酒饭，全家欢度节日。还要给通事以及驻在馆内的日本官吏、亲属、朋友馈赠一些礼物以表祝贺之意。

再次，由于唐馆内日常生活较为单调乏味，而居住于此的大多为赴日贸易的商人，经济力量相对比较雄厚，因此，馆内商人时常用赌博和举行各种宴会的方式排遣无聊和乏味。当时馆内赌博的风气很盛，方式主要为麻雀、掷骰子押宝和牌九三种。由于玩法简单，可参与性很强，很多清商都参与其中。对此，日方曾屡次下令禁止清商进行赌博，但并未取得明显的效果。除赌博外，清商另一种重要的消遣方式即是举行宴会。提起宴会，就不能不提到唐馆内食物的供给，元禄二年（1689）唐馆落成之时，恰逢日本全国都在实行幕府将军德川纲吉颁布的杀生禁令，普通人一概禁止宰杀和食用鸡、鸭、鹅、猪等家禽家畜。元禄五年（1692），幕府在向其本国臣民重申禁令的同时，对唐馆内的中国商人网开一面，规定馆内不受此项禁令约束，并下令开始向唐馆内提供家禽家畜等肉食。除肉食外，日方还定期向馆内提供蔬菜、鲜鱼等其他食品，充足的食品供给为商人举办宴会奠定了坚实的物质基础。馆内宴会规模有大有小，通常的宴会有十

① ［日］山本纪纲：《长崎唐人屋敷》，东京：谦光社，1983年，第283页。

几人或几十人参加，菜品极为丰盛。一般规格较高的宴会仅菜品即包括："猪、鸡、家鸭、野牛、羊、鹿肉、鹿筋（舶来品）、鹿脯（舶来品）、鳍、煎海鼠、海粉（舶来品）、风干鸡（舶来品）、燕巢（广南、暹罗、柬埔寨等地出）、鸟类、鱼鳖、野菜等等。"①从中我们可以看出，宴会菜肴不仅种类繁多，而且多是珍馐美味，甚至还有许多诸如鹿筋、海粉、燕窝之类来自海外的舶来美食，可谓丰盛至极。除了食物要精良考究之外，美酒更是宴席不可或缺的组成部分，即席宾客大多彻夜豪饮，不醉不归。这样酒菜叠加的宴席成本也高得令人瞠目，"每华筵绮席索费中人半载之享"②。更值得一提的是，唐馆内中国商人举办宴会不仅规格高，而且种类繁多，据史料记载：唐馆内举办酒宴"有上办下办酒，有通办酒，有饮福酒，有春酒，有宴妓酒，有清库出货酒"③等多种名目。这些种类繁多，次数频繁的宴会耗费相当惊人，数年之内，馆内仅酿酒一项即耗费"谷十千，沽酒百万"④。而这种极尽奢华的享受对人也有极强的腐蚀作用，使人玩物丧志，许多富有冒险和开拓精神的杰出商人在这莺歌燕舞、穷奢极欲的环境中迅速腐化堕落，成为一个个只知豪饮享受的颓废之人。因此，时人称唐馆内宴饮之地为"换心山，落魂桥"⑤。

最后，前面我们提到，日人进入唐馆是有严格限制的，但有一种人可以进入，即日本的游女（娼妓）。她们不仅可以进入唐馆，还可应清商之要求留在馆内。她们进入馆内都是"申刻点名，出亦如之，名曰应办"⑥。时人汪鹏曾对应办的景象描述道："红绡队队雨丝丝，斜挽乌云应办时。蜀锦尚嫌花样拙，别将金片绣罗襦。"⑦有些商人还在馆内与游

① ［日］山本纪纲：《长崎唐人屋敷》，东京：谦光社，1983年，第312页。
② 汪鹏：《袖海编》，《丛书集成续编》第65册，上海：上海书店，1994年影印本，第889页。
③ 汪鹏：《袖海编》，《丛书集成续编》第65册，上海：上海书店，1994年影印本，第889页。
④ 汪鹏：《袖海编》，《丛书集成续编》第65册，上海：上海书店，1994年影印本，第889页。
⑤ 汪鹏：《袖海编》，《丛书集成续编》第65册，上海：上海书店，1994年影印本，第889页。
⑥ 汪鹏：《袖海编》，《丛书集成续编》第65册，上海：上海书店，1994年影印本，第895页。
⑦ 汪鹏：《袖海编》，《丛书集成续编》第65册，上海：上海书店，1994年影印本，第895页。

女孕有子嗣，与夫妻无异。日本官方也允许清商在馆内养育子女，还有许多身家富裕的商人托长崎当地人购置宅第，供子女居住。但日本幕府作出明文规定，商人在日期间生养的子女一律不得带回国内。于是在唐馆，在长崎经常出现父子离别时的悲怆情景。

清代的中日贸易过程中，幕府官方对进入长崎港贸易的中国商人制定了灵活多变的生活管理制度。由入港初期分散居住、分散管理的差宿制，到相对集中、日汉杂居的宿町制，再到最后实行的日汉隔离而居、壁垒森严的唐馆制度。无论何种制度，都是日方对中日贸易的一种现实的反映。然而就在唐馆制度实行近两个世纪后，业已千疮百孔的德川幕府大厦轰然倒塌，一个时代宣告结束，而曾活跃于这一时代的诸项对清商的生活管理制度终消亡在滚滚的历史长流中。

第四章　粤、闽、江、浙等地的对日贸易

清代的对日贸易，主要集中在东南沿海地区，而在其诸多地区中，又以广东、福建和江浙地区的浙江、江苏对日贸易最为发达。[①]它们虽同属于对日贸易的重要区域，但其发展态势却不尽相同。广东地区的对日贸易承接明中后期以来发达海外贸易的余润，至清初已露衰败之象；福建地区的对日贸易则凭借其悠久的贩海传统及郑氏海商集团的强力保护，在明末清初大放异彩；而江浙地区则是依靠雄厚的手工业基础和对日航行便利的交通条件，于康熙开海之后一跃成为对日贸易的核心区域。

① 清初称江南省，设立于顺治二年（1645），省府位于江宁（今南京），前身是明朝的南直隶，范围大致相当于江苏省、安徽省和上海市，康熙六年（1667）析为江苏、安徽两省。

第一节　广东地区对日贸易的衰落

明中后期，广东地区的对日贸易颇为发达，屈大均曾描述道："在昔州全盛时，番舶衔尾而至，其大笼江，望之如蜃楼屃赑，殊蛮穷岛之珍异，浪运风督，以凑灉江之步者，岁不下十余舶。豪商大贾，各以其所宜，相贸得利不赀，故曰金山珠海。"①繁荣景象令人艳羡。但到了明末，由于日本锁国令对葡萄牙人的打击，加之福建地区对日贸易的兴起等原因，广东地区的对日贸易逐渐衰落。入清以后，昔日繁盛的景象更是不复存在。但鉴于该地区从事海外贸易的雄厚基础，仍不失为清代对日贸易的一个重要区域。

一、余温尚存的广东对日贸易

1644年满洲贵族入主中原，清政权从一个地方的民族政权转化为全国的统治者。但是在建立政权的最初岁月，它的控制范围还未达到广东地区，后来在八旗、绿营所向克捷的进军之下，清统治者控制了广东地区，并很快任命平南王尚可喜镇守广东。作为清初三藩王之一的尚可喜虽名义上隶属中央的管辖，实际上有很强的割据性，广东地区的事务大多由尚可喜、尚之信父子来决定。"三藩之乱"爆发后，尚之信成为对抗中央的割据势力，广东更成为独立王国，直到康熙二十年（1681）"三藩之乱"得以平定后，清政府才真正意义上控制了广东。所以，清初的三十余年，广东地区的对日贸易是在尚氏父子的控制下进行的，其对日贸易的态度是当时该地区中日贸易发展状况的决定性因素。而尚氏父子为扩大自己

① 屈大均：《广东新语》卷十五《货语》，北京：中华书局，1985年标点本，下册，第432页。

的势力，充实自己的经济力量，对广东地区的对日贸易采取了鼓励的态度。他们利用割据性的地方优势，全然不顾清政府“片板不得入海”的禁海法令，支持广东当地商人赴日贸易。据《清史稿·邦交志》记载：“日本久通中国。明季以寇边禁互市。清兴始复故。康熙十二年（1673），平南王尚可喜致书于长崎奉行，请通商舶。闽、粤商人往者益众，杂居长崎市。”[①]“三藩之乱”爆发后，更多尚氏的船只从广东各港口出发赶赴长崎进行贸易，其原因更是不言自明。日本史料《华夷变态》中对于此方面情况有大量记载：据康熙十五年（1676）八月五日到达长崎的21号广东船称，为平南王所宠信的船主徐大官每年都有商船航行日本；康熙十七年（1678）到达长崎的7号广东船说，他们都是平南王部下的商人；康熙十九年（1680）到达长崎的17号船也说，他们三艘船所装载的货物都是属于平南王的。[②]

当然，除了平南王派遣的船只外，广东地区还有许多私商在高额利润的驱使之下，冒着对抗朝廷海禁政策的风险赴日贸易。这一点在朝鲜史料中即有所体现，据《朝鲜李朝实录》载：宪宗十一年（康熙九年，1670），济州牧使卢锭报告：该年五月二十五日，有中国商船漂到旌义境，其中剃头者二十二人，不剃头者四十三人，有着明服者，有着清服者，还有穿倭服者。据称他们“本以大明广东、福建、浙江等地人，清人既得南京之后，广东等诸省服属于清，故逃出海外香山岛，兴贩资生，五月初一日，自香山登船，将向日本长崎，遇风漂到此”[③]康熙二十三年（1684），清政府开放海禁，广东地区的对日贸易也乘此良机得以恢复并走上平稳发展的轨道，但由于地理位置等条件上的差距，自此以后广东中日贸易已无法同呈迅猛发展之势的江浙地区相媲美。

---

① 《清史稿》卷一五八《邦交六》，北京：中华书局，1997 年影印本，第 2 册，第 1219 页。

② [日]林春胜、林信笃编：《华夷变态》，东京：东洋文库，1958 年，上册，第 202、310 页。

③ 吴晗辑：《朝鲜李朝实录中的中国史料》，北京：中华书局，1980 年标点本，第 9 册，第 3968 页。

二、广东地区赴日贸易的船只、航线和主要贸易品

谈到广东地区赴日贸易所使用的船只，先要对清代前期赶赴长崎从事贸易的船只的总体情况做以介绍。清代从事长崎贸易的商船的出发地主要是中国东南沿海以及东南亚地区的港口。因此，日本幕府官方根据到达长崎进行贸易的船只的出发地不同，将船只分为三类：第一种为口船，主要是江浙地区的港口开赴日本的中国商船，如南京船、宁波船、普陀山船等等；第二类是中奥船，主要指的是福建和广东地区的赴日商船，如福州船、泉州船、漳州船、安海船、广东船、潮州船等等；第三类称为奥船，主要指东南亚开赴日本的商船，如东京船、交趾船、柬埔寨船、暹罗船等等。其实，日本对赴长崎贸易船只的分类，反映了由各地航海自然条件的差异所造成的商船船体结构的多样性。口船由于航程较短，因而船体较小且多为平底海船，吃水较浅，快捷灵活，特别适合在江浙沿岸行驶。中奥船和奥船由于航程较长且我国的南部沿海风浪较大，故这两类船的船体较大。广东船便具备中奥船的特点，由于从广东的港口出发至长崎的航程较长，且广东洋面水深浪急，故广东赴日贸易所使用的海船多是高大坚固，高桅尖底善于破浪行驶的大型海船，即前文所说的“中奥船”。日本学者大庭修根据《唐船之图》中的资料对清代我国广东地区赴日贸易所用船只的总长、舳高、舻高等主要部分的数据做了详细统计：

表4—1　广东赴日贸易商船尺寸表

	船体									船体下部																	
	全长			船首高			船尾高			前胴宽			前胴深			中胴宽			中胴深			后胴宽			后胴深		
	间	尺	寸	间	尺	寸	间	尺	寸	间	尺	寸	间	尺	寸	间	尺	寸	间	尺	寸	间	尺	寸	间	尺	寸
广东船	16	2	0	3	4	8	3	4	8	2	4	6	1	4	7	3	2	0	1	5	0	2	6	2	2	4	0
福州造广东船	16	0	7	2	5	5	2	5	5	2	1	4	1	3	2	3	1	3	1	3	5	2	3	3	3	1	2

	舳						舻						本帆柱									弥帆柱								
	镜板			镜板宽			宽			竖			总长			底部周长			顶部周长			总长			底部周长			顶部周长		
	间	尺	寸	间	尺	寸	间	尺	寸	间	尺	寸	间	尺	寸	间	尺	寸	间	尺	寸	间	尺	寸	间	尺	寸	间	尺	寸
广东船	2	1	5	1	1	3	2	4	0	3	2	5	16	0		0	8	9	0	3	6	10	0	0	0	4	6	0	2	0
福州造广东船	1	6	3	1	0	5	2	2	8	1	6	3	15	0		0	8	5	0	3	7	8	4	0	0	4	0	0	1	7

	舻旗柱			本帆						弥帆						船脊			高帆（棉布）					
	长			长			桁			长			桁			长			长			宽		
	间	尺	寸	间	尺	寸	间	尺	寸	间	尺	寸	间	尺	寸	间	尺	寸	间	尺	寸	间	尺	寸
广东船	4	1	0	7	3	0	6	5	5	4	2	5	3	2	0	11	3	8	4	1	0	3	0	5
福州造广东船	4	1	3	7	6	2	6	6	4	4	6	0	3	0	5	12	1	3						

资料来源：［日］大庭修：《江户时代中国典籍流播日本之研究》，戚印平、王勇、王宝平译，杭州：杭州大学出版社，1998年，第477—479页。

通过上文的列表统计我们可以对清代广东地区的赴日贸易海船有了一个比较清晰直观的印象。那么，当时广东商人赴日贸易的航线是怎样的呢？当时赴日贸易的航线主要有两条，第一条是沿袭明代商人赴日所走的航线。自明中期开始，广东地区便成为全国海外贸易最为发达的地区之一，每年有许多商人自广东各港口赴日贸易，保留了多条赴日贸易的航线。其中最主要的航道为广东——有马岛——长崎航线，即船只从广州虎门或者黄埔海滩下水，沿着广东、福建沿岸一路北上，经大鹏、碣石、靖海、南阳、诏安、镇海、金门等岛屿到达日本的有马岛，再经有马岛到达长崎。郑舜功在《日本一鉴·桴海图经》卷一的“万里长歌”中对这条当时出航日本的主要航线做了记载：

钦奉宣谕日本国，驱驰岭海乘槎出。
五羊歌鼓渡三洲，先取虎头出幞头。
大鹏飞鸣平海札，看看碣石定铁甲。
靖海东头马耳还，大家井里傍牛田。
天道南阳王莽天，诏安走马心旌节。
镇海先湞定六鳌，下门平静金门高。

除了这条旧有航线之外，入清以后，尤其是开海诏书颁布之后，随着江浙地区对日贸易的迅猛发展，广东商人又开辟了一条赴日的新航线。即从广东各港口出发，先北上航行至乍浦（今浙江宁波）或普陀山（今舟山群岛的一个岛屿），或休息数日或添置一些浙江货物后再出发直航长崎。而随着浙江乍浦地区在对日贸易上地位的日趋重要，这条新增航线也日渐成为广东商人赴日贸易的主要航线。当然除了这两条主要航线以外，还有从潮州出发至长崎的航线，高州出发至长崎的航线等等。下面就自广东主要港口直航长崎的里程及所需时间做以统计：

表 4—2 广东主要港口直航长崎里程表

出发地	里程（里）	所需时间（日）
广州	870	16—25
高州	1000	26
潮州	800	10—19

资料来源：[日]大庭修：《江户时代日中秘话》，徐世虹译，中华书局，1997 年，第 25 页。[日]大庭修：《江户时代中国典籍流播日本之研究》，戚印平、王勇、王宝平译，杭州：杭州大学出版社，1998 年，第 512 页。

新增航线的开辟，为广东赴日贸易创造了更为便利的条件。

广东地区出口到日本的贸易品种类繁多，数量也比较大，主要有丝、丝织品、棉布、铁器、糖、药材等等。日本学者西川如见在《华夷通商考》中对广东地区的对日输出物品种类做了详细的统计，现列举如下：

白丝、黄丝、锦、金缎、二彩五丝、七丝（即素花绸子）、天鹅绒、八丝、闪缎、锁服、柳条、绫子、绉绸、纱绫、捻线绸、䌷、绵、紬、绸、漆器、陶器、铜器、锡器、针、马口铁、眼镜、龙眼、荔枝、沈香、乌木、木棉（作枕心用）、玳瑁、槟榔子、龙脑、麝香、珍珠英石（药物）、眼茄（木实，形色似茄而小，眼病时用以拭眼）、山归来、漆、椰子、菠萝蜜、蚺蛇胆（药物）、锅、水银、天蚕丝、端砚（砚石）、车渠（石）、花梨木、藤、翡翠（鸟）、鹦鹉、五色雀、碧鸡孔雀、药种、蜡药。①

我们以1651年入港的两艘广州船为例，对各种对日输出品的种类和输入量做一下探讨。

表 4—3　1651 年八月四日入港的广州船负载货物列表

输出品	生丝	白纶子	白纱绫	缩缅	黑繻子	各种缎子	麻布	赤更纱	鲛皮	麝香	白砂糖	伽罗	各种菜种	杂货	铜锣
输出量	700斤	2627反	2469反	206反	32反	24反	35反	31反	200枚	100斤	10000斤	1壶	5000斤	6箱	12个

表 4—4　1651 年八月七日入港的广州船负载货物列表

输出品	生丝	白纶子	纱绫	白砂糖	黑砂糖	山归来	鹿皮	大鹿皮	苏木	赤更纱	麝香	菜种
输出量	400斤	1320反	3521反	6400斤	2500斤	2000斤	2300枚	750枚	20000斤	27反	30斤	17包

资料来源：[日]永积洋子：《唐船输出入品数量一览1637—1833》，东京：创文社，1987年，第50页。

① [日]木宫泰彦：《日中文化交流史》，胡锡年译，北京：商务印书馆，1980年，第674—675页。

从上表统计可以看出，广东地区对日输出的贸易品以丝织品和砂糖数量为最多。其中，丝织品重量轻，价值高，是商人最乐于携带的贸易品，而且广东丝绸素有“广纱甲于天下”的美誉，颇受日人的欢迎。因此，丝织品的利润在输日货物的利润总量中占有极高的比例。此外，砂糖虽主要产于福建而并非广东，但因其在日本市场上的销路很好，而且砂糖重量较大，通常是作为压舱货物，借以保持船只在海上航行的稳定性。因此广东商人的商船上通常载有大量的砂糖。除此之外，麝香等中药材也是广东地区比较重要的输日货物。

清代广东地区对日贸易呈现出一种比较稳定的发展态势。但在这过程中出现了这样一种现象，鸦片战争前，长崎的中国商人在向日方提供的报告书中提到：自客秋（道光十九年，1839）以来，有此骚闹，历年安插广东之外国人，各自归国。凡我财东应办百货，多在广东凑买。所收回货，大半该处卖销。今有此警报，殊觉拮据。[①]从这则史料来看，鸦片战争前，由于中国国内形势的变化，广东地区对日贸易再次复苏，成为对日进出口商品的集散地。由于笔者无法找到其他材料佐证，此问题还有待进一步研究。

第二节　福建地区对日贸易的崛起

福建地区对日贸易的兴盛相较于广东地区较晚，但发展迅速，这种局面的形成与明末清初特定的历史背景不无关系。隆庆元年（1567），福建漳州月港开放，这在明代的对外贸易史上有着不同寻常的意义。虽然这

① ［日］盐谷宕阴：《阿芙蓉汇闻》卷三《交兵上》，转引自刘序枫：《财税与贸易：日本锁国期间中日商品交易之展开》，《财政与近代历史论文集》，台北：“中央研究院”近代史研究所，1999 年，第 308 页。

期间明政府仍严禁通航日本，但开放的港口，茫茫的大海，明政府又如何能控制住海商们的行踪。“海船出海时先向西洋行，行既远，乃复折入东洋”。①此外，明末清初，坐守福建的郑氏集团大力发展对日贸易，特别是在清初开海前利用清政府的海禁政策，几乎垄断了当时东南沿海的对日贸易。福建地区一枝独秀，走向了对日贸易的高潮。

一、福建对日贸易条件概述

清代福建地区的对日贸易十分活跃，尤其是开海令颁布前更是处于垄断地位，它有许多优良海港：如福州、厦门、安海等地。悠久的赴日贸易传统给予闽商丰富的对日贸易经验，形成了独特的船舶类型和贸易航道，而种类繁多、数量庞大的商品又为福建地区对日贸易的发展提供了坚实的物质基础。

（一）主要对日贸易港口

福建地区濒临大海，土地贫瘠，自古以来便有贩海致富的传统，时人张燮对这一情况描述道：“顾海滨一带田尽斥卤，耕者无所望岁，只有视渊若陵，久成习惯，富家徵货，固得稛载归来，贫者为佣，亦博升米自给。”②除了生计所迫外，福建地区的地理特征也给当地居民出海经商提供了有利条件。福建的海岸线绵长曲折，岛屿众多，形成了许多优良的海港，如福州、厦门、安海、漳州、梅岭、泉州等等。其中福州、厦门和安海是清代福建对日贸易的主要港口。

福州港位于闽江的入海口，是闽北商人最重要的出海通道之一。“福州、建宁等土著商人，浙江等省客贾俱将货物运至福州府，由闽安镇出口，往来各番（藩）国贸易”③。清代前期福州港的对日贸易十分繁荣，

① 王胜时：《漫游纪略》卷一《闽游》，江苏广陵古籍刻印社笔记小说大观本，第 17 页。
② 张燮：《东西洋考》卷七《饷税考》，北京：中华书局，2000 年标点本，第 131 页。
③ 中国第一历史档案馆：《户科史书》，康熙二十四年四月七日户部尚书科尔坤提题。

福州船时常运载着本省以及浙江、陕西、河南等其他省份的特产由此出发通航日本。据陈希育统计，在清初开海后的四十年中，自福州航至日本的商船达219艘，占全省赴日商船总数的34.2%，居福建各港口之首，最初四年的比例可能比这更高些。[①]从这一比例可以清楚地看到，福州港在清代尤其开海初期的福建对日贸易中所处的核心地位。关于这一点，从日本幕府在对中国推行限额贸易后，进一步限定福建地区各港口赴日船只数也可明了。康熙二十七年（1688）日方对中国沿海各港口的赴日船只数作出调整，规定福建全省每年的赴日船只为25艘，其中福州船13艘，厦门船5艘，泉州船4艘，漳州船3艘。[②]从这份规定中我们可以看到，福州船在福建省赴日商船总量中占据了一半以上。应该指出的是，当时清政府已在台湾设府并隶属于福建省，故此时福建的对日贸易统计应包括台湾地区，即便是考虑到将台湾府赴日船只计算在内会降低福州船在整个福建地区总船数上所占的比例，但福州港作为福建地区重要对日贸易商港的地位仍是不可动摇的。

厦门位于福建的中南部，港宽水深，素有“漳郡之咽喉”“泉郡之名区，海滨之要地”[③]的美誉。这里的对外贸易非常发达，对日贸易自不例外，“江西等省客贾，并土著商人俱将各货物运至汀、漳，装舡由同安、海澄等口驾出口，在厦门泊舡，往外番各国贸易”[④]。海禁时期，每年即有许多海商在漳、泉等地采办货物后从厦门出发取道台湾，装载上日本急需的砂糖再航向长崎。开海之后，厦门港更以其优越的地理位置，在对日贸易中的地位得以迅速上升，成为福建对日贸易的第二大港口。而形成于明后期的厦门—长崎直航航线，最终取代福州—长崎这一传统航线，成为

① 陈希育：《清代福建的外贸港口》，见《中国社会经济史研究》，1988年第4期，第76页。

② ［日］大庭修：《江户时代日中秘话》，徐世虹译，北京：中华书局，1997年，第25页。

③ 周凯：《厦门志》卷二《分域略》，台湾文献丛刊第二辑，台北：大通书局，1984年标点本，上册，第17页。

④ 中国第一历史档案馆：《户科史书》，康熙二十四年四月七日户部尚书科尔坤提题。

清代福建地区对日贸易的主要航线之一。

安海港位于泉州府治东南50里处，也是福建地区对日贸易的重要港口。尤其值得一提的是这里是郑氏父子的故乡，因而成为郑氏海商集团的重要贸易基地。明末清初郑氏海商集团垄断了东南沿海的对外贸易，而对日贸易作为他们最主要的贸易渠道之一，安海港也就顺理成章地成为清初对日贸易的重要商港。当时由于清政府海禁政策的限制，大批赴日贸易的商人云集安海。为促进安海地区对日贸易的发展，郑芝龙于明末开辟了一条由安海直航长崎的航线，这条航线在郑氏势力的保护下迅速成为明末清初对日贸易的主要航线，郑氏力量控制的商船多沿这条航线开往长崎，新航线的开辟使得安海港的对日贸易更加繁荣。

（二）对日贸易的船舶、航线及主要贸易品

关于日方将清代对日贸易所使用的商船划分的三种类型，前文已作交代，福建海商所使用的海船同广东海船类似，属于中奥船的一种。船身较为高大，船底为尖状，船头尖船尾宽，首尾上翘，善于在深海中破浪行驶，较为适合远洋航行。但由于航程比广东较短，因而福建船的船体没有广东船那样高大。其具体尺寸大庭修做了详细统计：

表 4—5　福建赴日贸易商船尺寸表

	船体									船体下部																	
	全长			船首高			船尾高			前胴宽			前胴深			中胴宽			中胴深			后胴宽			后胴深		
	间	尺	寸	间	尺	寸	间	尺	寸	间	尺	寸	间	尺	寸	间	尺	寸	间	尺	寸	间	尺	寸	间	尺	寸
厦门船	17	3	8	4	0	4	4	0	4	2	1	7	1	3	9	4	0	1	1	4	0	3	3	2	2	1	5
台湾船	16	2	1	4	3	2	3	4	8	2	4	6	1	3	5	3	6	0	1	3	5	3	2	2	2	1	0

	舳						舻						本帆柱									弥帆柱								
	镜板			镜板宽			宽			竖			总长			底部周长			顶部周长			总长			底部周长			顶部周长		
	间	尺	寸	间	尺	寸	间	尺	寸	间	尺	寸	间	尺	寸	间	尺	寸	间	尺	寸	间	尺	寸	间	尺	寸	间	尺	寸
厦门船	2	2	3	1	1	6	2	5	0	4	2	0	14	0	8	0	7	2	0	2	8	17	3	8	0	4	0	0	1	5
台湾船	2	1	4	1	1	3	2	1	5	3	2	1	14	3		0	7	1	0	2	9	10	0	2	0	4	3	0	1	8

	舻旗柱			本帆						弥帆						船脊		
	长			长			桁			长			桁			长		
	间	尺	寸	间	尺	寸	间	尺	寸	间	尺	寸	间	尺	寸	间	尺	寸
厦门船	5	2	5	8	0	7	6	5	5	5	5	5	3	3	5	11	5	1
台湾船	4	1	5	8	1	5	6	6	0	4	4	9	3	1	3	10	6	2

资料来源：［日］大庭修：《江户时代中国典籍流播日本之研究》，戚印平、王勇、王宝平译，杭州：杭州大学出版社，1998年，第477—479页。

通过以上统计数据，我们可以了解到福建赴日贸易船舶的大体形态，那么商船上究竟负载了哪些人员，他们在船上的分工又如何呢？据日本史料《增补华夷通商考》记载：

> 伙长：主管海上乘务、精通罗盘，负责观察日月星辰、考察天气和察看地理。
>
> 舵工：负责掌舵，负有与伙长同心协力，辨风凌涛之重责。
>
> 头椗：主管船碇，进出港时之要职。机动职务，需临机应变。
>
> 亚班：主管帆柱，必要时须攀至樯上，职役甚苦。
>
> 财附：主管货物商卖诸事的日记、计算。
>
> 总官：操劳舟中诸事。

杉板工：主管梯舟者也，杉板称为梯舟杉板。

工社：水主之谓也，大船百人，中船六七十人，小船三四十人。

香工：主管菩萨香华灯明及朝夕礼拜之事。

船主：船头也。在船中无劳役，在日本负责商业交易，与官方交涉并管理全船人员。船头有两种：有货主亲任船头而来者，又有货主不来，由代理人、亲戚任船头而来者。①

该记载的原文为漳州地方方言，可知为此记载提供资料依据的应为福建海商，记载的也多半是福建赴日贸易商船的情况，所以，具有较高的可信度。而从当时船上人员的详细分工，又可知福建海商们具有丰富的海上航行经验。

福建各港口的赴日贸易由来已久，因此在长期的贸易交往过程中形成了许多较为固定的航线。明代史料《顺风相送》中记载了明中后期的一条主要的赴日贸易航线，即从福建长乐县出发航行至琉球群岛的冲绳岛，然后东北行至路岛，最后到达兵库（今神户）港。入清以后，这条航线基本被废弃，取而代之的是郑芝龙开辟的自安海港直航长崎的航线。在郑氏实力强劲的明末清初，这条航线成为当时福建海商赴日贸易的主要航线。后来随着郑氏势力的消失，安海港虽不失为福建对日贸易的重要商港，但已经失去了原有的优势地位。厦门港逐渐兴起，并形成了一条由厦门直航长崎的新航线，航线直接从厦门港出发，横渡台湾海峡，经台湾的基隆取道长崎港南的天草直接进入长崎。航程比原来的航线大大缩短，极大地方便了福建海商的赴日贸易。除以上两条航线外，随着江浙地区逐渐上升为中日贸易的主要区域，福建海商也与广东海商相类似，开辟了一条福建—普

① ［日］西川如见：《增补华夷通商考》卷二，转引自［日］大庭修：《江户时代中国典籍流播日本之研究》，戚印平、王勇、王宝平译，杭州：杭州大学出版社，1998年，第493页。

陀山—长崎的新航线，即福建海商由各港口先航行至乍浦或普陀山港，再由普陀山直航长崎。福建地区的主要港口直航长崎之距离及所需时日如下表所示：

表 4—6 福建地区主要港口直航长崎里程表

出发地	里程（里）	所需时间（日）
福州	550	6—14
厦门	600	5—15
漳州	630	12
泉州	570	8—17
台湾	640	16—19

资料来源：［日］大庭修：《江户时代日中秘话》，徐世虹译，北京：中华书局，1997 年，第 25 页。［日］大庭修：《江户时代中国典籍流播日本之研究》，戚印平、王勇、王宝平译，杭州：杭州大学出版社，1998 年，第 512 页。

福建作为清代对日贸易的重要区域，当地海商每年都向日本输出大量的货物，西川如见在《华夷通商考》中对中国主要对日贸易省份的输日货物种类做了详细统计，现将福建地区的主要输日货物列举如下：

> 书籍、墨迹、绘画、墨、纸、笔、布、葛布、白丝、绫子、绉绸、纱绫、八丝、五丝、柳条、绫鑶、纱、紦、罗、捻线绸、绢绸、闪缎、天鹅绒、南京绡、丝线、棉布、绫条布、砂糖、甘蔗、佛手柑、橄榄、龙眼、荔枝、天门冬、明矾、绿矾、花文石、鹿角菜、紫菜、牛筋（用作弹棉弓弦）、天蚕丝、瓷器、美人蕉（盆栽的小芭蕉）、线香、铸造漆器、古董、扇子、针、栉篦、蜡、降真香、茴香、藕粉、鱼胶、丝绵、茶、蜜饯、花生、药物、化妆品。[①]

① ［日］木宫泰彦：《日中文化交流史》，胡锡年译，北京：商务印书馆，1980 年，第 674 页。

当时，丝织品和糖类是福建地区最主要的对日输出品，福建海商输入日本的丝织品种类繁多，既有生丝，又有各式绫、罗、绸、缎等生丝制成品。福建作为当时中国的主要产糖区，尤其是福建下辖的台湾府制糖业极为发达，糖类自然成为其对日贸易的大宗物品，福建也成为广东、江浙等其他地区对日贸易所需糖类的重要供应地。因此，福建砂糖及糖果制品在日本市场上占有较大的份额。除了丝织品和糖类之外，书籍、药材也是福建地区的重要对日贸易物品。

二、开海前福建地区的对日贸易

诚如我们前文所提，明末清初福建地区对日贸易兴盛的一个重要原因是郑氏海商对东南沿海对日贸易的垄断。从郑芝龙作为郑氏海商的初创者，冲破明政府禁令，对中日贸易环境的营造，到郑成功利用清政府海禁政策之机独占东南沿海的贩海之利，再到郑经盘踞台湾，继续发展对日贸易。可以说，郑氏祖孙三代对福建地区对日贸易的发展功不可没。

（一）郑成功、郑经控制下的对日贸易

郑成功、郑经实际上是郑氏海商集团的第二代、第三代传人。而他们能够独掌清初对日贸易的大旗，除了当时特定的时代环境因素外，更离不开郑芝龙十余年苦心经营为他们打下的良好基奠。郑芝龙，福建泉州府南安石井村人。由于家乡附近便是安平港，因此，郑芝龙身边便有许多贩海为业的海商，其舅父黄程便是一位远近闻名的大海商。郑芝龙最初便是跟随他开始赴日贸易。“天启三年（1623）癸亥夏五月，程有白糖、奇楠、麝香、鹿皮欲附李旭船往日本，遣一官押去”[①]。文中提到的被黄程派遣的押运官便是郑芝龙。后来，在大海商李旦的帮助下，郑芝龙的势力逐渐壮大。明崇祯元年（1628），郑芝龙接受福建巡抚熊文灿的招抚，授官防

---

① 江日昇：《台湾外记》卷三，福州：福建人民出版社，1983 年标点本，第 102 页。

海游击。这对于已经具有一定实力的郑芝龙来说无疑是天赐良机，接受招抚不仅使他可以借朝廷官吏的身份更好地保存和壮大自己的势力，而且可以名正言顺地打击其他海商。在相继消灭了钟斌、刘香等竞争对手后，郑氏集团最终成为东南沿海最大的海商集团。在拥有了雄厚实力作后盾的情况下，郑氏集团的对日贸易获得了长足的发展。崇祯十四年（1641），郑芝龙派6艘商船前往日本，所载运的货物中仅生丝一项就有30720斤，丝织品90920匹，相当于当年到达日本的其他中国船载运生丝总量的三分之一，丝织品总量的三分之二。[①]另据《长崎荷兰商馆日记》记载，1643年中国商船到岸总值10625贯，郑氏即占8500贯，约占80%。通过以上的统计数据，我们可以毫不夸张地说，郑氏集团在当时的中日贸易中几乎处于垄断的地位。而郑芝龙所拥有的雄厚经济实力，丰富的赴日贸易经验以及良好的对日关系都为郑成功发展对日贸易奠定了良好的基础。

顺治元年（1644）清军入关，在八旗劲旅所向披靡地进军下，家财万贯同时掌握着福建政权的郑芝龙为保住自己的地位和财富，于顺治三年归降清政府。但他的降清并没有使郑氏集团处于群龙无首的状态。其子郑成功举起抗清大旗，击败反对势力取得了郑氏集团的领导权，并在东南沿海继续从事海外贸易。当时郑氏海商集团的对外贸易范围很大，遍及东亚和东南亚地区。据史料记载，当时“永历随宣杨廷世、刘九皋入见，问成功兵船钱粮。二人对以舳舻千艘，战将数百员，雄兵二十余万，饷粮虽就地设取，尚有吕宋、日本、暹罗、咬留吧、东京、交趾等国洋船可以充继”[②]。而在郑成功的诸多贸易伙伴中，日本始终处于最重要的地位。如在他从事贸易的最初一段时光内曾“召集数百人，方苦无资，适有贾舶自日本来，二仆在焉。资近十万，成功悉以其资募兵制械，从者日众，竟踞

---

① ［日］山胁悌二郎：《长崎の唐人贸易》，东京：吉川弘文馆，1964年，第30页。

② 江日昇：《台湾外记》卷四，福州：福建人民出版社，1983年标点本，第138页。

金厦门"[①]。从中我们可以看到对日贸易几乎是郑成功势力崛起的第一助力。随着贸易的发展，郑成功的实力迅速膨胀，郑成功的参将冯澄世曾向他提议："方今粮饷充足，铅铜广多，莫如日本……且借彼地彼粮，以济吾用，然后下贩吕宋、暹罗、交阯等国，源源不绝，则粮饷足，而进取易矣。"郑成功采纳了他的建议，于顺治九年（1652）"令兄泰造大舰，洪旭佐之，以甥礼遣使通好日本。"[②]

随着海外贸易的不断发展，郑成功的实力得到了迅速地提升，很快挺过了其父降清初期的波动期，重新称霸东南沿海，垄断了该地区的对日贸易。据日本学者岩生成一的调查："从1647年至1662年，入（长崎）港的中国船主要来自郑氏势力范围内的地区。比如1650年来港的70艘中，来自郑氏势力范围内的福州、漳州、安海有59艘，约占80%以上，而且几乎年年如此。"[③]另据1656年2月1日荷兰东印度公司总督寄回本国的政务报告书记载："从1654年11月3日最后一艘荷兰船驶离长崎至1655年9月16日为止，由中国各地驶入长崎的中国戎克船有57艘，其中安海船41艘，大部分是属于国姓爷的，泉州船4艘、大泥船3艘、福州船5艘、南京船1艘、漳州船1艘和广南船2艘。从日本商馆日志末后所附载清单中可知，上述戎克船总共装载生丝140100斤，以及大量的丝织品和其他各种货物，这些都几乎结在国姓爷账上。"[④]从中我们可以清楚地看到郑氏集团在当时中日贸易中的优势地位。另外，我国学者韩振华也对清初中国商人对日贸易做了数量估算，具体内容如下表所示：

---

① 黄叔璥:《台海使槎录》卷四《伪郑附略》,《台湾文献史料丛刊》第二辑，台北：大通书局，1984年标点本，第80—81页。

② 江日昇：《台湾外记》卷三，福州：福建人民出版社，1983年标点本，第102页。

③ 杨彦杰：《一六五〇——一六六二年郑成功海外贸易的贸易额和利润额估算》，见《郑成功研究论文选续集》，福州：福建人民出版社，1984年，第224页。

④ 曹永河：《从荷兰文献谈郑成功之研究》，见《台湾郑成功研究论文选》，福州：福建人民出版社，1982年，第357—358页。

表 4—7 1650—1662 年对日贸易额估算表

年代	由中国前往日本的中国商船数（艘）	估计由中国前往日本商船数的贸易额（两）	由南洋前往日本的中国商船数（艘）	估计由南洋前往日本中国商船数的贸易额（两）	前往日本的中国商船总数（艘）	估计前往日本的中国商船的总贸易额（两）
1650	70	1400000	11	220000	81	1620000
1651	40	800000	13	260000	53	1060000
1652	50	1000000	13	260000	63	1260000
1653	56	1120000	19	380000	75	1500000
1654	51	1020000	11	220000	62	1240000
1655	45	900000	5	100000	50	1000000
1656	57	1140000	18	360000	75	1500000
1657	51	1020000	19	380000	70	1400000
1658	43	860000	13	260000	56	1120000
1659	60	1200000	13	260000	73	1460000
1660	45	900000	20	400000	65	1300000
1661	39	780000	7	140000	46	920000
1662	42	840000	9	180000	51	1020000
共计	649	12980000	171	3420000	820	16400000
年平均	50	1000000	13	263000	63	1263000

资料来源：韩振华：《一六五〇——一六六二年郑成功时代的海外贸易和海外贸易商的性质》，厦门大学历史系编：《郑成功研究论文选》，福州：福建人民出版社，1982 年，第 149 页。

如上表所示，自1650年至1662年中国商人的对日贸易总额为1640万两，年均120万两，据韩先生统计，在这120万两中，国姓爷（郑成功）约占71万两，约为年均总贸易额的60%，其在对日贸易中的优势地位不言自明。

后来，随着国内抗清形势的日趋恶化，寻找新的抗清基地成为郑成功必须面对和思考的问题。纵横海上已十余年的郑成功将目光投向了与福建隔海相望但处于荷兰殖民者控制下的台湾。1661年，郑成功率军驱赶了盘踞台湾38年之久的荷兰人，顺利收复台湾，并将其贸易基地迅速转移至此。可以说，这次收复台湾的军事行动是其实力的一次成功彰显，对于这一点，台湾学者南栖曾指出："我们看他在起义以来至复台为止的十几年之中，经过了中左的彻底被掠、海澄的积贮尽丧、清政府的实行海禁、南京的空前覆败，在这些极惨重的财政经济上的连续打击以后，仍能空岛迎战，歼灭了挟雷霆万钧之势以扑来的清朝名将达素，并且有余力远征台湾，在作战二百多天以后，驱走了盘踞台湾三十八年的荷兰人，其经济力量之雄厚是无与伦比的。”[①]那么，南先生所说的足以支撑如此大规模军事行动的巨大经济力量从何而来，一言以蔽之，海外贸易。所以说，收复台湾的军事行动可以从另一侧面反映出郑氏集团在当时海外贸易领域的突出地位。

1662年，即收复台湾的第二年，郑成功去世。所以，以台湾为基地的郑氏集团对外贸易实质上是由郑成功之子郑经来经营。他利用台湾地区鹿皮和蔗糖的产量优势，建立起鹿皮和蔗糖的专卖制度。每年“装白糖、鹿皮等物，上通日本，制造铜熕、倭刀、盔甲，并铸永历钱。下贩暹罗、交趾、东京各处以富国。从此台湾日盛，田畴市肆，不让内地”[②]。当时郑氏集团的对日贸易非常发达，据1670年首次到达台湾的英国船长埃利斯·克里斯普说：“台湾有大小船舶200艘，今年有18艘开往日本，其中大半为郑经本人所有。他垄断了对日本的鹿皮和糖贸易，鹿皮在台湾每年可出产200000张，每100张在台湾价20比索，而在日本可卖到70比索；糖在台湾每年可生产50000担，每担2比索，在日本则为8比索。”[③]足见其在对日贸易中所占的份额之大以及利润之高。

（二）郑氏集团对海外贸易制度的变革

郑氏集团经营如此规模庞大的海外贸易，严密的组织和制度上的保障是不可或缺的。在长期的贸易实践中，他们积累了丰富的经验，对原有的贸易经营管理制度进行了有效的改造和创新，确立了五商制度、公司制度

① 南栖：《台湾郑氏五商之研究》，见《台湾郑成功研究论文选》，福州：福建人民出版社，1982 年，第 204 页。

② 江日昇：《台湾外记》卷六，福州：福建人民出版社，1983 年标点本，第 192 页。

③ 台湾银行经济研究室编印：《十七世纪台湾英国贸易史料》，台北：众文图书公司印行，1960 年，第 27 页。

和牌饷制度。

1.五商组织

五商组织是郑氏集团对日贸易的基本组织形式，它始创于顺治八年（1651），由于其隐蔽的组织形式和运行体制，在清初的一段时间内，清政府对此知之甚少。《唐通事会所目录》载述蔡政的供词道："至国姓爷决定从思明攻打南京时，任（泰）以户官之职及兼管仁、义、礼、智、信五行，并兼管杭州金、木、水、火、土五行。凡兵粮银米出入，俱系伊管；别行买卖价格、利银，俱伊察核。"① 通过这则史料记载，我们可以对五商组织的基本形式有所了解，它由海五商和陆五商组成，海五商设在厦门，以"五常"仁、义、礼、智、信命名。陆五商设在杭州，以"五行"金、木、水、火、土命名。户官郑泰总领海陆十商。可见，五商组织是一个自上而下的官商贸易组织。其具体运行情况为：陆五商从户官处领取相关款项收买货物，然后将货物运至海五商处，结账后再领取下次购货的货款。身居海港的海五商接到货后将其运至海外市场进行贩卖完成贸易。这是一种陆五商专职收买货物，海五商专职海外贸易的分工协作形式。

顺治十三年（1656），郑成功的部将黄梧降清后，在向清政府密陈的"剿灭郑逆五案"中提出"锄五商以绝接济"②，可知五商组织是郑氏海商集团经济链条中的重要一环。顺治十四年（1657）黄梧上奏清政府时，还提道："郑成功未即剿灭者，以有福、兴等郡为伊接济渊薮也，南取米于惠、潮，贼粮不可胜食矣；中取货于兴、泉、漳，贼饷不可胜用矣；北取材木于福、温，贼舟不可胜载矣；今虽禁止沿海接济，而不得其要领，

① 南栖：《台湾郑氏五商之研究》，见《台湾郑成功研究论文选》，福州：福建人民出版社，1982年，第196页。

② 台北"中央研究院"历史语言研究所编：《明清史料》己编，北京：中华书局，1987年校勘本，上册，第577页。

犹弗禁也。”①

在海禁措施不断强化的情况下，郑氏海商的贸易活动依然如故，一个重要原因是五商组织从中起着沟通内外商货往来贩贸的作用。而其作用的发挥则主要得力于这看似简单的组织形式的三大优势：首先，专职的分工极大地提高了效率。陆五商由于常年从事贸易品采购工作，因而对于贸易品的价格、品相以及来源等各项信息都非常熟悉。海五商则对海上航行、海外市场需求等贸易信息了如指掌。二者对各自领域的熟悉和相得益彰的配合，使得郑氏集团的整个贸易过程能够做到既了解货源地的相关信息，又对市场行情有很准确的把握，自然会在当时的商业竞争中左右逢源，立于不败之地。其次，陆五商和海五商设立的地点也有利于贸易运行成本的进一步降低。陆五商设于杭州，而以杭州为中心的江浙地区正是当时对日贸易品的主要供应地，在此收购可以最大限度地保证贸易品的质优价廉。海五商设于厦门，这里既是对日贸易的优良海港，又是郑氏集团控制比较稳固的地区，郑氏的船只可以从这里直接航向日本从事贸易。再次，这种分工协作的组织形式更有利于隐蔽自己，而这种相对隐蔽的组织形式既保护自己免受清政府的伤害，又保证了采购和贸易活动的正常进行。南栖对五商组织曾评价道：“郑氏五商，非但在经济战场上战绩辉煌，并且对于自身也掩蔽得非常成功。”②

2.公司制度

“公司”一词按照《现代汉语词典》中的解释为：“一种工商业组织、经营产品的生产、商品的流转或某些建设事业等。”③但我们这里所要谈及的是郑氏商船上的一种组织形式。《明清史料》中有1683年以蓝

① 《清世祖实录》卷一〇八，《清实录》第3册，北京：中华书局，1985年影印本，第850—851页。

② 南栖：《台湾郑氏五商之研究》，见《台湾郑成功研究论文选》，福州：福建人民出版社，1982年，第204页。

③ 《现代汉语词典》，北京：商务印书馆，1996年，第436页。

泽、黄成为船主的两艘赴日本暹罗贸易的船只的资料，由于这两艘船同属于郑氏海商，蓝泽之船属于“伪武平侯刘国轩”，黄成之船属于“伪延平王下伪吏官洪磊”，因此，笔者将其作为一条关于郑氏商船上实行的公司制度的典型资料，列举于下：

据管船官蓝泽供称：小的此船系伪武平侯刘国轩的船。于去年正月间，在台湾制造，拨配白糖二千零五十担、冰糖一百五十担，去年闰六月初一日就台湾开船。闰六月二十三日到日本港发卖白糖、冰糖，共版银一万三千五百二十两，除给目梢辛劳粮蔬银三千五百一十八两五钱外，尚存版银一万零一两□□□。此银就日本买红铜、金版、茶、京酒、柿果、栗子、酱瓜、豉、油蜇、鲇鱼、鲦鱼等项，随于去年十二月二十五日，在日本开驾。今年二月二十二日到暹罗，将前项货物发卖。除存红铜一百六十箱，其余共卖过纹银八千三百一十二两七钱七分五厘。除暹罗发给目梢辛劳粮蔬银一千五百二十九两二钱五分五厘，实存银六千七百八十三两五钱二分。

计册开公司货物铅二万六千四百八十斤、苏木一十二万斤、锡四万斤、上安息四百五十斤、下安息四□斤、胡椒一□三百斤、豆蔻五十斤、二枝担象□□一□□□□斤、三枝担象牙重三百九十六斤、七枝担象牙重一百七十二斤、官燕窝二笼重八十八斤、半燕窝一笼重三十九斤、半燕窝二笼重一百一十四斤、乌燕窝二笼重一百二十六斤、本色象布八十疋即粗西洋布、白象布七十六疋即粗西洋布，尚存银二两五钱九分，载回红铜一百六十箱重一万六千斤，目梢货物苏木二万五千斤、锡九千五百斤、（玉）米二千五百斤、虾米一千五百斤、降真香一千斤、檀香一千五百斤、哆啰哖四疋、内绿色二疋、木红色二疋、红铜十五箱重一千五百斤、彭亨藤一□二百□□□□百五十

斤、孔雀尾十七个、藤（下缺）[1]

从以上史料记载中我们可以清楚地看到郑氏海商集团的商船中的确使用了公司这种组织形式，那么这种公司的性质是怎样的呢？相关研究者们对此也是众说纷纭。[2]但从资料中我们看到，郑氏商船的货物至少有公司货物、目梢货物和附搭货物三种。其中公司货物为货主们的货物，目梢货物为船员自带的一些货物，附搭货物则是散客们向船主交纳费用后运上船只的一些货物。通过对这三种货物来源的推断，公司货物应为多数郑氏商船上装载的主要货物，目梢和附搭货物应为少数。陈宗仁对此曾评价道："公司组织是为了执行财东们付托的货物运送与买卖，因此，船主、财副最重要的工作即是找到好的水手驾驶船只，平安地到达目的港口，然后船主们能够与当地商人进行交易，获取利润，最后再购买货物，安返原港，完成财东的付托。目梢组织则是为了保证船只能一帆风顺，成功地航往船主指示的港口，他们的工作主要在驾驭船只，保证船只顺利航行，而他们的专业在于操作船只与了解航行线路。附搭组织属于附属的地位，即是上述两组织的货物装船后，如舱位有余，则招揽水客附搭，使船只出航的效益达于最大。"[3]由此可知公司制度这一商业组织形式不仅为郑氏集团所

---

① 中国科学院编：《明清史料》丁编，上海：商务印书馆，1951 年，第 298—299 页。

② 陈希育认为，过去人们以为船上公司是指全船的投资总和，但是经过考察，表明公司只是船长以及周围一小集团的投资体，附搭在船上的客商以及众水手都有自己的舱位和货物。参见陈希育：《中国帆船与海外贸易》，第 314 页，厦门大学出版社，1991 年。韩振华认为"船主和船员、水手们共同在一条船上组成一个公司——即劳动组合"。参见：韩振华：《十六世纪至十九世纪前期中国海外贸易航运业的性质和海外贸易商人的性质（上）》，第 77 页，《南洋问题研究》1996 年第 2 期。日本学者松浦章认为公司制度可能与郑氏五商有关，由于"在海船的航运中，产生一种对企业式组织的要求，并促成了这一色彩的企业集团式组织的形成。"参见松浦章：《清代公司小考》，《清史研究》1993 年第 2 期，第 95—98 页。

③ 陈宗仁：《"公司"源流初探——兼论明清时代商船的人员结构及其隶属关系》，陈捷先、成崇德、李纪祥主编：《清史论集》，北京：人民出版社，2006 年，上册，第 222 页。

运用，而且由于它执行的是财东货物的买卖，故应为当时一项较为重要，在经营份额中所占比重较大的一种组织形式。

3.牌饷制度

牌饷制度是郑芝龙控制郑氏海商集团时期创立的一种制度，具体做法为海商们向郑氏交纳一定数量的银两，然后由郑氏为其颁发牌照，作为其在东南沿海从事海外贸易的凭证。持证的海商在免受郑氏集团打击的同时，还能得到他们的保护。那么，牌饷制度在郑成功时期的对日贸易过程中是如何实行的呢？我们从郑成功写给其同母异父的弟弟田川七左卫门的两封信中可以窥见其端倪：

> 东洋牌饷银原定五百两，客商请给，须照额输纳，吾弟受其实惠，方可给与，切不可为商人所瞒短少饷额也。已即发给十牌一张寄交省官处，可就彼对领。出征戎物方殷，馀不多及。此札。名具正。五月初七日□时冲。
>
> 东洋牌船应纳饷银：大者贰千一百两，小者亦纳饷银伍百两；俱有定例，周年一换。其发牌之商，须察船之大、小，照例纳饷银于弟，切不可为卖，听其短少！不佞有令：着汛守兵丁、地方官盘验，遇有无牌及旧牌之船、货，船没官，船主、舵工拿解。兹汪云什一船系十年前所给旧牌，已经地方官盘验解散，接吾弟来字，特破例从宽免议，但以后不可将旧牌发船，恐遇汛守之兵，船只即时搬去，断难追还，其误事不小！切宜慎之！所请信牌即着换给，交汪云什领去；如短少吾弟饷银，后年再不发给也！此札。名具正幅。六月十二日巳时冲。①

---

①［日］浦廉一：《延平王户官郑泰日本存银诉讼之研究》，转引自张菼：《关于台湾郑氏的“牌饷”》，见《台湾郑成功研究论文选》，福州：福建人民出版社，1982年，第211页。

从上文的材料中我们可以清楚地看到对日贸易中牌饷制度的运行情况，当时几乎所有对日贸易商船都要领取郑氏颁发的牌照，否则将无法进行贸易活动。获取方法是按照船只大小缴纳银两，大船2100两，小船500两。这种牌照具有很强的时效性，要求每年更换一次新牌，换牌之后海商原来持有的旧牌随即失去效力。

那么郑氏所颁发的牌照究竟为何种样式，牌照之上又镌刻有哪些内容，其使用的效能和范围又如何呢？对此，史料中给出了具体的答案：

据按察司呈详：问得一名李楚状招："……冒领同安侯郑府令牌各一张，牌内俱有备写：本府商船一只，仰本官即便督驾，装载夏布、瓷器、鼎铫、蜜料等项前往暹罗通商贸易，就于该地兑换椒木、绵蜡、虾皮、藤皮、明角等货回澳，以佐进京需用……年、月系写本朝正朔，每一牌内，挂号与同安侯之下有篆文图记两颗，……"本道取其文引查验，则系顺治十一年十二月同安侯政府之令牌，每张用篆文图记二颗。①

根据上文资料的记载我们可以了解到牌照的内容主要包括此照的编号，商船在赶往贸易地点的过程中所负载的货物名称，到达目的地后所要交换的货物名称，以及两个篆文的防伪标识。至于此牌照所能发挥的效能及范围，我们需要对清初东南沿海的局势做一简要分析。当时东南沿海处于一种比较混乱的局面，除郑氏海商集团外，英国、荷兰等殖民者也在此从事贸易活动，而且，这里的海盗活动也较为猖獗。所以，孤立从事贸易的海商必然经常遭到各种海上对手的打击，贸易的成功率可想而知。为保证自身的安全及贸易活动的成功率，沿海私商势必要为自己找一个稳固的靠山，那么拥有强大实力的郑氏集团便顺理成章地成为首选。由于郑氏海商集团强大的经济和军事实力，在东南沿海一枝独秀的地位，由其颁发的牌照在东南沿海地区实质上起到了一种贸易通行证的作用。其效用不仅得

① 台北"中央研究院"历史语言研究所编：《明清史料》己编，北京：中华书局，1987年校勘本，上册，第407—409页。

到沿海地方官以及兵丁的认可，而且也得到了当时在此从事贸易的英国、荷兰等殖民者的认同。英国东印度公司的经理在一份给郑经的公函中说："则请特赐允诺，不但我方之船舶与贵国船舶在海上相遇时惠予保护，并指定信号及证明文件以证明国籍，庶几以后双方可以和平通商。"[①]台湾学者张菼对明末清初这种私人海商向郑氏交纳保护费，郑氏凭借自身经济军事力量对拥有牌照的海商给予保护的制度作了一番评价："明季，海上群盗如毛，除了东南沿海的本国海盗以外，葡、西、荷、英等国的海上恐怖者都以其庞大舰队东来建立或扩张其海上霸权。其活动的方式则是武力与资力双管齐下，使西太平洋成为海上恐怖者的角逐之场。因此，要在海上追求商业利润，非托庇于相当的武装力量不可。海上竞逐，唯力是尚，一定要控有相当的武力才足以震慑群盗，并和其他外国海上集团维持互不侵犯之势。武装力量的建立、维持及发展，都有赖于经济的支持，因而在其卵翼下的商船，为了共同切身的利益而缴纳保护费，自然是合理的，并且是甘心的。"[②]

三、开海后福建地区的对日贸易

康熙二十二年（1683），清政府收复台湾，次年颁布开海令，放宽了对私人出海贸易的政策桎梏。这本应是令全国所有贩海人欢呼雀跃的事情，却给福建地区的对日贸易带来了十分复杂的影响。从积极的方面看，政策的放宽为福建地区对日贸易的进一步发展提供了宝贵的机遇。但从另一方面看，政策的放宽意味着机会的均等，也就意味着福建地区失去了禁海时期得天独厚的优势，对日贸易中心逐渐让位于资源地理条件更为优越，发展更为迅猛的江浙地区。另外，台湾地区凭借深厚的海外贸易积淀

---

① 台湾银行经济研究室刊行：《十七世纪台湾英国贸易史料》，台北：众文图书公司印行，1960年，第24页。

② 张菼：《关于台湾郑氏的"牌饷"》，见《台湾郑成功研究论文选》，福州：福建人民出版社，1982年，第219页。

一扫阴霾，重获生机，对日贸易曲折发展。

（一）福建沿海的对日贸易

众所周知，福建地区在明末清初的对日贸易中优势明显。其原因是多方面的，但主要应归功于当时特殊的政治环境，即其余省份由于受到清政府海禁和迁海政策的束缚，对日贸易发展十分困难，规模很小。而福建地区在郑氏海商集团的佑护下，可以冲破清政府海禁政策的束缚，相对自由地出海贸易。所以禁海时期福建地区的对日贸易几乎独步天下，占据着相当明显的优势。而开海之后，福建地区在机会均等的开海诏书面前失去了以往的优势，其在对日贸易上的优势地位受到来自东南沿海其他省份，尤其是江浙地区的严峻挑战。这里仅以康熙年间颁布开海令后福建地区赴日商船数量变化为例，考察这一时期其对日贸易的变化情况：

表 4—8　开海前福建赴日贸易商船数统计表

年代	福建到长崎商船数（艘）	中国到长崎商船数（艘）	福建船占总数的百分比（%）
（顺治）元年（1644）	38	54	70
三年（1646）	37	54	69
四年（1647）	17	29	59
七年（1650）	50	70	71
十一年（1654）	40	52	77
十二年（1655）	35	45	78
十三年（1656）	34	57	60
十四年（1657）	29	51	57
十五年（1658）	25	43	58
十六年（1659）	36	60	60
十八年（1661）	23	39	59

注：此列表中的船数包括因各种原因被日方遣回的船只数。

资料来源：［日］岩生成一：《关于近世日支贸易数量の考察》，见《史学杂志》第 62 编第 11 号，第 12 页。

表 4—9 开海后福建赴日贸易商船数统计表

年代	福建到长崎商船数（艘）	中国到长崎商船数（艘）	福建船占总数的百分比（%）
（康熙）二十三年（1684）	1	24	4.2
二十五年（1686）	34	102	33.3
二十六年（1687）	49	136	36
二十八年（1689）	23	79	29.1
三十年（1691）	22	90	24.4
三十一年（1692）	24	73	32.9
三十二年（1693）	25	81	30.9
三十三年（1694）	20	73	27.4
三十四年（1695）	17	61	27.9
三十五年（1696）	13	81	16
三十六年（1697）	28	103	27.2
三十七年（1698）	8	71	11.3
三十八年（1699）	9	73	12.3
三十九年（1700）	4	53	7.5

注：此列表中的船数包括因各种原因被日方遣回的船只数。

资料来源：［日］林春胜、林信笃编：《华夷变态》，东京：东洋文库，1958 年，第 413—2165 页。

图 4—1 开海前后福建商船赴日数量变化折线图

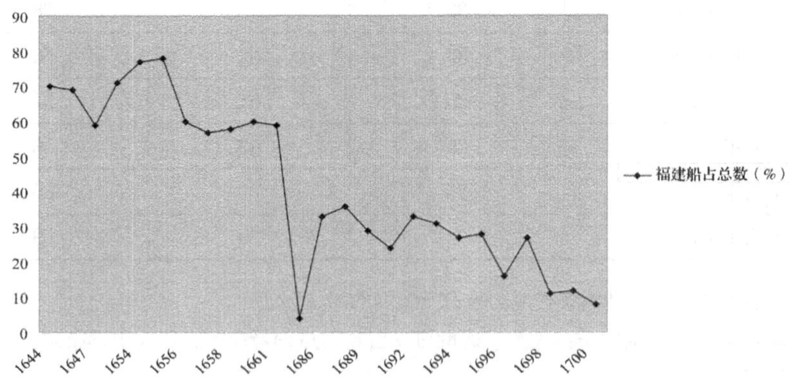

资料来源：开海前福建赴日贸易商船数统计表，开海后福建赴日贸易商船数统计表

从以上图表中可以看出，开海令颁布后的福建赴日贸易商船数处于一种稳中有降的整体状态，从此前每年稳定在二十余艘逐渐下降为每年数艘。从福建港口出海赴日商船数目的减少说明了福建沿海地区作为清代对日贸易的一个区域，其在对日贸易全局中的地位正在逐步下降。

开海后，在政策日趋稳定的前提下，福建地区对日贸易的优势地位虽不复存在，但这并不能说明福建地区的对日贸易走向衰落或者是福建商人已经渐渐在对日贸易的竞争中处于劣势。之所以这样讲，是因为福建海商在本省对日贸易业已失去资源和地理优势的情况下另辟蹊径，采取收购货物后由江浙出海赴日的新方式。而这种转口贸易的发展则成为开海后福建沿海对日贸易发展的新动向。日本学者松浦章曾举例对此进行说明："一艘宁波洋船的船主李进，即泉州同安县人；又如一艘宁波船主王应如为福州人；福州人王君贻在康熙末年八次到日本，然而，他的船只或是从江苏出发，被称之为南京船，或是从宁波出发，被称之为宁波船。再如福建商人郭裕观于康熙末年赴日本贸易，他的船从广东出发，被称为广东船。类似的情况还有很多，这说明迄至康熙末年，福建商人广泛地散布于江南与广东的港口，他们仍在进行中日贸易，而并没有退出这一舞台。"①可以说，江浙地区对日贸易兴盛发展的过程中活跃着一大批福建商人，而且其人数几乎可以与江浙本地商人相抗衡。这就使得福建地区对日贸易出现了一个比较奇特的现象，一方面，从福建地区海港出海的赴日贸易商船数量锐减，福建对日贸易似乎走向凋敝；另一方面则是福建商人仍在对日贸易中表现得异常活跃，居于相当重要的地位。开海之后，福建沿海地区逐渐形成的这一对日贸易特征直至鸦片战争爆发前均未改变。

（二）开海后台湾地区对日贸易的曲折发展

台湾地处东海，与福建省隔海相望，康熙二十二年（1683）清军消灭

① ［日］松浦章：《清代福建的海外贸易》，《中国社会经济史研究》1986 年第 1 期，第 97—104 页。

困守海岛的郑氏势力，收复台湾。次年，清政府在台湾设立台湾府隶属于福建省，下辖台湾、凤山、侏罗三县，正式将台湾收归到中央政府的管辖之下。由于清代台湾是作为福建省的一部分存在的，故在此将设府后台湾地区的对日贸易发展情况加以论述。

1.开海后台湾地区对日贸易概况

台湾地区对日贸易发展由来已久，明中期以来便和日本保持了比较密切的贸易关系。天启四年（1624）后，台湾虽一度被荷兰殖民者抢占，但双方的贸易关系并未中断。顺治十八年（1661）郑成功从荷兰殖民者手中收复台湾后至开海前，台湾一直处于郑氏势力的控制之下。由于日本为郑氏主要贸易对象，对日贸易为郑氏海商的主要经济来源之一，故台湾地区的对日贸易在此期间也获得发展。尤其是郑经经营台湾时期，郑氏已经失去了在中国大陆的势力范围，只能将全部精力放在台湾岛的经营之上。因此郑经推行了一系列促进对日贸易发展的举措：首先，他大力发展台湾的蔗糖生产，为对日贸易准备了充足的货物来源。其次，建立起了蔗糖和鹿皮的专卖制度，在以官方力量推进对日贸易的同时，最大限度地保证了郑氏集团的经济利益。总之，在郑氏诸多政策的推动下，开海前台湾地区的对日贸易获得了长足的发展。（具体情况见表4—10）但随着康熙二十二年（1683）清军击溃郑氏势力收复台湾，台湾的对日贸易走上了一条新的曲折发展之路。

表 4—10　开海前台湾赴日贸易商船数统计表

年代	台湾船数（艘）	赴日中国商船总数（艘）	台船占总数（%）
（康熙）三年（1664）	5	39	12.8
四年（1665）	8	36	22.2
五年（1666）	14	33	42.4
六年（1667）	11	30	36.7
七年（1668）	12	43	27.9
八年（1669）	10	38	26.3
九年（1670）	11	40	27.5
十年（1671）	20	38	52.6

续表

年代	台湾船数（艘）	赴日中国商船总数（艘）	台船占总数（%）
十一年（1672）	16	46	34.8
十三年（1674）	6	22	27.3
十四年（1675）	11	29	37.9
十五年（1676）	8	25	32
十六年（1677）	13	29	44.8
十七年（1678）	8	26	30.8
十八年（1679）	8	33	24.2
十九年（1680）	7	30	23.3
二十年（1681）	5	9	55.6
二十一年（1682）	9	26	34.6
二十二年（1683）	13	27	48.1

注：此列表中的船数包括因各种原因被日方遣回的船只数。

资料来源：［日］林春胜、林信笃编：《华夷变态》，东京：东洋文库，1958年，上册，第60—408页。［日］岩生成一：《关于近世日支贸易数量の考察》，见《史学杂志》第62编第11号，第12—13页。

清军在占据台湾之初便有继续发展台湾对日贸易的想法，其中原因如同朱德兰在《清康熙雍正年间台湾船航日贸易之研究》中引用日本史料《华夷变态》中提到的那样，是清政府为解决台湾军饷问题，沿袭明郑治台政策，借对日输出台湾土产砂糖、鹿皮之利，遂行以台养台，减少中央财政负担的目的。[①]但在此应该指出的是，台湾归属清政府的最初时期，清政府虽有此打算，但最初几年的台湾对日贸易却几乎处于半停滞状态。据台湾学者郑瑞明统计，自康熙二十三年至康熙二十五年三年间没有任何台湾地区的商船赴日贸易。[②]其中缘由应为受当时台湾政治形势和时局的影响。施琅率领清军收复台湾后，在对台湾设府置县以稳定政局的同时，

① 朱德兰：《清康熙雍正年间台湾船航日贸易之研究》，“中华民国”台湾史迹研究中心研究组：《台湾史研究暨史料发掘研究论文集》，1986年，第421页。

② 郑瑞明：《清领初期（1684—1722）的台日贸易关系》，见陈捷先、成崇德、李纪祥主编：《清史论集》，北京：人民出版社，2006年，下册，第877页。

以迅雷不及掩耳之势在台湾以及南洋地区展开了对郑氏残余势力的清剿工作。"康熙壬戌（1683），圣祖仁皇帝征澎、台，遣靖海侯施公琅提督诸军，旁求习于海道者。先公（陈昂）晋见。……又奉施将军令，出入东、西洋，招访郑氏有无遁匿遗人，凡五载"[①]。从以上记载我们可以推断出，清军在入台之初的确对郑氏的残余力量进行了大规模的寻找和清剿，并且这一过程持续数年。对当时台湾对日经济贸易的影响不言自明，那么当时台湾对日贸易的萧条景象也就不问可知了。

虽说台湾的对日贸易在归附清政府的最初岁月里几乎处于停滞状态，但其毕竟拥有着比较悠久的对日贸易史和雄厚的贸易根基。故在搜捕郑氏余党的活动转入低潮后，摆脱政治军事活动束缚的对日贸易迅速恢复了生机，并逐渐进入繁荣发展的高潮。而这种恢复发展集中体现为赴日台湾商船数量的增多，具体情况见下表：

表4—11　1684—1722年台湾赴日贸易商船数变化表

年代	台湾船数（艘）	赴日中国商船总数（艘）	台船占总数（%）
（康熙）二十三年（1684）		24	
二十四年（1685）		85	
二十五年（1686）		102	
二十六年（1687）	2	136	1.5
二十七年（1688）	4	192	2.1
二十八年（1689）	1	79	1.3
二十九年（1690）	2	90	2.2
三十年（1691）	2	90	2.2
三十一年（1692）	1	73	1.4
三十二年（1693）	3	81	3.7
三十三年（1694）	1	73	1.4
三十四年（1695）	1	61	1.6
三十五年（1696）	3	81	3.7
三十六年（1697）	3	103	2.9
三十七年（1698）	2	71	2.9
三十八年（1699）	3	73	4.1

① 陈伦炯：《海国闻见录》，台湾文献丛刊第26种，台湾银行经济研究室，1958年，第1页。

续表

年代	台湾船数（艘）	赴日中国商船总数（艘）	台船占总数（%）
三十九年（1700）	5	53	9.4
四十年（1701）	3	66	4.5
四十一年（1702）	4	90	4.4
四十二年（1703）	12	80	15
四十三年（1704）	15	84	17.9
四十四年（1705）	3	88	3.4
四十五年（1706）	17	93	18.3
四十六年（1707）	5	84	6
四十七年（1708）	11	104	10.6
四十八年（1709）	3	57	5.3
四十九年（1710）	5	54	9.3
五十年（1711）	8	57	14
五十一年（1712）	2	62	3.2
五十二年（1713）	3	49	6.1
五十三年（1714）	9	51	17.6
五十四年（1715）	7	20	35
五十五年（1716）	2	26	7.7
五十六年（1717）	2	50	4
五十七年（1718）	2	41	4.9
五十八年（1719）	1	40	2.5
五十九年（1720）	2	37	5.4
六十年（1721）	2	33	6.1
六十一年（1722）	3	33	9.1

注：此列表中的赴日中国商船总数包含因超过贸易限额而被日方遣回的船只在内。

资料来源：［日］林春胜、林信笃编：《华夷变态》，东京：东洋文库，1958 年，第 413—2993 页。［日］大庭修：《唐船进港回棹录》，京都：同朋社，1974 年，第 67—69 页。东京大学史料编纂所编纂：《唐通事会所日录》（六），东京：东京大学出版会，1984 年，第 26、74 页。东京大学史料编纂所编纂：《唐通事会所日录》（七），东京：东京大学出版会，1984 年，第 34、65 页。此表制作中参考了郑瑞明：《清领初期（1684—1722）的台日贸易关系》，陈捷先、成崇德、李纪祥主编：《清史论集》，北京：人民出版社，2006 年，下册，第 877—878 页，表 1。

图 4—2　1684—1722 年台湾船占赴日中国商船总数比例变化折线图

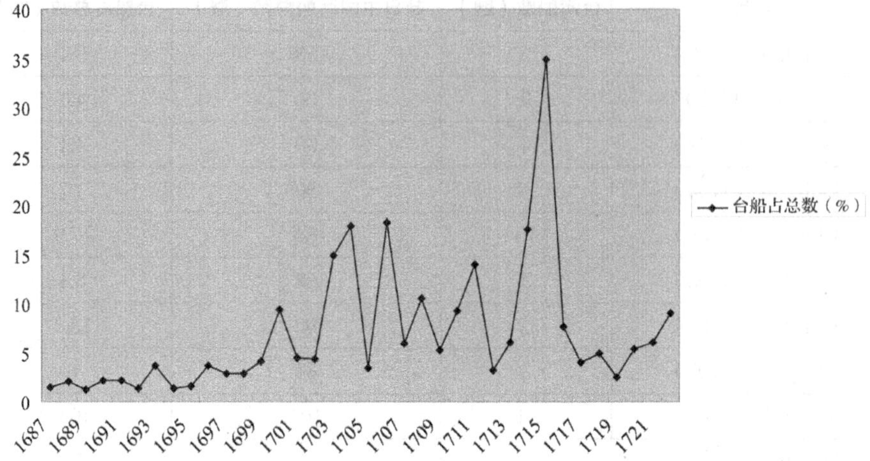

资料来源：1684—1722 年台湾赴日贸易商船数变化表

从以上图表统计中我们可以看到，台湾地区的对日贸易恢复很快，这其中是有着多种原因的：再次，台湾地区在开海前与日方保持了多年的贸易关系，双方有着千丝万缕的经济联系，这就为双方贸易的恢复提供了必要的前提。其次，台湾地区拥有全国名列前茅的蔗糖和鹿皮产量，而且砂糖、鹿皮等贸易品在日本市场上相当紧俏，这些物品为台日贸易的恢复提供了雄厚的物质基础。再次，郑氏创立的鹿皮和砂糖的专卖制度保证了两项最大宗对日贸易品的稳定交易。而以上诸多因素都无疑为其对日贸易的恢复发展准备了条件。

台湾地区对日贸易的繁荣维持的时间并不长，至康熙末年已开始转入比较稳定的发展阶段。台湾的郑瑞明认为这是受到日本幕府于1715年颁布的正德新令的影响。笔者同意他的观点，正是以正德新令为中心的一系列限制中日贸易法令的出台使得台湾地区的对日贸易骤然降温，趋向平淡。而且这种相对平稳的发展状态一直得以保持，直到明治时期日本开国为止。

2.开海后台日贸易的航道及贸易品

台湾地区的对日贸易航道主要分为直航航道和间接航道两种。直航航道基本是沿用明后期以来的航道，即《指南正法》所载："台湾往长岐（崎）开驾，用单壬七更，单子五更，子癸并丑五更，取归笼头（今基隆）。用艮寅二十更，单艮十更，及艮寅十五更取天堂（天草）虎口里，号人系捞岛，面舩打水四十五托。口地，若近西四屿门相吞，打水十托，沙地屿尾打水十八托，底有老底石。"①这条航道是当时台湾商人赴日贸易的主要航道，如康熙二十七年（1688）的第159号台湾船船主在进入长崎港后对自己的对日航行有这样一番描述，"本船由台湾开船，乘载唐人33人，于6月25日出航。……此次航行，海上无任何事，也不曾遇到任何船只，未在日本任何地方停留，直接于今日入港"②。很显然，这艘台湾船是沿着台湾至长崎的直航航路前往长崎的。

相对于直航路线的简单明了来说，台湾至长崎的间接贸易路线比较复杂，但基本上都是从台湾出发转口至中国大陆沿海各港口后航往长崎。郑瑞明根据《唐船风说书》记载对开海后台湾商人通过转口贸易航线赴日贸易的情况作了详细统计，具体情况见下表：

表4—12　转口大陆沿岸海港的台湾赴日贸易商船情况表

年代	船名	船头	转口港	原因
康熙二十六年（1687）	30号台湾船	吴德官	普陀山	处理事务
	48号台湾船	郑宣	普陀山之尽山	候风
康熙二十七年（1688）	187号台湾船	许安官	上海	漂流
康熙三十六年（1697）	37号台湾船	何文茂	普陀山之尽山	修船
康熙三十七年（1698）	52号台湾船	柯妹官	普陀山	候风
康熙三十八年（1699）	51号台湾船	吴赞官	普陀山	添购织品
康熙三十九年（1700）	24号台湾船	卓升官	普陀山	招揽客货
	53号台湾船	许朔官	普陀山	候风

① 向达校注：《两种海道针经》，北京：中华书局，1961年标点本，第136页。

②［日］林春胜、林信笃编：《华夷变态》卷十五《辰年159番台湾船之唐人共申口》，东京：东洋文库，1958年，中册，第999页。

续表

年代	船名	船头	转口港	原因
康熙四十二年（1703）	47 号台湾船	徐舜佐	普陀山	不明
	50 号台湾船	林瑞官	普陀山	处理事务
	51 号台湾船	谢八官	普陀山	处理事务
	64 号台湾船	吴赞官	普陀山	添加客货
	75 号台湾船	周栋官	普陀山	添加客货
康熙四十三年（1704）	39 号台湾船	林大辅	舟山、普陀山	改船、招揽客货、祭拜
	40 号台湾船	林二官	普陀山	招揽客商
	45 号台湾船	郑衡儒	上海、普陀山	上海：添货；普陀山：候风
	46 号台湾船	李叔若	福州、宁波	福州：修船；宁波：添货
	47 号台湾船	费采若	上海	购货
	48 号台湾船	吴七官	宁波	处理事务
	49 号台湾船	王天宿	上海	修船
	54 号台湾船	潘莀臣	上海	修船
	59 号台湾船	陶天晔	普陀山	添货
康熙四十四年（1705）	39 号台湾船	定体存	上海	不明
康熙四十五年（1706）	39 号台湾船	何子木	福州、上海	福州：修船，招揽客商；上海：招揽客商
	44 号台湾船	郑孔节	上海	添购丝织品
	47 号台湾船	林大辅	普陀山	添购丝织品
	48 号台湾船	郑衡儒	普陀山	处理事务
	49 号台湾船	谢远官	舟山	添购丝织品
康熙四十六年（1707）	39 号台湾船	林寔官	普陀山	处理事务
	70 号台湾船	姚祉庵	上海	招揽客商
	五岛台湾沉船	吴尔厚	普陀山	招揽客商
康熙四十七年（1708）	60 号台湾船	林六官	普陀山	候风
	65 号台湾船	江伯官	普陀山	候风
康熙四十九年（1710）	38 号台湾船	齐箕公	宁波	添购丝织品
	39 号台湾船	郑大点	普陀山	不明
	40 号台湾船	王国柱	普陀山	不明
	41 号台湾船	林大辅	普陀山	不明

续表

年代	船名	船头	转口港	原因
康熙五十六年（1717）	37 号台湾船	叶晃章	尽山	候风
康熙五十七年（1718）	22 号台湾船	黄福观	厦门	处理事务
	34 号台湾船	叶晃章	上海	处理事务
康熙五十八年（1719）	32 号台湾船	黄仲南	普陀山	候风
康熙五十九年（1720）	吴因生台湾船	吴因生	普陀山	候风
	36 号台湾船	邱銮观	上海	处理事务
康熙六十年（1721）	23 号台湾船	康子斐	厦门	候风
康熙六十一年（1722）	10 号台湾船	邱銮观	上海	处理事务
	25 号台湾船	周元翰	宁波、普陀山	不明

资料来源：郑瑞明：《清领初期（1684—1722）的台日贸易关系》，陈捷先、成崇德、李纪祥主编：《清史论集》，北京：人民出版社，2006 年，下册，第 885 页。

从列表资料中我们可以清晰地看到，在所有台湾商人途经的港口中，浙江的普陀山港是通过率最高的，而从此处转航的一个重要原因是添购货物。这从一个侧面反映出开海后江浙地区对日贸易迅猛发展，已经成为中日贸易的中心区域。

台湾地区对日贸易的贸易品种类繁多，糖类、鹿皮、丝织品、中药等等都是台湾出口日本的重要物品。其中，砂糖和鹿皮无疑占据了最主要的地位。下文以康熙五十年（1711）为例，对台湾地区的主要输日物品进行统计：

表 4—13　康熙五十年（1711）台湾输日物品一览表

物品 \ 船号	2 号	21 号	27 号	31 号	39 号	40 号	41 号	43 号	总计
糖类（斤）	171750	30400	193600	203650	128100	166400	197400	144800	1236100
丝类（斤）					650	380	500	110	1640
纱绫类（匹）	654	6	318		4132	1389	988		7487
缩绵类（匹）					354	1665	597	258	2874
纶子类（匹）	21				724	829	65		1639
纱类（匹）		1					13		14
布类（匹）		472				1			473
其他织品（匹）	4	1			15		22	65	107

续表

物品 \ 船号	2号	21号	27号	31号	39号	40号	41号	43号	总计
鹿皮类（枚）	208	10344		1242	125		492	1981	14392
药材类（斤）			21	420		4050	188.5	5210.5	9890

资料来源：郑瑞明：《清领初期（1684—1722）的台日贸易关系》，陈捷先、成崇德、李纪祥主编：《清史论集》，北京：人民出版社，2006年，下册，第889—890页。

正如列表中所显示的那样，作为台湾土产的糖类和鹿皮在台湾的对日贸易中居于明显的优势地位，每年赴日的台湾商船上几乎都装载着大量的糖类和鹿皮。这既保证了对日输出品的稳定，又使台湾商船在与其他地区的对日贸易竞争中占有独特的优势。

综观清代福建地区的对日贸易，可以看出它具有鲜明的时段性特征，可以以开海令颁布为界将其分为前后两个阶段。开海之前福建地区的对日贸易几乎完全处于郑氏海商集团的操纵之下，所以这一时期福建对日贸易的变动反映着郑氏海商集团的贸易行为，福建的对日贸易发展态势实质体现着郑氏海商的贸易实力。在清朝海禁、迁海政策不断强化的时代背景下，郑氏集团不仅利用其雄厚的军事力量为对日贸易提供保护，而且推行了一系列行之有效的贸易制度，保障了对日贸易的顺利开展。但最为重要也是郑氏海商集团推行上述政策的基本动力则是其对市场贸易的重视和海权观念的萌发。正如陈东有所说："这是一种采取重商政策和促进海洋经济发展为动机与手段的政权模式，因此，在他们承继延续传统的同时，又对传统有了突破，从而生发出与传统不同，也与内陆国家王权轻视海洋经济、限制海上贸易、管制海洋社会的'成宪'国策不同的新机制。郑氏集团的这种新机制和它的政权模式一样，即不完善，是一种传统与近代的混合体，但毕竟有了突破。"[①]在17世纪海洋经济勃发，海洋文化向内陆文化冲击之时，郑氏集团参与到了这次海洋经济的博弈之中，将中国海洋社

① 陈东有：《试论郑氏集团在中国海洋社会经济发展史上的地位》，《江西师范大学学报》1997年第4期，第53页。

会经济向前推进了一大步。康熙二十二年，清政府荡平了郑氏力量，颁布了开海诏令。福建地区原有的保护伞及政策优势荡然无存，不得不面对其他沿海省份尤其是拥有地理、资源等各方面优势的江浙地区的严峻挑战。在挑战面前，拥有多年贩海经商经验的福建海商独辟蹊径，采用经营转口贸易的方式，更好地将自身多年从事对日贸易的经验与江浙地区的地理资源优势结合起来，而这种经营方式使得福建海商在失去以往优势的情况下仍能始终在对日贸易中占据重要地位。

第三节　江浙地区对日贸易的繁盛

江浙地区自明中后期以来便是我国对日贸易的一个重要区域，但在清初，由于受到清政府海禁政策的影响，这里的对日贸易发展极其缓慢，远远落后于福建地区。随着开海令的颁布，江浙地区获得了与其他地区平等竞争的机会，其固有的对日贸易的地理位置和资源优势逐渐显现，浙江的乍浦港上升为清代对日贸易的第一大港口，江浙地区也逐渐取代福建成为对日贸易的中心区域。

一、江浙地区对日贸易航线、船只及贸易品

江浙地区是我国距离日本长崎最近的区域，从江浙地区港口出发的船只多直航日本长崎，主要港口直航长崎的距离及所需时日的具体情况如下表：

表 4—14　江浙地区主要港口直航长崎里程表

出发地	里程（里）	所需时间（日）
普陀山	250	5—14
南京（上海）	340	6—20
宁波	550	8—14

资料来源：［日］大庭修：《江户时代日中秘话》，徐世虹译，北京：中华书局，1997 年，第 25 页。［日］大庭修：《江户时代中国典籍流播日本之研究》，戚印平、王勇、王宝平译，杭州：杭州大学出版社，1998 年，第 512 页。

将上文列表中的数据与前文列出的从广东、福建地区港口出发至长崎的里程及所需时日相比较，我们可以清晰地看到江浙各港口直航长崎的距离要比广东、福建地区的港口短得多，所费时日自然也要少得多。这种先天的地理条件为江浙地区对日贸易的发展提供了得天独厚的优势。

在江浙地区的三个主要对日贸易港口中，普陀山因距长崎里程最短而极受各地商人的青睐。我们前文提到的广东、福建地区的海商在开海后不约而同地开辟了一条新航线，即先航行至普陀山，再由此直航长崎，商人们在此或歇息，或添购货物，或招揽客商，呈现出一派繁荣景象。

正是由于从江浙港口出发赴日的距离较短，且江浙沿海地区多为浅滩，所以江浙地区的赴日贸易商人使用的海船与福建、广东地区有所不同，他们使用的多为平底的沙船，日人称其为口船。这种船底平而长，操控灵活、不怕搁浅，极其适合在浅水中航行。日本学者大庭修对其船体的基本设计做了比较详细的统计，具体情况如下表所示：

表 4—15　江浙赴日贸易商船尺寸图表

	船体									船体下部																	
	全长			船首高			船尾高			前胴宽			前胴深			中胴宽			中胴深			后胴宽			后胴深		
	间	尺	寸	间	尺	寸	间	尺	寸	间	尺	寸	间	尺	寸	间	尺	寸	间	尺	寸	间	尺	寸	间	尺	寸
南京船	18	4	5	1	3	0	3	4	5	1	5	1	1	0	4	2	3	0	1	0	4	2	6	0	1	2	6
宁波船	16	1	3	3	5	7	3	5	7	2	3	3	1	1	8	3	2	2	1	2	0	2	5	3	1	2	1
福州造南京船	16	0	7	2	5	5	2	5	5	2	1	4	1	3	2	3	1	3	1	3	5	2	3	3	2	1	2

	舳						舻						本帆柱									弥帆柱								
	镜板			镜板宽			宽			竖			总长			底部周长			顶部周长			总长			底部周长			顶部周长		
	间	尺	寸	间	尺	寸	间	尺	寸	间	尺	寸	间	尺	寸	间	尺	寸	间	尺	寸	间	尺	寸	间	尺	寸	间	尺	寸
南京船	1	5	8	1	2	0	2	2	5	5	0	6	12	2	4	0	5	8	0	2	6	9	4	2	0	4	5	0	1	8
宁波船	2	3	0	1	2	2	2	2	5	3	4	8	13	3	5	0	8	6	0	3	5	9	3	8	0	4	2	0	1	8
福州造南京船	1	6	3	1	0	5	2	2	8	1	6	3	15	0		0	8	5	0	3	7	8	4	0	0	4	0	0	1	7

	舻旗柱			本帆						弥帆						船脊			高帆（棉布）					
	长			长			桁			长			桁			长			长			宽		
	间	尺	寸	间	尺	寸	间	尺	寸	间	尺	寸	间	尺	寸	间	尺	寸	间	尺	寸	间	尺	寸
南京船	5	6	0	9	0	5	6	4	3	5	3	9	3	3	0	13	3	9	底	之	长			
宁波船	5	1	5	8	1	0	7	1	5	4	3	8	3	4	0	12	4	3	3	5	3	2	1	9
福州造南京船	4	1	3	7	6	2	6	6	4	4	6	0	3	0	5	12	1	3						

资料来源：［日］大庭修：《江户时代中国典籍流播日本之研究》，戚印平、王勇、王宝平译，杭州：杭州大学出版社，1998 年，第 477—479 页。

口船虽具有机动灵活，不易搁浅的优点，但也有不足之处。它最大的缺点是吃水浅，抗风浪的能力较弱。为弥补这方面的缺陷，船工们对其设计进行了改进，在位于船中央主桅杆的左右舷处装有可拆卸的“胁板”，不使船随下风漂流，极大地增强其抗击风浪的能力。这种经过调整后的平底海船以其机动灵活的优势，成为江浙海商在赴日贸易中使用频率最高的船只类型。至于船只上搭载的船员及其各自的职责情况，日本史料《长崎土产》中有详细记载，因其内容与前文中列举福建赴日贸易船只中船员的设置和职责大体相同，故在此不赘述。但有一点应该特别指出的是前文所引《增补华夷通商考》中所记载船员称谓及其职责多用福建方言，成书较晚的《长崎土产》中的记载则多用江浙方言，这也从一个侧面说明此时江浙地区已取代福建成为中日贸易的中心区域。

江浙地区对日贸易优势地位的确立必然有其物质基础，而种类繁多且数量庞大的贸易品则义不容辞地担当起了这一角色。江浙地区的对日贸易品种类相当多，日本学者西川如见在《华夷通商考》中对此作了详细统计，现列举如下：

南京省：书籍、白丝、绫子、纱绫、绉绸、罗、纱、纪、闪缎、南京缎子、锦、南京绡、金缎、五丝、柳条、袜褐、捻线绸、金线棉布、绢䌷、棉布、斜纹棉布、丝绵、皮棉布、丝线、纸、信纸、墨、笔、扇子、箔、砚石、线香、针、栉篦、香袋、人造花、茶、茶瓶、瓷器、铸器、锡器、镶嵌金银的刀护手、漆器（堆朱、清贝描金、朱漆、屈轮、沈金）、光明朱、绿青、明矾、绿矾、红豆、芡实、槟榔子、檀香、芍药、黄精、何首乌、白术、石斛、甘草、海螵蛸、紫金锭、蜡药、花石、纸质偶人、角质工艺品、革制文卷匣（俗称拜匣）、刺绣、书画、古董、化妆品及化妆用具、药种。

浙江省：白丝、绉绸、绫子、纱绫、南京缎子、锦、金丝布、葛布、毛毡、绵、罗、南京绡、茶、纸、竹纸、扇子、笔、墨、砚石、瓷器、茶碗、药、漆、胭脂、方竹、冬笋、南枣、黄精、芡实、竹鸡（鹑类）、红花木樨（即丹桂，药用）、附子、药种、化妆用品。[①]

① ［日］木宫泰彦：《日中文化交流史》，胡锡年译，北京：商务印书馆，1980年，第673—674页。

通过上述统计我们可以看到，江浙地区对日贸易品不仅包括丝织品、棉纺织品、瓷器、漆器、纸张、书籍等手工业品，还有茶叶、中药、水果、花卉等经济作物，可谓应有尽有。而江浙地区门类齐全、工艺高超的手工业生产，高度发达的经济作物种植则为高速发展的对日贸易提供了充足的货源。

二、乍浦港的兴起

开海令颁布后，江浙地区的对日贸易突飞猛进，获得了长足的发展。这种发展突出表现在许多对日贸易港口的兴起。台湾学者朱德兰对当时江浙地区重要的对日贸易港口做了统计，其中地处江苏的有：通州、北沙、北新港、剑山、崇明、吴淞、尽山、马迹山、茶山、洋山；地处浙江的有：乍浦、海盐、招宝山、金塘、络伽山、鄞县、奉化、象山、东渡门、金沙、后海、祠堂澳、台州、温州等。[①]江浙地区对日贸易繁荣发展的实体形式也正是通过这些兴盛繁忙的港口承载和表现出来的，而当时逐渐成为对日贸易第一大港的乍浦港更是其中的杰出代表。

乍浦是浙江省嘉兴府平湖县下辖的一个市镇，位于杭州湾北岸江浙两省的交界处。它是杭嘉湖平原的出海口，与其东北方的长江出海口，东南方的甬江出海口呈鼎足之势，地理位置非常重要，明清两代一直作为江浙地区的海防重镇。据清代方志记载："乍浦为浙江之藩篱，而亦江苏、吴松之保障"。[②]开海之前，由于受到政策的影响和制约，这里优越的地理位置和重要的军事价值并没有带来贸易的繁荣，而在开海之后，这个昔日的防务重镇改头换面，一跃成为全国对日贸易的核心区域。

乍浦地区对日贸易的繁荣体现在各个方面：首先，这里商家众多、会

① 朱德兰：《清开海令后的中日长崎贸易商与国内沿岸贸易》，见张炎宪主编：《中国海洋发展史论文集》第 3 辑，台北：中山社会科学研究所，1991 年，第 408 页。

② 张大昌辑：《杭州八旗驻防营志略》卷八，《续修四库全书》第 859 册，上海：上海古籍出版社，2003 年影印本，第 219 页。

馆林立。据《乍浦广仁堂记》记载，当时的乍浦“绾海而栖者数千家”，“商贾云集，人烟辐辏，遂为海滨重镇”。乍浦地区的会馆不仅数量众多，而且多具备了同乡和同行的双重特征，具有很强的专门性。如主要从事染料生意的商人汇集而成的靛青会馆；木材经销商组成的木会馆；经营蔗糖生意的靖漳会馆和潮州会馆以及由布商人组成的三山会馆等等。应该看到，这些专门性的会馆既使商人们感受到了他乡遇故人的温情，又为他们彼此沟通商业信息，互相依靠和扶持提供了一条便捷的渠道。其次，对日贸易的繁荣发展带动了一种新兴行业——对日贸易牙行的出现。牙行又称“公行”或“洋行”，是明代对外贸易发展的直接产物。清代乍浦地区出现的这种专营对日贸易的牙行，由于其业务范围局限于对日一国，故又被日商和漂流民称为“日本商问屋”。根据徐明德分析其应具有三个比较显著的特征：第一，它们必须具备与日本进行丝、铜贸易的条件；第二，必须资金雄厚，并在其会馆、公所、牙行中设有客栈，以招待日本商人和日本漂流民；第三，具有进行较大规模的批发生意的条件，其雇员必须通晓日语或其他外语。[①]其开办方法为，牙行的行主向政府申请执照并按期向政府缴纳牙税即可营业；其主要经营范围为对日贸易品的批发；其具体职能包括为买卖双方检查商品、评估价格、代征货税、为出口商代购出口货物及包销商人的进口商品等。从这些具体职能上看，“日本商问屋”与清代广州地区的十三行颇为相似。当时乍浦的陈永茂、谢永知、费顺兴等商号都是典型的“日本商问屋”。“日本商问屋”某种程度上成为华商与日商之间沟通的中介，它的出现使中日贸易向着规模化的方向又迈进了一步。最后，海关税收的大幅增多也从一个侧面反映出乍浦地区对日贸易的迅猛发展。据有关资料统计，浙海关初设时，定每年税额白银32000两，而乍浦独占13000两，约占浙海关收入总和的五分之二；至康熙六十年

① 徐明德：《论清代中国的东方明珠——浙江乍浦港》，见《清史论丛》，沈阳：辽宁古籍出版社，1996年，第44页。

（1721），乍浦港每年的关税收入达到23000两，乾隆初年又猛增至39000余两。[①]

前文对乍浦地区对日贸易发展的盛况做了比较详细的描述，那么，这种发展盛况出现的原因又是什么呢？乍浦这一原本只是因为地势险要而作为军事重镇的滨海区域又何以迅速成为对日贸易的主要吞吐港口呢？徐明德对此做了较为全面细致的分析，他认为，第一，杭州港因海口淤沙湮塞，海船进出困难，于是只好借助外港乍浦，乍浦港也借机上位，很好地发挥了其杭州港替代者的角色。第二，乍浦港具有当时国内外五条水上航线汇集点的优势，因此成为苏杭和皖南地区的物资集散地。第三，清代乍浦港兴起了许多航海世家，并形成了以陈氏、谢氏、林氏等家族为代表的众多海外贸易集团。第四，清政府把乍浦列为对日贸易的主要港口，从政策上对其对日贸易的发展给予了鼓励和扶持。第五，为保证海内外贸易以及远洋航线的畅通，清政府曾在此派遣水师定期巡护，从而使商船的航海和对日贸易的发展有了安全上的保障。[②]

三、江浙地区对日贸易兴盛的成因及思考

众所周知，广东、福建和江浙是清代对日贸易最发达的三个区域。但它们的繁荣时期则不尽相同。广东地区的对日贸易繁荣于明中后期，至明末及入清以后该地区的对日贸易已然走下巅峰，趋向平缓甚至衰落。虽仍不失为对日贸易的重要区域，但已完全失去了明中期时独占鳌头的气势。广东的对日贸易衰落以后，福建地区继之而起成为对日贸易的中心区域，尤其是郑氏海商集团实力比较强盛的明末清初这一时段，福建地区的对日贸易独步天下，风头远远盖过了其他沿海地区。但福建地区的对日贸易优

---

① 《浙江巡抚乌尔恭额奏折》，《史料旬刊》第40期，故宫博物院文献馆，1931年，第477—478页。

② 徐明德：《论清代中国的东方明珠——浙江乍浦港》，见《清史论丛》，沈阳：辽宁古籍出版社，1996年，第37—40页。

势维持的时间并不是很久，随着开海令的颁布，江浙地区固有优势得以展现，潜力得以挖掘，一跃成为中日贸易的中心区域。现将开海后江浙地区和福建对日贸易船只数量的消长情况做以统计：

表 4—16 康熙开海后各地商船消长情况表

年度	中国商船入港总数（艘）	江浙船		福建船		其他地区		来源地不明	
		船数（艘）	%	船数（艘）	%	船数（艘）	%	船数（艘）	%
1686	102	59	57.8	34	33.3	9	8.8	0	0
1698	71	42	59.2	8	11.3	19	26.8	2	2.8
1699	73	49	67.1	9	12.3	15	20.5	0	0
1700	53	40	75.5	4	7.5	9	17	0	0

注：列表中的中国商船入港总数包括因超过贸易限额而被日方遣回的船只。

资料来源：［日］林春胜、林信笃编：《华夷变态》，东京：东洋文库，1958 年，上册，第 449—654 页，下册，第 1956—2171 页。

图 4—3 康熙开海后各地商船数消长情况柱状图

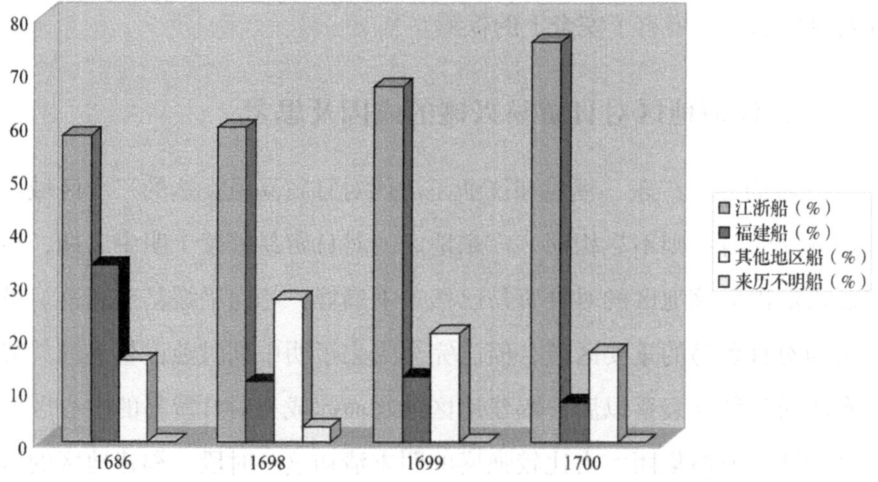

资料来源：康熙开海后各地商船消长情况表

如上述图表所示，开海后江浙地区赴日贸易船只在全部赴日航船中所占的比例上升极快，由1685年的30.6%迅速攀升到1700年的75.5%，而以往对日贸易的中心福建地区所占的船只比例却由1685年的32.9%锐减至1700年的17%。考虑到当时中日贸易属于清商赴日的单向贸易，这种赴日船只数的消长变化应为对当时中日贸易格局变化趋势最直接、最准确的反映。

那么江浙地区对日贸易何以在短期之内迅速崛起并呈现繁盛之势呢？不可否认，清政府开海令的颁布为其发展提供了一个契机。它解开了束缚东南沿海各地发展海外贸易的绳索，赋予了它们一个公平竞争的平台。但客观来讲，开海令的颁布旨在开放整个东南沿海，受此政策之利的也并非只是江浙地区。那么令江浙地区在东南各省的对日贸易竞争中脱颖而出的因素还有哪些呢？

首先，江浙地区拥有对日贸易的资源优势。这里是包括生丝和丝织品在内的许多对日贸易物品的主要产地。自明后期开始江浙地区便是我国丝织业中心，在杭嘉湖地区还出现了很多以丝织业为主的市镇，如苏州的盛泽镇、震泽镇，嘉兴的濮院镇、王江泾镇，湖州的双林镇、菱湖镇等。杭州丝绸更是畅销全国，史载："吾杭饶蚕绩之利，织纫工巧，转而之燕，之齐，之秦、晋；之楚、蜀、滇、黔、闽、粤，衣被几遍天下，而尤以吴阊为绣市。"[①]入清以后，江浙地区丝织业中心的地位更加稳固，这里丝织业从业人员非常多，据徐新吾教授估计，清代前期南京、苏州、镇江、盛泽、杭州、湖州、双林、绍兴、宁波诸地约共有织机6.89万台，织工约21.32万人。[②]如此大规模的丝织业生产保证了生丝及丝织品这一对日贸易大宗商品的充足供应。当然，除了生丝和丝织品外，这里还是许多其他对日贸易品的重要产地，如棉纺织品、纸张、毛笔和工艺品等。郑氏海商集团将负责采办货物的陆五商设在杭州附近，也足以说明江浙地区在对日贸易货物供应上的特殊地位。而充足的货物供给既为其对日贸易的发展提供了坚实的物质保障，又减少了本地海商辗转他地采办货物的过程，极大地降低了贸易的成本。

其次，江浙地区得天独厚的地理位置为其发展对日贸易提供了地理

---

① 乾隆三十七年"吴阊钱江会馆碑记"，见苏州历史博物馆等编：《明清苏州工商业碑刻集》，南京：江苏人民出版社，1981 年，第 19 页。

② 徐新吾：《近代江南丝织工业史》，上海：上海人民出版社，1991 年，第 56 页。

优势。众所周知，运输成本是贸易成本中最重要的组成部分之一，而距离的远近、运输过程中风险的大小则在很大程度上决定了运输的成本高低。距离越近，运输风险越小，则付出的运输成本也越低，反之亦然，这是在当今航运业也普遍接受的原则。江浙地区是我国距离日本长崎港最近的地区，从这里的乍浦、普陀山、宁波等港口出发的商船基本都可以直航日本长崎，相比于从广东、福建地区港口出发经长途辗转后赴日贸易的商船，其航行的距离要缩短许多。而且在航海与造船技术相对落后的古代，海上航行的风险要比现在高得多，漂流甚至船毁人亡的事件时有发生，航程短则意味着风险指数的大幅降低。航行距离的缩短和风险的降低共同促成了运输成本的大幅下挫，而运输成本的下挫则很自然地降低了贸易成本，使得江浙商人在对日贸易过程中有了更强的竞争力。

再次，清政府的政策扶持也对江浙地区对日贸易的蓬勃发展起了推波助澜的作用。在中国古代，国家的行政指令往往会对事态发展的走向产生巨大的影响。通过论述明末清初福建地区成为对日贸易中心这一史实，我们对国家政策对于贸易的影响程度有了较为清醒的认识。而拥有多项对日贸易优势条件的江浙地区就是受了贸易政策的束缚才长期得不到发展，但这一情况在开海之后悄然发生了转变。康熙五十四年（1715）爆发了信牌事件，江浙海关将日本政府颁发的赴日贸易信牌全部没收，康熙五十六年（1717），我国赴日贸易船只必须至浙江海关处领取信牌后方能赴日。康熙六十年（1721），清政府作出明确规定："鼓铸铜斤惟需东洋条铜，而洋铜进口船只俱收江浙二海关，是江浙为洋铜聚散之区，现在八省分办铜数，俱在江苏、浙江购买，徒滋纷扰，以致解运不前，莫若即归并江浙巡抚委员办解，自六十一年为始。"[①]也就是说，自康熙六十一年（1722）起，所有赴日办铜的船只必须从江浙地区出海赴日。而乍浦港更是成为官

① 嵇璜：《清朝文献通考》卷十四《钱币考二》，杭州：浙江古籍出版社，2000 年影印本，第 1 册，第 4980 页。

方指定的采办洋铜的进口港。乍浦、上海、温州等江浙地区的港口在清政府政策的扶持下逐渐繁荣起来。而且自开海令颁布后，东南各地有了在对日贸易中平等竞争的机会，江浙地区在资源和地理方面的优势迅速显露出来。许多其他地区的海商，如福建、广东等地海商都开始放弃本省的出海口而转由江浙地区出海赴日。江浙已经凭借其固有的优势在新一轮的对日贸易竞争中占据了先机。清政府重视和鼓励江浙对日贸易港口发展的政策并非单纯从行政角度出发的强令，而更多的是对贸易格局现状的认同和推动。但无论从哪一角度考虑，清政府的新政策对江浙地区对日贸易的繁荣发展都起了相当重要的鼓励和扶持作用，它从国家行政命令的角度保证了江浙地区对日贸易的优势地位。

从明末清初的福建到开海之后的江浙，清代对日贸易中心的更迭看似简单明了，但只要对其各自兴起的原因加以分析，便可看出其背后的深意。明末清初福建地区之所以能坐拥对日贸易的第一把交椅，固然有其自身海外贸易传统深厚、海商辈出等因素，但最主要的原因还是其他省份被海禁政策束缚住了手脚，失去了与其竞争的机会。可以说，福建地区对日贸易的繁荣是特殊政策环境带来的，其拥有对日贸易龙头地位具有相当的偶然性和临时性。而反观代之而起的江浙地区，其对日贸易的中心地位，则是在几乎完全平等的条件下，通过发挥自身在地理位置、生产能力、贸易资源等各方面优势，在同一平台上通过充分竞争得来的。虽说清政府对江浙地区港口发展对日贸易的确有鼓励和扶植的倾向，但这些都是对已有优势的一种认同和推动，而不是要通过指令性的行政手段人为地创设一个官方认同的新局面。所以，江浙地区成为对日贸易新的中心，其本身的经济力量和市场因素起了决定性的作用，是市场通过平等竞争的方式对各对日贸易地区进行考量后做出的理性的自然选择。而在贸易区域选择这一问题上，指令性政策让位于市场则正是清朝作为一个国家机器在平息战乱获得政治稳定后，经济贸易领域逐步走向成熟稳定的标志。

表 4—17　中国 11 省份输日物品一览表

省份	中药材	其他贸易品
北京	人参（永平），蟾酥（保定），蔓荆子（河涧）	丹锡、水晶、玛瑙、磁石、大赭石、纸、瓷器、玄晶石、紫草、紫班石、画眉石、榛宝、绵梨、芽种、银鱼、袜褐、半弓、细用器、药种
山东	牛黄（登州、青州），人参（辽东），阿胶（兖州），枸杞子（东昌），五味子（辽东），黄丹（青州），石膏、滑石、腽肭脐（登州）	枣、金杏、蒙顶茶、河鲛、黄丝、绸、袜褐、真绵、白矾、砚石、五色石、方竹、朴硝、瓷器、青鼠皮、貂鼠皮、茶、药种色、松实
山西	人参（太原、潞安），麝香、无名异（辽州），芽香（辽州、泽州），香皮（大同），石菖蒲、黄芪（沁州），甘草（汾州），龙骨（平阳），天花粉（太原）	石碌、花班石、玛瑙石、瓷器、黄鼠、毛毡、药种
陕西	熊胆、麝香（汉中、巩昌），紫河车、鹿茸、天麻、石菖、乳香（汉中），乌蛇（凤翔），当归、麦门冬、天门冬（巩昌），天南星、细辛、甘遂、牡丹皮、泽泻（西安），藭芎、骨碎补、商陆（凤羚），青木香（延安），枸杞子（宁夏），甘松（临洮），蟾酥（庆阳），雄黄（昌都）	毛毡、玛瑙、石碌、辰砂、水银、茶、石胆、蜂蜜、金紫草、秦芃、海金沙、金紫柳、藕粉、石油、瓷器、锦鸡、鹦鹉、飞鼠、豹皮、牦牛毛、药种
河南	牛黄、艾（漳德），熊胆、乌梅、牡丹皮、麝香、鹿茸（河南），地黄、山药、天门冬（怀庆），麻黄、远志、红花（开封），黄芪（汝宁）	磁石、胆矾、瓷器、半弓、石青、香橙、枣、白花蛇、绿毛龟、茶、碁石、药种
湖广	白蜡（荆州），黄蜡（保靖），麝香、雷丸、石膏（郧阳），五倍子（靖州），黄精（襄阳），金星草、降香（施州），白艾、连翘（黄州），零陵香（永州）	茶、纸、水昌、水银、朱砂、海金沙、石青、石绿、葛布、砚石、柑橘、栀子、贝母、芒硝、箭竹、方竹、香橙、班竹、银杏、棉布、棉花、漆、萆薢、地榆、金棱藤、白花蛇、绿毛龟、异蛇、石燕、万年松、锦鸡、天鹅、黑鹇、白鹇、羚羊、野马、花猫、鹧鸪鲊、豺、豹、猿猴、熊、野猫
江西	黄精、地黄（袁州），石耳、玄参（九江），石斛（南康），仙茅（南安）	葛布、茶、瓷器、纸、金丝布、水昌、石绿、石青、石蜜、矢竹、班竹、棉、纻布、云母、茶磨、金银铜铁锡铅、药种
四川	牛黄（黎州），麝香（嘉定、镇雄、松潘），甘松、当归、白术（松潘），黄连、胡黄连、牛膝（夔州），藭芎、附子、乌头、川练子、牡丹皮（成都），天南星（天全），雄黄（播州），天雄（竜安），天门冬（顺庆），五加皮（钦州），蟾酥（东川），寒水石（眉州）	黄丝、毛毡、扇子、水银、丹砂、羚羊角、犀角、欝金、椒、酴醾、木瓜、石菖、贝母、外麻、续断、萆解、枣、荔枝、松子、漆、毡衫、茶、蒲江砚、蜜、酥油、巴戟、斑竹、筇竹、石瓜、石绿、梅子、白鹇、锦鸡、鹦鹉、银鸡、画眉鸟、牦牛、异马、盐、药种

续表

省份	中药材	其他贸易品
广西	桂心、零陵香、何首乌（桂林、柳州），地黄、仙茅（梧州），草果（庆远），降真香（柳州），乌药（泗城），雄黄（泗城），石燕（桂林）	龙眼、荔枝、橄榄、肉桂、铁刀木、辰砂、缩砂、乌蛇、槟榔、豆蔻、郁金、藤、木棉、纻布、蜡、芦甘石、犀角、象、锦鸡、孔雀、马、貆猪、猩、蚺蛇蟾、倒挂、药种
云南	麝香（蒙化、姚安的麝香中华第一，上好），沉香（临安），当归（武定），人参、鹿茸（澜沧），乳香、木香（车里、老挝），苏木（元江），诃子（老挝），白檀、安息香（八百、大甸），滑石（丽江）	肉桂、木槵子、松子、乌木、紫且、槟榔、胡椒、琥珀、锡、石青、石绿、玛瑙、花文石、茶、毛毡、毛褐、仙茅、细布、漆、攀枝花、波罗蜜、石油、椰子、无花果、斑竹、濮竹、芋、芭蕉实蜜渍、藤、火浣布、鳞蛇蟾、孔雀、小鸡、牦牛、猩、象、犀、虎、马、青鱼胆、蛤、石燕、儿罗绵、药种
贵州	菖蒲、雄黄（贵阳），木香、乌头（平越），茯苓（黎平）	朱砂、水银、兰、铅、葛布、蜡、海棠、芙蓉、石榴、木瓜、矢竹、茶、铁、白鹇、竹鸡、猿、马、药种

资料来源：［日］西川如见：《增补华夷通商考》，甘节堂，1708年刻本，卷1，第8—22页，卷2，第14—23页。

从上表提供的资料可以清楚地看到，除上述提及的对日贸易主要区域外，其他省份也提供了种类繁多的对日贸易物品。更值得一提的是这些省份除山东外均为内陆省份，没有对日贸易的港口。故上表中所列出的贸易品基本都要经过转口运输，即由列表中的原产地先经水路或陆路运送至江浙、福建、广东地区的港口，再经海路运往长崎。在这一转运过程中每年都有大批物资在不同省份之间流动，极大地增强了各地区之间的经济联系，有力地推进了全国市场一体化的进程。

第五章 中日贸易的贸易品、贸易额和利润率

清代中日贸易的贸易品种类繁多，主要包括中国出口日本的生丝、丝织品、砂糖、书籍、中药及其他手工业品和经济作物，日本输往中国的铜料、海产品及多种手工艺品。由于清代中日贸易属于私人海外贸易范畴，追逐利益是海商们从事中日贸易的唯一驱动力，因此，能够在中日私人海外贸易过程中长期占有较大份额的贸易品，除官方强制定价收购的棹铜外，基本都能保持较高的利润率。

第一节 对日输出的贸易品

清代我国在农业、手工业等诸多领域都领先于当时的日本，这种优势体现在经济贸易领域便是我国对日输出的物品数量巨大，且种类繁多。而

日本由于生产水平较低，本国生产的物品数量较少，种类单调，难以满足国内的市场需求，因此，日本每年都要从中国输入大量物品。日本学者西川如见对当时中国的对日输出品做了比较细致的分类统计：

> 1.手工业品：绫子、纱绫、绉纱、罗、纱、纰、闪缎、云绡、锦、里绡、金缎、五丝柳条、袜褐、绸棉织钱袋、绢绸、棉布、丝绵布、缫棉布、绡服、金丝布、葛布、天鹅绒、丝线、纸、书信纸、墨、笔、扇子、箔、砚石、线香、针、栉篦、勾袋、造花、茶瓶、瓷器、竹器、锡器、象眼坛、漆器、光明朱、绿青、木偶、角细工物、皮匣、绣货、细用器、胭脂、锅、牛筋。
>
> 2.书册古玩：书籍、墨迹、绘画、古董、花石。
>
> 3.农产品及其加工品：白丝、茶、冬笋、南枣、漆、砂糖、藕粉、攀枝花、天蚕丝、黄丝、五丝、七丝。
>
> 4.医药类：明矾、绿矾、红豆、芡实、槟榔子、旃檀、芍药、黄精、何首乌、白术、石斛、甘草、海螵蛸、紫金锭、蜡药、药材、红花、木犀、附子、天门冬、沉香、乌木、玳瑁、龙脑、麝香、珍珠、英石、眼茄、山归来、蚺蛇胆、车渠。
>
> 5.金属类：亚铅。
>
> 6.果品：波罗蜜、龙眼、荔枝、橄榄、蜜饯物。
>
> 7.珍禽类：翡翠、鹦鹉、五色雀、碧鸡、孔雀。①

通过上述记载以及前文对广东、福建、江浙地区对日贸易品的统计，我们可以清楚地看到清代中国的对日输出物品的种类是相当丰富的。但对

① [日]木宫泰彦：《中日交通史》，陈捷译，上海：商务印书馆，1932年，下册，第364—365页。

于种类如此繁多的贸易品做逐一探讨显然非笔者能力所及，故从中选取生丝、书籍等主要贸易品进行考察。

一、生丝及丝织品

自古以来，生丝和丝织品便是我国最主要的对日输出品之一。早在三国时期我国的丝织品便以赐赠的方式传入日本；十六国时期，相传为秦始皇后人的百济人弓月君将大量丝织品及养蚕和丝织技术传往日本；隋唐时期，中日两国的丝绸贸易获得了长足的发展；两宋时期，随着我国海上贸易的发展，在对日贸易过程中输出的丝织品数量及其在总贸易额中所占的比例都有了进一步的提高；明清时代，我国的蚕桑业和丝织技术进一步提高，技术提升所带来的生丝产量的提高和丝织品质地的精美保证了其长期居于对日贸易的主要输出物品之列。

（一）开海之前的中日丝绸贸易

如前所述，清初中日贸易的发展继承了明中期以来私人海外贸易发展的衣钵，而作为清初中日贸易的一个重要组成部分，对日丝绸贸易自然也是对明后期双方丝绸贸易蓬勃发展的一种承袭。自明中后期起，丝绸便是中日贸易过程中对日输出数量最大的货物之一。徐光启对此情况曾描述道："彼中百货，取资于我，最多者无若丝，次则瓷，最急者，无如药。通国所用，展转灌输，即南北竝通，不厌多也。"①入清以后，中日之间的丝绸贸易依然保持繁荣发展的坚强态势，每年都有大量的中国生丝和丝织品输入日本市场。通过前文对广东、福建、江浙三个主要对日贸易区域贸易品的统计，我们可以看到在这三地对日贸易主要物品的榜单中，生丝和种类繁多的丝织品都赫然在列。足见其在当时中日贸易中的重要地位。下面以顺治十二年（1655）赴日的两艘安海船为例，对当时输入日本的生

① 徐光启：《海防迂说》，陈子龙选辑：《明经世文编》卷四九一，第6册，北京：中华书局，1962年影印本，第5442页。

丝及丝织品种类情况进行考察：

1655年1月31日入港安海船装载的丝织品有：白丝5200斤、黄丝8，600斤、中国白纶子1991反、东京纶子681反、中国白缩缅（绵）363反、大缩缅（绵）577反、白大纱绫1000反、东京紬100反、北绢300反、中国赤纶子120反、绢缝丝10斤。

1655年2月2日入港的安海船所负载的丝织品有：白丝12300斤、中国白纶子2840反、白缩缅（绵）620反、白纱绫1084反、大纱绫102反、赤缩缅（绵）100反、纱150反、更纱30反。①

从以上实例的统计可以看到，每艘船只负载的生丝和丝织品都有十几种，既有白丝、黄丝之类的生丝原料，也有纶子、纱绫、紬子一类的丝织品。种类繁多自不用说，数量也相当庞大。日本学者岩生成一对清初开海之前中国商船输入日本生丝的数量做了统计，具体情况见下表：

表 5—1　清初中国商船输入日本生丝统计表

年度	生丝输入日本总数（斤）	中国商船输入数（斤）	中国商船输入百分比（%）
顺治二年（1645）		138261	
顺治三年（1646）		105075	
顺治五年（1648）		13559	
顺治六年（1649）	188668	92564	73.3
顺治七年（1650）	174414	166886	60.2
顺治八年（1651）	65835	71157	20.6
顺治九年（1652）	168108	187500	55
顺治十年（1653）	235727	142481	70.8
顺治十一年（1654）	143802	139631	49.5
顺治十二年（1655）	225895	177784	83
顺治十三年（1656）	195519.50	188651	72.9
顺治十四年（1657）	174980	112384	79.8

① ［日］永积洋子：《唐船输出入品数量一览：1637—1833》，东京：创文社，1987年，第63页。

续表

年度	生丝输入日本总数（斤）	中国商船输入数（斤）	中国商船输入百分比（%）
顺治十五年（1658）		135720	
顺治十六年（1659）	234664	229891	80.4
顺治十七年（1660）	127069	201383	88.4
顺治十八年（1661）		211427	
康熙元年（1662）	263367.70	359771	87.3
康熙二年（1663）		47614	
康熙三年（1664）	254145	119208	83.2
康熙四年（1665）	390647	163042	92.1
康熙十年（1671）		50000	
康熙十三年（1674）		220000	
康熙十五年（1676）	298270.60	133282	54.7
康熙十九年（1680）		190853	
康熙二十一年（1682）		173323	
康熙二十二年（1683）		11291	

资料来源：［日］岩生成一：《关于近世日支贸易数量の考察》，见《史学杂志》第62编第11号，第28页。

图5—1　清初中国商船输入日本生丝数量变化折线图

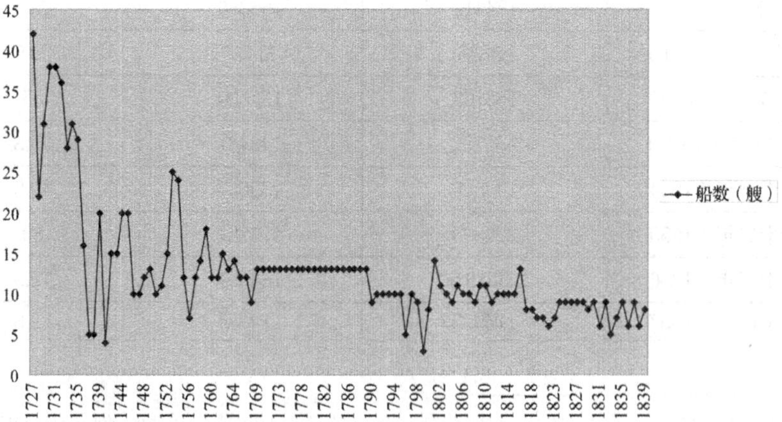

资料来源：清初中国商船输入日本生丝统计表。

图 5—2　清初中国商船输入日本生丝占总量百分比折线图

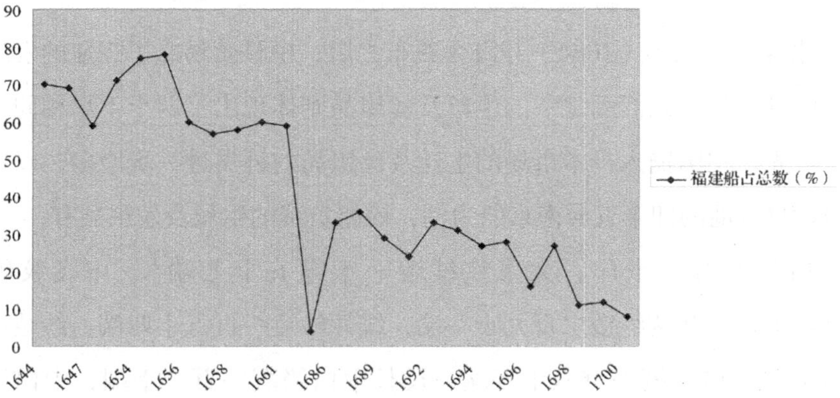

资料来源：清初中国商船输入日本生丝统计表。

虽然由于史料缺乏等原因，上文表格中有些年份未有记载。但通过上述统计我们足以看出清初开海之前生丝输日的两个总体趋势：第一，这一时期内我国出口日本的生丝数量总体上呈曲折缓慢的上升趋势。第二，中国商船输入的生丝量在输日生丝总量中所占的比例也呈明显上升趋势，从70%上升到85%以上。对于第二种趋势在这里有必要做些许说明。当时，从事生丝和丝织品对日贸易的主要有三种商人，一是领取清政府牌照的赴日办铜商人，二是郑氏海商集团及其控制下的赴日贸易商人，三是荷兰商人。其中牌照商人在贸易中所占的份额一直很小，而且禁海令颁布后笔者也再未看到关于牌照贸易的记载，虽不能因此断定禁海之后再无牌照贸易商，但其所占份额极小是毋庸置疑的，换言之，其对中日生丝贸易格局的影响也极其微小。而当时从事中日贸易的另一支力量荷兰商人的实际情况是，自顺治十八年（1661）失去了台湾这一对日贸易基地后，其在对日贸易中的地位一落千丈，已陷入货源缺乏、运输困难的窘境，其输入日本的生丝数量不可避免地下降，可以说，失去台湾后的荷兰商人几乎完全丧失了与郑氏集团抗衡的条件。所以，开海之前郑氏海商在对日生丝贸易中基本占据了垄断地位，故上述图表在很大程度上显示的是这一时期郑氏海商对日生丝贸易的消长情况。

（二）开海后生丝及丝织品的贸易情况

康熙二十三年（1684）开海令颁布之后，中日贸易有了飞速的发展。作为中日贸易大宗商品之一的生丝及丝织品则体现出了两个不尽相同的倾向。首先，中国输入日本市场的生丝及丝织品的种类进一步增多，以1711年6月3日入港的卯十五号南京船为例，该船负载的生丝及丝织品有：

白丝七百二十斤，大飞纹纱绫一千零五十七端[①]，中飞纹纱绫一百八十端，并绫纱绫二百九十一端，绯并纱绫一百五十四端，纱绫一百零六端，大白绉绸一百六十五端，尺长中白绉绸一百一十端，中白绉绸七十一端，纹绉绸四十端，尺长中绯绉绸二十三端，中卷绫子三十端，黄绫子二端，色缎二十二端，色缎五十九端，色锦二十六端，色纹茶缎三十二端，拜罗海德安四端，黑罗纱一端，平纹花格布一端，棉毛织品十九端。[②]

如上所列，该艘船只负载的生丝及丝织品超过20种，如果将该条记载同前文所列举的1655年的两条安海船所负载的丝织品种类做一比较，能更清楚地看到此时输日丝织品种类的增多。当然这种情况出现的一个重要原因是开海之后，作为我国丝织业中心的江浙地区更大范围地参与到了对日贸易之中。其生产的丝织品无论在种类、数量，还是工艺上都在全国首屈一指，它的广泛参与为中日丝绸贸易提供了更充足、更多样的货源。

其次，在丝织品种类日益走向多元的情况下，生丝和丝织品的成交数量却呈现出锐减的趋势。开海之后中国生丝输日情况如下表所示：

表 5—2 清朝开海后有关年份中国商船输日生丝数量统计表

年　代	生丝交易额（斤）	年　代	生丝交易额（斤）
康熙二十七年（1688）	40520	康熙三十七年（1698）	11618
康熙三十六年（1697）	45671	康熙四十三年（1704）	84250

① 端：纺织品的长度单位，一端约等于二丈六尺。

② ［日］大庭修：《江户时代日中秘话》，徐世虹译，北京：中华书局，1997年，第64页。

续表

年　代	生丝交易额（斤）	年　代	生丝交易额（斤）
康熙四十四年（1705）	38525	康熙五十五年（1716）	342
康熙四十五年（1706）	44460	康熙五十八年（1719）	7691
康熙四十六年（1707）	70970	雍正二年（1724）	6128
康熙四十七年（1708）	81830	雍正六年（1728）	8549
康熙四十八年（1709）	40800	雍正十年（1732）	23500
康熙四十九年（1710）	23850	乾隆元年（1736）	10599
康熙五十年（1711）	50276	乾隆二年（1737）	849
康熙五十一年（1712）	10122	乾隆三年（1738）	4499

资料来源：［日］山胁悌二郎：《长崎の唐人贸易》，东京：吉川弘文馆，1964年，第229页。

表5—3　1751—1831年中国商船输日生丝数量统计表

年　代	数量（斤）	年　代	数量（斤）
1751	20320	1767	2200
1752	11810	1768	1680
1753	12990	1769	2210
1754	30105	1770	3050
1755	13200	1771	1280
1756	7705	1775	9420
1757	7154	1777	1685
1758	0	1779	3200
1759	22560	1780	395
1760	2289	1783	780
1761	3100	1791	525
1762	5700	1799	4550
1763	6532	1809	840
1764	16700	1818	2400
1765	7640	1831	4923
1766	50		

资料来源：［日］永积洋子：《唐船输出入品数量一览：1637—1833》，东京：创文社，1987年，第124—328页。此表制作过程中参考刘序枫：《财税与贸易：日本锁国期间中日商品交易之展开》，《财政与近代历史论文集》，台北："中央研究院"近代史研究所，1999年，第299页，表9。

图 5—3 1688—1831 年间中国商船输日生丝数量变化折线图

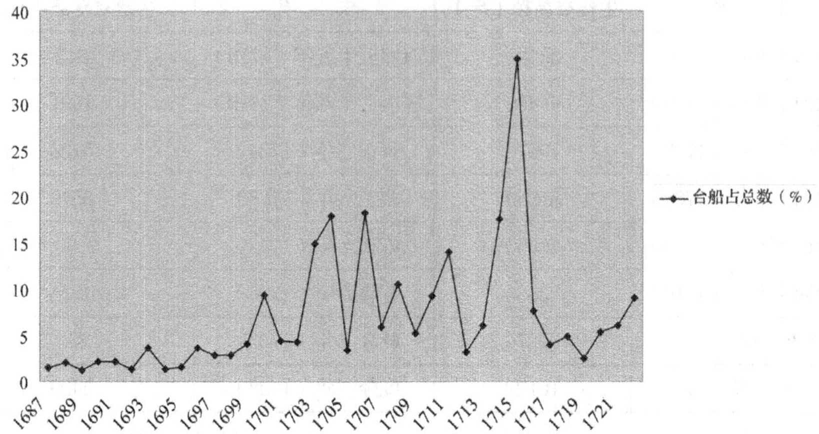

台船占总数（%）

资料来源：清朝开海后有关年份中国商船输日生丝数量统计表，1751—1831 年中国商船输日生丝数量统计表。

从折线图中我们可以清晰地看到开海之后中国生丝输日数量的变化趋势。尽管史料记载中有些年份已经缺失，但其总体递减的趋势是相当明显的，而且这种递减的幅度很大。列表中1751—1771这二十年的记载是完整的，我们以十年为断限将其分成两部分进行对比。其中前十年生丝输日总量为128133斤，后十年为48860斤。与前十年相比足足下降了62%。中国的输日丝绸总量何以在开海之后，中日贸易全面走向高潮之时出现如此大幅度的下降呢？笔者认为原因有三：

首先，清政府颁布一系列法令限制了丝绸出口。乾隆二十年（1755）左右，我国主要产丝区江浙地区出现了大范围的气候异常，导致生丝大量减产。与此同时，国内丝商为获取高额利润也借机囤积居奇，国内丝价暴涨。清政府为平抑丝价，稳定丝绸市场秩序，于乾隆二十四年（1759）下令禁止丝、丝织品类输出海外。①表格中生丝输日量由1759年的22560斤暴跌至1760年的2289斤正是生丝禁令的直接反映。但事情后来又有些许

① 《高宗纯皇帝实录》卷五九一，《清实录》第 16 册，北京：中华书局，1986 年影印本，第 571 页。

变化，乾隆二十五年（1760）江苏巡抚陈宏年以禁出生丝使得输入洋铜不便，影响国家鼓铸大计为由，奏请放松对日贸易的丝绸输出禁令。他提出：采办洋铜向系置办绸缎、丝斤并糖、药等前往日本。易铜回棹，分解各省，以供鼓铸。今丝斤已禁，若将绸缎一概禁止，所带粗货不敷易铜。请将绸缎纻绢等准其采办。经户部审议后，定一船允许输出绸缎之类33卷（一卷120斤），计3960斤，一年16艘之输出额合计为63360斤，出海时，须经乍浦及上海的守口官员严格检查。[①]乾隆二十五年，又做出调整规定：绸缎之外“如有愿带丝斤者，只许配带二、三粗丝，每一百二十斤抵绸缎一卷。其带多者，以此抵算，每船总不得逾一千二百斤之数，此外不许夹带浮多”[②]。也就是说，虽放宽了生丝出口的禁令，但每船生丝加绸缎的总输出额仍被限制为3960斤以下。总之，与清初无任何输出限制相比，清政府颁布的一系列禁止和限制生丝及丝绸输出的法令，从源头上控制了丝绸的出口，在很大程度上限制了中国海商对日丝绸输出的数量。

其次，日方的贸易政策调整限制了中国丝绸的进口数量。开海令颁布后，中日贸易终于有了合法的渠道，赴日贸易的中国商船数激增，双方贸易额直线上升。但这种贸易的飞速发展却引起了江户幕府的忧虑，因为贸易额的上升意味着日本贵金属，尤其是铜的大量外流。为限制其国内贵金属的外流，幕府颁布了一系列限制中日贸易规模的政策，生丝及丝织品作为输日的大宗商品，自然首当其冲受到较为苛刻的限制。如“贞享令”中涉及生丝及丝织品的规定主要有以下几条，第一，规定中国商船每年的生丝贸易额不得超过二千贯；第二，每年春、夏、秋三季分别制定生丝价格；第三，改变原有的仅以白丝为对象的管理办法，将各类丝种都纳入到统一管理的范畴之内。而其后出台的“长崎贸易改正令”“正德新令”等一系列旨在限制中日贸易规模的贸易法令在限制丝绸贸易方面同样不会手

① 嵇璜：《清朝文献通考》卷三十三《市糴考二》，“市舶互市”，杭州：浙江古籍出版社，2000 年影印本，第 1 册，第 5164 页。

②《宫中档乾隆朝奏折》第 20 辑，台北：“国立故宫博物院”1983 年，第 753—754 页。

软。那么，在这一系列法令的钳制下，中国丝绸输日的数量不可避免地日渐走低。

再次，日本幕府推行的进口替代政策为中国生丝和丝织品的入口设置了更为长远和深层次的障碍。为避免贵金属资源的大量流失，降低本国市场对中国生丝和丝织品的依赖程度，日本幕府积极推行进口替代政策，他们鼓励国内生丝和丝织业的发展，对国内从事养蚕业和制丝业的人员给以奖励。在幕府政策的感召下，日本国内的丝织业有了快速的发展，仅正德五年（1715）六月到十二月七个月间，“京都的批发丝交易量：江州丝银3770贯200匁，关东丝银3509贯500匁，美浓丝银451贯，越前丝420贯，合计8515贯700匁。”“运到西阵的登达丝数量：正德五年（1715）20万斤，享保年间（1716—1736）30万斤，化正期（1804—1829）225万斤”①，增长速度之快，令人惊叹。生丝产量的快速增长带动了丝织业的发展，据《蚕饲绢筛大成》记载：“中古二百年以前，庆长元和之际至正德享保，凡百年间，诸国丝产物凡一倍增。又享保至文化年中之所见，亦有增至四倍者，为众所周知。”②总之，日本推行的生丝进口替代政策较为成功，其国内的生丝生产及丝织业都获得了长足的发展，不仅摆脱了对中国丝织品的依赖，还逐渐走上了生丝和丝织品出口的道路，成为中国在此领域的主要竞争对手之一。

生丝作为中日贸易中的大宗商品，每年商人们承载装运，浮海东渡，从中中国商人们能够获得多少利润呢？首先来看一下对日贸易商在我国市场上选购生丝时的进货价格。由于我国幅员辽阔，不同区域丝绸生产情况不尽相同，因此各地丝绸价格相差较大。笔者选取江浙为主体的江南地区的丝价作为基准进货价格。原因是江南地区是我国清代丝绸的主要产地，也是当时的对日贸易中心及对日出口丝绸的主要提供地。因此，以这一地

① ［日］矢木明夫：《制丝業》，转引自高淑娟：《中日对外经济政策比较史纲》，北京：清华大学出版社，2003年，第259页。

② ［日］伊藤智夫：《绢》，东京：法政大学出版局，1992年，第232页。

区的丝价作为计算中日丝绸贸易利润率过程中，中国海商生丝进货的基准价格较为客观。下文将以列表形式对以江浙为主体的江南地区的生丝价格进行统计：

表 5—4　清代江南生丝售价表

时　间	生丝每两单价（银：两）
康熙中后期	（均价）0.06
雍正六年（1728）	0.089
乾隆四年（1739）	0.110
乾隆二十年（1755）	0.135
乾隆三十年（1765）至乾隆五十九年（1794）	（均价）0.209

资料来源：宋叙五：《清初至乾嘉年间物价及工资的变动》，国家清史编纂委员会编译组编印：《台湾地区清史论文汇编（1945—2005）》第 55 册，第 11 页。范金民：《清代江南丝绸的国内贸易》，《清史研究》1992 年第 1 期，第 19 页。

了解了生丝在中国的进货价格后，接下来看一下中国海商们将生丝运载到长崎后的出售价格。日方对于中国生丝输入价格的记载较为详细，具体情况如下表所示：

表 5—5　日本生丝售价表

时　间	生丝每两单价（银：两）
庆安二年（1649）	0.51
庆安三年（1650）	0.5
宽文十二年（1672）	0.4
元禄十二年（1699）	0.31
宝永六年（1709）	0.29
宝历十三年（1763）至安永五年（1776）	（均价）0.2835
宝永七年（1778）至天明八年（1788）	（均价）0.2811

资料来源：［日］山胁悌二郎：《长崎の唐人贸易》，东京：吉川弘文馆，1964 年，第 27 页、230 页。［日］永积洋子：《唐船输出入品数量一览：1637—1833》，东京：创文社，1987 年，第 375 页。

由上面两个表格我们可以看到，中国市场的生丝价格是不断上涨的，而中国生丝输入日本的价格则呈下降趋势。因此，生丝贸易的利润率应为一个变量，故我们根据上表所显示的价格对中日生丝贸易的利润率进行统计。由于中国记载的年份较少，难以与日方记载形成一一对应的关系，这使得按照每年的利润率进行单独统计相当困难，故笔者利用时段平均价格来计算各时段的平均利润率，具体情况见下表：

表 5—6　清代中日生丝贸易平均利润率统计表

时　　段	平均利润率（%）
1690—1727	500
1728—1762	158
1763—1775	65
1776—1788	34

资料来源：根据表 5—5，5—6 中数据制作。

图 5—4　清代中日生丝贸易平均利润率变化图

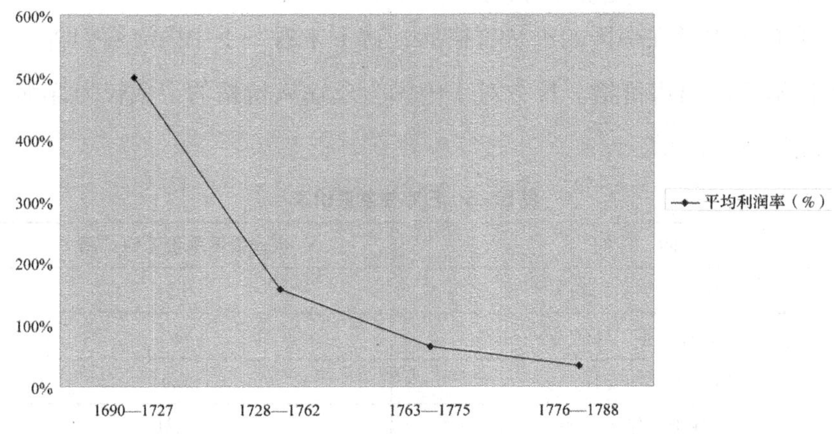

资料来源：清代中日生丝贸易平均利润率统计表

从上文图表可知，清代中日生丝贸易的平均利润率呈明显的下降趋势。康熙中后期至雍正前期由于日本生丝产量较低，对我国生丝的依赖性较高，故当时生丝贸易的利润率居高不下。后来由于日本政府推行的进口替代等政策，使得日本国内生丝及丝织品产量大增，日本市场上的丝价大幅度降低，对中国生丝的依赖性也减弱了许多。这些变化的综合结果即导致了生丝贸易利润率的大幅下挫，由康雍时期的500%逐渐降为18世纪末的34%，利润率足足缩水了93.2%。

二、书籍

中日两国的书籍交流源远流长，早在公元3世纪双方便有书籍往来，至隋唐时期，这种交流走向高潮，一方面大批的遣隋使和遣唐使回国时都携带大量的书籍，另一方面众多来华的日本留学生和学问僧回国时也带有大量汉籍。如吉备真备曾带回《唐礼》130卷，《太衍历经》1卷，《太衍历立成》12卷，《乐声要录》10卷。①宋代中日两国虽未建立起官方往来，但两国僧人的交流却很多，留下许多关于入宋僧和宋僧赴日的记载。据统计北宋年间日本的入宋僧有20余人，南宋时达到100余人。②这些入宋僧回国时都携带有大量书籍，如北宋著名入宋僧人奝然回日本时，携带有宋本《大藏经》和宋太宗所赐新译经书286卷。南宋日本僧人俊芿归国时除带回佛经1200余卷外，还有其他汉籍719卷，其中包括朱熹的《四书集注》初刊本。③明代中日之间的书籍交往也很频繁，据日本学者木宫泰彦统计，明代进入中国的日本僧人达110余人。④这些僧人在回国之时都带回了大量佛经和其他汉籍。入清以后，中日之间书籍交往依然很多，但书籍交往的主体形式已悄然发生了变化，如前所述，以往中国典籍传入日本主要依靠僧人的往来携带，而此时随着私人海外贸易的发展，书籍已成为中日间一种重要的贸易物品，而商人也取代僧人成为汉籍输日的主要载体。

书籍是一种既重要又特殊的贸易物品。其特殊性体现在其入港检查程序上。其他货物在“精荷役”之后，买卖双方便开始商讨价格，进入实质性的交易阶段。而书籍则要统一送到春德寺开山泰室或圣堂进行检查，

① [日]木宫泰彦:《日中文化交流史》，胡锡年译，北京：商务印书馆，1980年，第188页。

② [日]木宫泰彦：《日中文化交流史》，胡锡年译，北京：商务印书馆，1980年，第254、305页。

③ 严绍璗：《中国古代文献东传日本的轨迹》，见陆坚、王勇主编：《中国典籍在日本的流传与影响》，杭州：杭州大学出版社，1990年，第20页。

④ [日]木宫泰彦:《日中文化交流史》，胡锡年译，北京：商务印书馆，1980年，第587页。

察看是否夹带禁书，书中是否有违禁内容。[①]从事书籍检查的是一种被称为书物改役的专职官吏，其职责与前文所述的书物目利有相似之处，但又不完全相同。书物目利的主要职责是为书籍进行估价，故它的职责更偏向商业性质，而书物改役则是专职负责审查书籍内容，并负责通过中国商船运载书籍的内容整理出中国人对日本的看法以向上级汇报，部分的具有了幕僚的性质。书籍检查的具体程序是，书物改役接到运送来的书籍后，将原书的序和目录抄录下来，然后逐页检查书籍中是否有违禁内容，同时检查书籍质量，看有无纸张脱落、涂改、批语等现象。如发现禁书或内容中有可疑之处则要立即向上级汇报。如有必要，还要做出每本书的"大意书"——主要内容一览。从以上书籍检查的程序来看，这是一项技术性很强的工作，要求书物改役对汉字、书籍版本、违禁书籍目录等都有很深的了解。因此，日方采取由一个家族世袭担任书物改役的办法，希望以家学的方式保证和提高历代书物改役的技术。故1685年向井元成担任书物改役后，以后历代书物改役都由向井家族的后人担任。

表 5—7 向井家族世袭担任书物改役情况表

任职者	任职起止年代	任职年限（年）
向井元成	贞享二年（1685）至享保十一年（1726）	42
向井元仲（元成养子文平之养子桂元之养子）	享保十一年（1726）至明和三年（1766）	41
向井斋宫（元仲之子）	明和三年（1766）至宽政六年（1794）	29
向井富（斋宫之子）	宽政八年（1796）至文政十年（1827）	32
向井外记（富之养子）	文政十一年（1828）至安政四年（1857）	30
鹰之助兼通（外记之养子）	安政四年（1857）至明治元年（1868）	12

资料来源：［日］大庭修：《江户时代日中秘话》，徐世虹译，北京：中华书局，1997 年，第 51 页。

既然书籍检查中有禁书一说，我们在这里不免要谈谈日本的禁书。禁书，顾名思义便是禁止传入的书。前文已述书物改役进行书籍检查时首要

① 贞享二年（1685）之前书籍都是运往春德寺，贞享二年后改为统一运往圣堂，但书籍检查程序未变。

的一条便是检查是否有禁书入境，那么，为比对方便，书物改役手中必然有官方提供的禁书目录。笔者所见的禁书目录主要有两种，一是1795年书物改役向井元仲报告中提到的禁书目录，具体书名如下：

> 《天雪初函》一部。《略人》《十篇》《吸血凡》《辨学遗牍》《七克》《弥撒祭义》《代疑篇》《三山论学记》《教要解略》《唐景教碑》《圣记百言》《天主实义》《天主续编》《二十五言》《况义》《万物真源》《涤罪正记》《涤平仪记》《表度说》《测量法义》《测量法义异同》《简平仪说》《职方外记》《天问略勾股义》《几何原本》《交友论》《泰西水法》《浑盖通宪图说》《圜容较义》《同文算指》。①

另一个是《御制禁书籍译书》中记载的1720年对原有禁书目录的补充，主要收录的是新增加的禁书，具体书名如下：

> 《福建通志》《地纬》《天经或问后集》《帝京景物略》《西堂全集》《三才发秘》《愿学集》《西湖志》《禅真逸志》《谭友夏合集》《方程论》《名家诗观》《檀雪斋集》《增定广舆记》《坚瓠集》。②

从第一则禁书目录列举的书籍来看，当时的禁书主要分成两类，一是有关基督教教义的书籍，二是传教士翻译的科技书籍。从中可以看出早期禁书的目标直接指向基督教。从后来增补的禁书目录中似乎看不出其具体

---

① ［日］大庭修：《江户时代中国典籍流播日本之研究》，戚印平、王勇、王宝平译，杭州：杭州大学出版社，1998 年，第 54 页。

② ［日］大庭修：《江户时代中国典籍流播日本之研究》，戚印平、王勇、王宝平译，杭州：杭州大学出版社，1998 年，第 59—60 页。

的指向性，但只要对其所列书籍的内容稍加分析便可看出其增补这些书籍的本意。如《西堂全集》被禁的原因是其中的《外国竹枝诗》中有欧罗巴诗，《愿学集》被禁是由于其中有赠答西洋人之信，而《名家诗观》位列禁书榜单是由于其中有清人吴统持赠西洋人之诗，《禅真逸志》则是由于其中有耶稣之名。[①]可见，只要与基督教有些许关系的书籍都被列入禁止传入之列，日本防止基督教传入的初衷自始至终都没有发生改变。

日方严格的书籍检查确实查禁和销毁了一批图书，但其每次检查完毕后都会对此次中国商船输入书籍的情况做一记载，这就为我们研究中国书籍的输入情况提供了宝贵的资料。日本史料《唐蛮货物账》对各年份中国货物进入长崎的情况作了介绍，但其中记载只有1711年是完整的，其余年份都由于各种原因残缺不全了。而当年的卯五十一号南京船又是当年入港的6艘载书船只中负载量最大的，故将其负载书籍数目开列于下：

1.《易经讲意去疑》二卷六册；2.《全补发微历正通书》三十卷八册；3.《先圣大训》六卷六册；4.《唐诗正》二十六卷六册；5.《集古印谱》六卷六册；6.《谭友夏合集》二十三卷六册；7.《江南通志》七十六卷二十六册；8.《诗观初集》十二卷十二册；9.《易学义林》十卷十册；10.《韩文起》十二卷六册；11.《李杜诗通》六十一卷八册；12.《三苏文范》十八卷十册；13.《唐宋八大家文钞选》十二卷十册；14.《星学正传》二十一卷十二册；15.《历朝赋楷》九卷六册；16.《周忠毅公奏议》五卷四册；17.《韵府群玉》二十卷十册；18.《篇海类编》十二卷十册；19.《战国策》十卷四册；20.《伊川击壤集》二十卷四册；21.《临川王介甫先生文集》百卷十六册；22.《赫洛理数》七卷八册；23.《皇明奏议疏》六卷十册；24.《寸碧堂诗集》三卷一册 ；25.《钝翁类藁》百十八卷二十二册；26.《汪伯

① [日]大庭修：《江户时代日中秘话》，徐世虹译，北京：中华书局，1997年，第45—46页。

子善庵遗藁》一卷一册；27.《增定历朝古文必读》八卷四册；28.《黄叶村庄诗集》八卷四册；29.《初谭集》三十卷四册；30.《苏子美全集》十六卷四册；31.《词学全书》十五卷十册；32.《诗皈》五十卷十册；33.《遵生八笺》八卷八册；34.《易解》十卷五册；35.《诗经疑问》八卷六册；36.《麟指》四卷四册；37.《李氏藏书》六十八卷十八册；38.《续藏书》二十八卷八册；39.《震川先生文集》二十卷六册；40.《广治平略》四十四卷十二册；41.《大学衍义》四十三卷八册；42.《大学衍义补》二百三卷四十册；43.《文选六臣注》六十卷三十二册；44.《古今牍大全》八卷四册；45.《治平略增定全书》三十二册；46.《四六全书》四十五卷十二册；47.《四六全书》四十五卷二十册；48.《帝乡戚氏家传四书大成心印》；49.《历代史纂左编》百四十二卷百册；50.《史记》百三十卷二十册；51.《历朝纲鉴全史》七十卷三十册；52.《古文汇钞》十卷十六册；53.《纲鉴会纂》七十卷四册（不全本）；54.《四书大全》二十八卷二十四册；55.《汇书详注》三十六卷二十四册；56.《喻林》百二十卷二十五册；57.《本草纲目》五十卷四十册；58.《四书备考》二十八卷二十册；59.《万首唐人绝句》二十册；60.《袁了凡先生重订凤州纲鉴世史类编》六十五卷；61.《纲鉴白眉》二十一卷十六册；62.《皇明通纪》二十卷十六册；63.《诗经说约》二十八卷十六册；64.《理性大全》七十卷三十册；65.《删补颐生微论》六卷六册；66.《五经旁训》二十一卷十二册；67.《新刊纂图牛马经类方大全》八卷四册；68.《西湖游览志》五十卷十六册；69.《王文公文抄》十六卷十六册；70.《五子近思录》十四卷四册；71.《寓林集》三十八卷十六册；72.《兼济堂文集》二十四卷二十册；73.《今体台阁集》十卷四册；74.《幼科全集》二十卷八册；75.《性理会通》百十二卷二十二册；76.《左传文定》十二卷八册；77.《纲鉴会纂》四十卷二十册；78.《三国志》六十五卷

二十四本；79.《合刻管子韩非子》十册；80.《泊如斋重修宣和博古图》三十二卷二十一册；81.《内经素问》十卷八册；82.《本草经疏》三十卷十二册；83.《医宗必读》十卷八册；84.《圆注难经脉诀》八卷四册；85.《医方考》八卷六册；86.《医方集解》二十五卷六册。①

从上面的数目我们可以看到，清代中国商船输入日本的书籍种类繁多，既有儒家经典、史料史书，又有诗词文集、古谱医书，可谓包罗万象。此外，需要指出的是，清代负载书籍的商船中，江浙地区的船只占据了绝大多数，前文所述1711年入港的6艘载有书籍的船只全部来自江浙地区。造成这种现象的根本原因是中国出版业发展格局的变化。对此研究较为深入的是日本学者长泽规矩也氏，他在《支那古今刻书地的变迁》中对五代以后中国图书刊刻中心的变动做了较为细致的论述。据他研究，五代至北宋年间以蜀刻为最佳，后南宋定都临安（今杭州）后，杭州又成为刻书业的中心，蜀刻次之、闽刻又次之。后由于宋末战乱破坏，浙江的刻书业一度走向衰落，福建地区由于远离战乱，出版业获得大发展，这里也成为元代和明前期中国刊刻业的中心区域。自明中叶起以苏州、金陵为代表的江苏地区的出版业迅速兴起，至明末苏州刻书已跃居全国首位，南京、杭州紧随其后。入清以后，这三地仍为全国图书出版的中心区域。②对日贸易中心和书籍刊刻业中心的合一使得江浙地区对日书籍输出有了得天独厚的优势，其成为对日书籍主要输出地也就顺理成章了。

纵观整个清代，究竟有多少中国书籍输入日本？正德新令以前的70年中书籍贸易的情况由于史料记载相对缺乏恐怕难以准确统计。正德新令颁布以后，随着史料记载的逐步增多，使得准确统计中日书籍贸易状况成为可能。日本学者大庭修对正德四年（1714）至文化十二年（1815）间中国

① [日]大庭修：《江户时代日中秘话》，徐世虹译，北京：中华书局，1997年，第68—70页。

② [日]长泽规矩也：《支那古今刻书地的变迁》，见《书志学》十五卷第五号，1940年11月。转引自[日]大庭修：《江户时代中国典籍流播日本之研究》，戚印平、王勇、王宝平译，杭州：杭州大学出版社，1998年，第43页。

书籍的输日情况作了详细统计，具体情况见下表：

表5—8　正德四年（1714）至文化十二年（1815）中国书籍输日情况表

船名	入港年	书籍种类（种）	书籍部数（部）
午一番南京船	正德四年（1714）	27	31
未四十九番宁波船	正德五年（1715）	27	28
亥十二番南京船	享保四年（1719）	1	1
亥二十一番南京船	享保四年（1719）	1	2
亥二十二番南京船	享保四年（1719）	10	10
亥二十三番南京船	享保四年（1719）	1	1
亥二十四番南京船	享保四年（1719）	18	23
亥二十八番南京船	享保四年（1719）	1	1
亥二十九番南京船	享保四年（1719）	52	198
卯二十番宁波船	享保二十年（1735）	62	366
卯二十五番广东船	享保二十年（1735）	99	282
午七、八、十番船	宽延四年（1750）	96	203
戌番外船	宝历四年（1754）	441	495
卯一番外船	宝历九年（1759）	103	858
卯七番船	宝历九年（1759）	60	242
卯十番船	宝历九年（1759）	52	537
卯十二番船	宝历九年（1759）	17	142
辰一番船	宝历十年（1760）	48	75
未八番船	安永四年（1775）	4	8
寅十番船	天明二年（1782）	281	290
寅二番船	宽政六年（1794）	67	434
未二番船	宽政十一年（1799）	1	25
申一番船	宽政十二年（1800）	49	334
申二番船	宽政十二年（1800）	72	1，120
申三番船	宽政十二年（1800）	37	1，154
申四番船	宽政十二年（1800）	14	94
申五番船	宽政十二年（1800）	25	222
酉四番船	享和元年（1801）	22	225
酉五番船特别交易	享和元年（1801）	1	296
酉六番船特别交易	享和元年（1801）	2	2

续表

船名	入港年	书籍种类（种）	书籍部数（部）
酉一番外船特别交易	享和元年（1801）	3	100
酉二番外船特别交易	享和元年（1801）	5	15
亥六番船	享和三年（1803）	18	40
亥七番船	享和三年（1803）	26	161
亥八番船	享和三年（1803）	12	65
亥九番船	享和三年（1803）	33	190
亥十番船	享和三年（1803）	20	22
子一番船	文化元年（1804）	6	6
子二番船	文化元年（1804）	21	202
子三番船	文化元年（1804）	12	28
王氏番外船	文化元年（1804）	1	2
十二家番外船	文化元年（1804）	5	5
子四番船	文化元年（1804）	14	60
子五番船	文化元年（1804）	10	11
子六番船	文化元年（1804）	37	327
子八番船	文化元年（1804）	22	308
子九番船	文化元年（1804）	7	58
丑二番船	文化二年（1805）	11	24
丑二番船	文化二年（1805）	36	62
丑三番船	文化二年（1805）	35	57
丑四番船	文化二年（1805）	12	92
丑五番船	文化二年（1805）	110	693
丑六番船	文化二年（1805）	12	253
丑七番船	文化二年（1805）	76	210
丑八番船	文化二年（1805）	63	95
午三番船	文化七年（1810）	8	156
午四番船	文化七年（1810）	6	43
午五番船	文化七年（1810）	6	23
午六番船	文化七年（1810）	3	3
午七番船	文化七年（1810）	4	21

续表

船名	入港年	书籍种类（种）	书籍部数（部）
午八番船	文化七年（1810）	1	1
午十番船	文化七年（1810）	9	61
未二番船	文化八年（1811）	8	154
未七番船特别交易	文化八年（1811）	6	7
未九番船特别交易	文化八年（1811）	30	288
未汪氏番外船特别交易	文化八年（1811）	1	1
申一番船特别交易	文化九年（1812）	15	20
南京永茂难船	文化十二年（1815）	32	160

资料来源：［日］大庭修：《江户时代中国典籍流播日本之研究》，戚印平、王勇、王宝平译，杭州：杭州大学出版社，1998年，第50页。

图5—5　正德四年（1714）至文化十二年（1815）中国书籍输日数量变化折线图

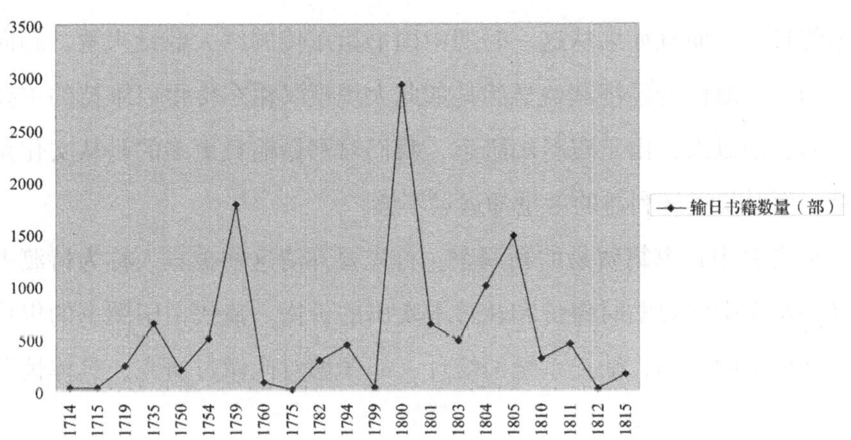

资料来源：正德四年（1714）至文化十二年（1815）中国书籍输日情况表

根据上述图表提供的数据进行统计可知，在1714—1815年间，中国的赴日贸易商船共向日本输入书籍2427种，11723部。书籍东传的进程并不是平稳进行，而是如波浪般起伏前进的。在表格统计的前后近百年的时间里共出现了三次汉籍输入高峰。第一次是1759年前后，共输入书籍817种2477部；第二次是1800年和1801年，两年间输入书籍230种3562部；第三次是1804年至1805年，共输入汉籍490种2493部。这三次汉籍输入高峰累计输入中国书籍8532部，占1714—1815年间中国书籍总输入量的72.78%。足见当时中日间书籍贸易的规模之大。而且如此数量巨大、种类繁多的书籍传入日本，对日本社会产生了多角度、深层次的影响，而对于此项内容笔者将在第六章中作专门论述。

如前所述，清代我国书籍大量输入日本是以赴日贸易商人为主要载体，通过商业贸易的形式展开的。虽不排除一部分书籍是应日本官方或其他日本人士的要求运载赴日的，但更多的书籍还是以普通商品的形式销往日本的。这些商人为何能够在如此长的时段中充当书籍东传的文化使者？如果说商人们都怀有深沉的文化使命感，都以向异域传播博大精深的中华文化为己任显然不合常理。就笔者看来有两方面原因：一是日本官方对中国书籍有所需求，商人们为博得其好感负载书籍赴日；二是书籍作为一种商品也能给商人带来丰厚的利润，商人们在利益的驱动下源源不断地将汉籍东传日本。而且如果从这一时期中国书籍东传的巨大数量来看，趋向于稳定的、一般性的经济利益显然是如此大规模汉籍东传得以维持的主要动因。但长期以来，由于资料的匮乏，我们对书籍输日更多的是从文化角度谈及，而对其经济利益的考量却远远不够。

要考察中日书籍贸易的利润率，首先要弄清这些被日人称为持渡书的输日书籍在中国收购时售价和在日本卖出的价格。清代中国图书的售价由于史料记载的限制，缺乏系统的统计，胡孝德对此做过研究，具体情况见下表：

表 5—9　汉籍收购价格一览表

书籍名称	收购价	书籍名称	收购价
周礼二卷	10 金	五代会要三十卷	番饼 14 枚
礼记卷五《月令》一部	索值十饼	新雕重校战国策三十三卷	白镪 80 金
公羊解沽十二卷	白金 120 两	国朝名臣事略十五卷	银 60 饼
读四书从说五卷	缗钱二千	新序十卷（北宋本）、列子	白镪 80 金
博雅十卷	白金 50 厘	新序十卷（校宋本）	番饼 42 枚
广韵五卷	白镪三千金	说苑二十卷	30 金
续中兴编年资治通鉴十五卷	易番饼十枚	管子二十四卷	120 金

续表

书籍名称	收购价	书籍名称	收购价
编年通载四卷	白金 40 两	棠因比事一卷	番饼 14 枚
孙氏祖庭广记十二卷	赠原主人 30 金	孙真人千金方三十卷	2 两 4 钱
绍兴十八年同年小录不分卷	青钱 1500 文	不得已二卷	白金一锭
元续元年进士题名录不分卷	钱 140 文	易林十六卷	白金 3 两
草莽私乘一卷	值 2 钱	咸淳临安志九十三卷	二十千钱
陆游南唐书十八卷	番钱一枚	洛阳伽蓝记五卷	银 3 星
舆地广记三十八卷	从京城买 120 金	职官分记五十卷	番饼 30 金
天下郡国利病书三十四册	数十金	金石录三十卷	值 10 番
严州图经	钱百千文	纬略十二卷	值 12 番
齐乘六卷释音一卷	千余钱	愧郯录十五卷	白金一斤
长安志二十卷	30 饼	太平御览三百六十卷	250 金（含中介费 10 金）
幽兰居士东京梦华录十卷	白金 24 两	韩非子二十卷	30 白金

注："番饼"是时人对流入中国的外国银元的俗称；"白镪"是白银的别称，一般 1 两 =10 钱 =100 分 =50 克；《辞海》缩印本，上海：上海辞书出版社，1980 年，第 346 页。

资料来源：胡孝德：《清代中日书籍贸易研究》，《中国经济史研究》2007 年第 1 期，第 147 页。

上表列举的是两位藏书家收购书籍的价格情况。同时胡孝德又根据湖州陶士秀曾用番钱4枚买得宋刻《司马温公集》，后以60金转给黄丕烈；及陶氏三间屋的书籍，售价仅为青蚨24两，他通过这两件史实对当时的书价做出判断，认为当时生活中购买普通书籍的价格应低于表中黄氏购书价几十倍至百倍之间。[①]按照这个比例计算，当时我国普通书籍的售价相对就比较低廉了。

在对中国书籍售价有所了解后，我们来探讨一下这些书籍漂洋过海到达日本后的售价。首先来看三份书籍报价单：（由于资料记载的缺乏，笔者只找到1840年以后的书籍报价情况，但其与本文研究下限距离较近，故仍有重要的参考价值。）

① 胡孝德：《清代中日书籍贸易研究》，见《中国经济史研究》2007 年第 1 期，第 147 页。

1.1841年（清道光二十一年，日本天保十二年），中国商船子一番船负载书籍报价：

《三魏子全集》（三部各八套）　　五拾匁[①]

《四书经注集证》（四部各二套）　　拾五匁

《陆象山全集》（三部各二套）　　拾五匁

《剑南诗抄》（五部各一套）　　拾四匁

《东坡全集》（一部四套）　　四拾五匁

《伤寒三注》（十部各一套）　　拾匁[②]

2.1843年（清道光二十三年，日本天保十四年），数种汉籍的竞价情况。

《历代臣言行录》（一部六包）　安田屋报价八十三匁；藤屋报价九十八匁三分；永井屋报价百二十匁

《朱批左传杜注》（一部一套十册）　长冈报价百三十匁；今村报价百三十五匁九分；三枝报价二百四匁

《姓氏族谱笺释》　永井屋报价九匁；永见屋报价十二匁；今村报价二十五匁

《剑南诗抄》（一部二包）　三支屋报价二十匁；永见屋报价二十九匁；安田屋报价四十五匁七分五厘[③]

3.1845年（清道光二十五年，日本弘化二年）部分书价：

《佩文韵谱》　　底价一贯目　　中标价一贯七百匁

---

① 贯、匁、分、厘、目、文都是日本江户时期货币单位，金 1 两 = 银 60 匁，银 1 贯 =100 两 = 1000 匁，钱 1 贯 = 1000 文。分，一匁的十分之一。厘，一分的十分之一。目，同匁。

② 《书籍元帐》，[日] 大庭修：《唐船持渡书の研究》资料篇，关西大学出版部，1967 年，第 453—463 页。

③ 严绍璗：《中国古代文献典籍东传日本的轨迹》，见陆坚、王勇主编《中国典籍在日本的流传与影响》，杭州：杭州大学出版社，1990 年，第 35 页。

《四库全书提要》	底价四百五十目	中标价五百二十目三分
《五编通鉴》	底价四百目	中标价一贯二百三十四匁
《知不知足斋丛书》	底价三百目	中标价三百四十五匁
《十三经注疏》	底价二百五十目	中标价四百六十五匁
《钦定四经》	底价一百八十目	中标价四百十一匁五分
《皇朝经世文编》	底价一百五十目	中标价三百二十目
《明史稿》	底价一百五十目	中标价三百五十二匁一分[①]

通过查看以上三张书籍的报价单，我们可以得到两方面的信息。第一，根据报价单中列举的书籍价格我们可以大致计算出中国商人负载书籍赴日的利润率。以在中国收购《太平御览》和日本销售的《十三经注疏》为例，按照胡孝德的推测，即黄丕烈收书价格为当时中国普通图书售价的数十倍至百倍，我们折中以五十倍计算，那么《太平御览》的市场售价应为白银4.8两，日本《十三经注疏》售价为250目，即0.25贯，当时日本币制的白银一贯换算成中国白银单位为100两，那么日本《十三经注疏》的价格即为白银25两，高于国内《太平御览》售价5倍多。若考虑到《十三经注疏》与《太平御览》在部头上的差距及我们对国内书籍售价的保守性，同等部头书籍在中日两国售价的差额将更为明显，甚至有提高十倍的可能。第二，也是后两个报价单提供给我们的主要信息，即中国海商贩运到日本的书籍由官方收买后，除御用之外其余书籍又以投标拍卖的形式卖给日本各地的商人；而报价单中出现的数家商号竞相出价投标和中标价与底价的巨大差距说明汉籍在日本还是相当有市场的，这种巨大的市场需求不仅保证了中日商人的高额利润，也刺激了中国商人源源不断地贩运书籍浮海东渡。

① [日]大庭修：《江户时代日中秘话》，徐世虹译，北京：中华书局，1997年，第58—59页。

三、其他贸易品

（一）糖类

糖类是我国大宗的对日输出物品。我国有广阔的甘蔗种植面积，而且在长期的实践过程中总结出精湛的制糖工艺。因此我国出产的糖类不仅种类多，数量大，而且质量颇高，入清以后，每年都有大量的中国糖销往日本市场。

清初清政府推行海禁政策时期，郑氏海商集团成为中日贸易的实际推进者，而其对日贸易基地正是盛产蔗糖的福建地区。在其有力推动下，我国糖类和糖类制品大量销往日本。据史料记载，1644年，运到长崎的黑砂糖849600斤，白砂糖489800斤，冰糖78150斤，共计1417500斤。1645年，又向日本出口黑砂糖1553000斤，白砂糖1770000斤，冰糖54800斤，共计3377800斤。[①]福建地区是当时对日糖类输出的主要省份，据统计，1646年由福建口岸出口到日本的砂糖总量是609000斤，1650年是397850斤，1653年是556250斤，而1655年更是高达1417430斤。[②]占据台湾后，郑经不仅大力推进岛内的甘蔗种植，而且实行了蔗糖专卖制度，以政权力量推动糖类的对日输出。当时我国各种糖类输日的具体数量如下表所示：

表5—10 清开海前中国输日砂糖数量表

年 代	白砂糖（斤）	黑砂糖（斤）	冰砂糖（斤）	总计（斤）
正保元年（1644）	489800	849600	78150	1417550
二年（1645）	1770000	1553000	54800	3377800
三年（1646）	799500	258100	145500	1203100
庆安元年（1648）	12000	91000	83	103083
二年（1649）	51450	685800	0	737250
三年（1650）	790960	?	6150	?

① [日]岩生成一：《关于近世日支贸易数量の考察》，见《史学杂志》第62编第11号，第31页。

② 韩昇：《清初福建与日本的贸易》，见《中国社会经济史研究》1996年第2期，第62页。

续表

年　代	白砂糖（斤）	黑砂糖（斤）	冰砂糖（斤）	总计（斤）
四年（1651）	193800	304400	16250	514450
承应元年（1652）	923250	270600	42150	1236000
二年（1653）	152100	584870	37250	774220
三年（1654）	268630	749900	12050	1030580
明历元年（1655）	1133200	321930	56300	1511430
二年（1656）	1293210	571650	4900	1869760
三年（1657）	221100	434460	111550	767110
万治元年（1658）	770070	874710	41555	1686335
二年（1659）	2116350	613200	834050	3563600
三年（1660）	762876	425060	53700	1241636
宽文元年（1661）	590500	322880	75410	988790
二年（1662）	2403356	1511560	18477	3933393
三年（1663）	1510520	470590	123420	2104530
四年（1664）	1754151	524463	112900	2391514
五年（1665）	920540	1642631	13950	2577121
延宝八年（1680）	1186727	1153047	78360	2418134
天和二年（1682）	1246381	1102623	251161	2600165
三年（1683）	1724922	69570	236152	2030644

资料来源：［日］岩生成一：《关于近世日支贸易数量の考察》，见《史学杂志》第 62 编第 11 号，第 31 页。

图 5—6　清开海前中国输日砂糖数量变化折线图

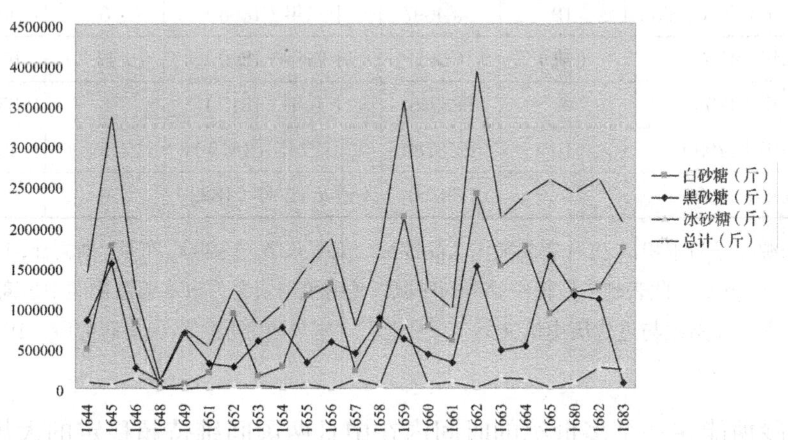

资料来源：清开海前中国输日砂糖数量表

从曲线图上可以明显看出，这一时期我国各种糖类物品输日数量虽不是年年增加，但总体上还是呈现出和缓的上升趋势。开海之后，我国糖类的对日输出数量迅速上升，年平均出口量蹿升并稳定在300万斤左右。更值得一提的是这种稳定且数目庞大的交易规模一直维持到18世纪末，而糖类也凭借着巨大而稳定的输出量超越生丝和丝织品成为我国对日输出的最大宗货物。然而，从18世纪末期开始，由于日本大力推行进口替代政策并取得收效等原因，我国砂糖的输日数量锐减（见表5—11），数量上再难以与凭借政府政策鼓励而获得巨大发展的，日渐占据日本主要市场份额的日本国产砂糖相匹敌。但应该指出的是，尽管市场份额大幅下降，砂糖仍不失为清代中日贸易的重要商品。

表 5—11　开海后中国输日砂糖数量表（1791—1810）

年　代	船数（艘）	数量（斤）	年　代	船数（艘）	数量（斤）
（乾隆）五十年（1785）	13	1870815	六年（1801）	14	2397524
五十四年（1789）	13	2142233	七年（1802）	10	1489271
五十六年（1791）	12	2366548	八年（1803）	8	1928360
五十七（1792）	16	3175427	九年（1804）	13	1528315
五十八（1793）	6	1356467	十年（1805）	10	1646454
五十九（1794）	8	1727022	十一年（1806）	8	417240
六十（1795）	5	803464	十二年（1807）	8	405000
（嘉庆）元年（1796）	12	1484097	十三年（1808）	6	436946
二年（1797）	（缺）	（缺）	十四年（1809）	11	672335
三年（1798）	8	928945	十五年（1810）	6	337158
四年（1799）	10	1238789	二十二年（1815）	8	499150
五年（1800）	7	539268	（道光）二年（1822）	6	562800

资料来源：[日]永积洋子：《唐船输出入品数量一览：1637—1833》，东京：创文社，1987年，第187—245页。此表制作过程中参考刘序枫：《财税与贸易：日本锁国期间中日商品交易之展开》，《财政与近代历史论文集》，台北："中央研究院"近代史研究所，1999年，第296页，表8。

砂糖能在一个多世纪的时间内在中日两国间维持超稳定的大规模贸易，原因自然是多方面的，而作为以追逐利益为第一前提的私人贸易，稳定且相对高额的利润应为贸易在较大规模上长期进行的第一支撑力量，也是众多商人乐此不疲的主要心理依托。换而言之，当时中日砂糖贸易的利润率应稳定在一个相当的水平之上，才能保证如此大规模的交易在如此长的时段内连续开展。当时白砂糖在我国的市场价平均为每百斤白银2.5两左右，黑砂糖的售价略低，冰砂糖的售价略高，反观日本在清代白糖价格虽屡有小幅波动，但总体上保持在每百斤8两以上，黑砂糖售价约为每百斤5—6两，冰砂糖则在9—10两之间波动。①如按此数据计算，中日糖贸易的利润率约为220%左右。也就是说，如果我国商人每年向日本输入糖类300万斤的话，将获得16.5万两白银的纯利润。

（二）瓷器和药材

除糖类外，我国对日输出的货物还有瓷器和药材。其中瓷器自古以来便是我国对外贸易的主要商品，清代我国输往日本的瓷器品种繁多、数量巨大。据史料载，1644年我国输入日本的瓷器为6478个，而至1645年，仅瓷制钵一项的输日数就达到229000 个。

药材也是重要的输日物品，当时输日的药材中，“最珍贵的是人参和朝鲜人参，据说有治疗百病的功效。其他输入量较大的有山归来、大枫子、槟榔子、大黄、黄芩、杏仁、甘草、茴香、苍术、白术、没药、乳香等”，②而且在整个清代中日贸易的进程中，我国药材的对日输出量不断增多，1650年的药材输出量为18000斤，③1711年猛增至778860斤，至1804年更达到909218斤。④刘序枫对乾隆以后有关年份中国药材输入日本的情况作了相关统计：

---

① 此数据根据［日］永积洋子：《唐船输出入品数量一览：1637—1833》，东京：创文社，1987 年，第 352—383 页资料计算得出。

② ［日］大庭修：《江户时代日中秘话》，徐世虹译，北京：中华书局，1997 年，第 26 页。

③ ［日］村上直次郎：《长崎荷兰商馆日记》第二辑，东京：岩波书店，1980 年，第 322 页。

④ ［日］山胁悌二郎：《长崎の唐人贸易》，东京：吉川弘文馆，1964 年，第 108 页、197 页。

表 5—12　中国药材输入日本数量表

(单位：斤)

年　代	数　量
（乾隆）二十九年（1764）	695820
三十五年（1770）	1052707
四十八年（1783）	1214899
五十七年（1792）	721471
（嘉庆）六年（1801）	1036343
十七年（1812）	2848359
（道光）元年（1821）	757026
九年（1829）	878085
十一年（1831）	573443

资料来源：刘序枫：《财税与贸易：日本锁国期间中日商品交易之展开》，《财政与近代历史论文集》，台北："中央研究院"近代史研究所，1999 年，第 295 页。

（三）动植物

除上文已述及的诸多传统贸易品外，中国商船在对日贸易过程中还舶来多种动植物。其中海商负载动物前来多是应日本官方的某种要求，或将动物作为送与日本将军或者官吏的礼物。如1728年，海商郑大成为将军德川吉宗带来大象两头。1709年3月20日入港的27号南京船载来鹦哥1只，30号宁波船载来颊白1只，31号南京船带来金雀鸟1只。1775年入港的未8号厦门船载有鹩哥4只，八哥6只，斑鸠1只。1815年漂流至伊豆下田的南京永茂船，载有沉香鸟42只、倒挂鸟5只、相思鸟17只等等。[①]

在这些舶来的动物中，引起轰动最大也是记载最为详细的即为郑大成舶来的一雌一雄两头大象。其中公象还来到当时日本的首都江户，供将军德川吉宗观赏，场面极其盛大。对于这两头象，时人留下了非常详细的记载：

> 公象七岁，身长一丈，高五尺五寸，周长一丈一尺三寸。腿长二尺二寸，粗一尺五寸，四周无肉，如剥皮杉树。目一寸五分，耳一尺三寸，如蝙蝠之羽，又似蝶。口隐于鼻下，不常见。

① [日]大庭修：《江户时代日中秘话》，徐世虹译，北京：中华书局，1997 年，第 124 页。

牙一尺四寸，甚粗，根部周长一尺六寸。鼻长三尺五寸，根部周长一尺六寸，端部周长六寸。有二孔，边际有三物似爪，可自由开合。先以鼻吸水，再入口中，身痒时，以鼻卷木搔之；又可以鼻洗身。尾长二尺七八寸，如日本之牛尾，根部粗。毛淡黑而浓密，皮肤如野猪，啼声似牛。五岁母象，身长八尺，尺寸同公象。①

关于江户时期中国花卉输往日本的情况，由于资料缺乏，故研究者极少。笔者所见只有日本学者大庭修根据《增补地锦抄》中的资料对当时中国植物传入日本的情况做过论述，现列举于下：

正保年间（1644—1647）输入的植物：散丹花、南京梅（今蜡梅）、琉球杜鹃、花兰、棕榈竹、摩珂蔓珠（今金灯草）、风车、玫瑰、萝莎、雾岛杜鹃、莲玉、康乃馨，菊花五种：醉杨妃、御爱、玉牡丹、鹅毛、太白。

宽文年间（1661—1672）舶来的植物：扶桑花、黑船杜鹃、紫罗兰、唐杜鹃、铁线莲、杜鹃、荷兰石竹。

延宝年间（1673—1680）舶来的植物：唐桐（今绯桐）、渡百合、玉兰花（今大山莲花）、金雀花、袂百合草、朝鲜笠百合、唐椿、朝鲜椿、柊椿、小仓仙翁花。

天和贞享年间（1681—1687）舶来的植物：美人蕉、千日红、岩石兰、萝珂乌、柊南天、罗根草（今高琉草）、曼陀罗花。

元禄年间（1688—1703）舶来的植物有：天笠莲花、椿树（今香椿）、雪持草。

① ［日］大庭修：《江户时代日中秘话》，徐世虹译，北京：中华书局，1997 年，第116—117 页。

> 宝永正德年间（1704—1715）舶来的植物有：计时草（在长崎称伽蓝桂树，享保八年舶来）、南京石榴（享保九年舶来）、唐枫、甘蔗。①

江户时期中国动植物输往日本的数量不多，且多作为馈赠品赠予官方，难以以贸易品的形态出现，故只能将其视为贸易的附带品。

还有一点应该指出的是，虽说日本官方对于包括中国贸易品在内的大多数输日物品持接受和欢迎的态度，但也有一些例外。如宽文年间，幕府出于经济上节约的需要，曾禁止一些奢侈品输入。1663年3月，幕府颁布了禁止输入的商品目录：

> 动物类、药用以外的植物类、不能入药的紫檀等、热带木材、伽罗皮、沉香、丹壳、玩赏器物类、红土、香炉、花瓶等（包括金属、陶瓷制品）、唤人钟、小吊钟、佛像、偶人、铜锣、烛台、陶瓷器、香匣（陶、瓷、漆制、木制）、镇纸、小火盆、笔架、砚屏、水注、水舀、水勺、水翻（洗茶碗用）、食盒、腰佩、小药盒、茶壶、灰缸、桌、香几、多宝槅、点心盒、花瓶座、砚盒、用纸箱、橱柜、笔杆、书画、画框、笔、青贝类、栉、信纸及彩纸、扇子、针、砚石、团扇、灯笼、精炼金银用吹火筒、琉璃灯、画帘、石板、升官图、蛋壳、各种绘画（但世界地图准进口，因极为需要）、各种数珠、陶瓷酒壶、熨斗、玻璃器皿（但眼镜、镜片、长颈玻璃瓶准进口）、洋喇叭、烟袋类、烫金薄皮革、荷兰金银箔、荷兰小刀、手工艺品（但鳖甲、角类、陶偶、香袋、人造花准进口）、各色细件（但砚台准进口）、非农料用的高级织物、毛织物之类（但呢绒、哔叽、猩红毛织品、花毛毡准进口）、刃具、手巾、珊瑚珠、琥珀、假玉石

---

① ［日］大庭修：《江户时代日中秘话》，徐世虹译，北京：中华书局，1997年，第129—130页。

类、穿在荷包口上的饰玉之类。[①]

从上面征引的史料看，当时列入禁入名单的物品种类很多，但进入列表中的物品并不是在整个江户时期都禁止输入。从《长崎记》和《长崎觉书》等日本史料中提到"后来逐渐准许"的字样便知后来对有些物品的输入限制逐步解除了。而且，从宽文延宝年间输入了大量观赏植物也能看出日方禁令的松动和调整。

纵观清代的对日输出品，从满足日常生活所需的糖类、药材，到提高生活质量的丝绸，再到丰富视野、提升品位的各类书籍以及供玩赏、调剂生活的动植物。可以毫不夸张地说，中国商品在某种程度上影响着日本人的生活，而这种影响也使中日之间的贸易联系更加紧密。

第二节　从日本进口的贸易品

由于生产能力所限，日本输入中国的商品种类较为单一，始终以贵金属和少数几种工艺品为主。正如《皇明象胥录》所载，日本"互市华人的货物有金银、琥珀、水晶、硫黄、水银、铜镶、白珠、青玉、苏木、胡椒、细绢花布、螺钿、金漆器、扇、刀剑等"。明代中后期以来，随着中日私人海外贸易的蓬勃发展，中日间贸易额迅速扩大，日本的金银等贵金属以支付手段的方式源源不断地输入中国，其中以银的输入量为最大。入清以后，由于日本政府限制了白银的输出，铜逐步取代白银成为对华贸易的主要输出物品。同时，海产品的输出量也在逐步增加，成为除铜料以外最大宗的出口商品。

① ［日］木宫泰彦：《日中文化交流史》，胡锡年译，北京：商务印书馆，1980年，第678—679页。

一、铜料贸易

日本铜自明代起即开始流入我国，入清以后，随着商品经济的恢复发展，市场上铜钱的需求量大增，与之形成鲜明反差的是国家鼓铸所需的铜料严重不足，而当时的日本铜矿大量开发使铜产量激增。如此一来，双方以货易铜各取所需的贸易便顺理成章地蓬勃发展起来，铜料也自然而然地成为日方对华输出的主要物品。对此日本学者速水融曾指出："17世纪后半期，长崎贸易输出的重点已从丁银转移到了铜。这是因为，日本的铜产量，由于四国的别子、立川铜矿的开发而创纪录地上升，于是幕府也有意把铜作为替代丁银的主要输出品。铜在中国作为铸造钱币的原料，需求量极大。……虽然日本铜的输出，适应了当时世界对铜的需求，但将中国人和荷兰人的兴趣如此巧妙地由金银引向铜并能使这种势头长期持续不衰的最主要理由，无论如何应说是因为铜的价格低廉稳定，再加上品质优良。"①

（一）乾隆以前办铜制度的演变及日铜的输入

清初，在所向克捷的军事进攻之后，满洲贵族发现他们正面临着一个比单纯军事进攻更加棘手的问题，即如何从经济领域驾驭这个似乎已经属于他们的庞大帝国。于是，他们翻开了尘封已久的典籍，希望从前人的经验中得到启迪。当读到诸如"（唐）武德四年（621）七月，废五铢钱，行开元通宝钱"②，"（宋）太祖初铸钱，文曰宋通元宝"③的记载时，清统治者意识到多数开国之君都是以发行新的铜钱作为控制经济领域的第一步。他们也如法炮制，命户部宝泉局和工部宝源局负责铸造印有本朝纪年

① ［日］速水融、宫本又郎编：《经济社会的成立：17—18世纪》，厉以平监译，北京：三联书店，1997年，第156页。

②《旧唐书》卷四十八《食货上》，北京：中华书局，1975年标点本，第6册，第2094页。

③《宋史》卷一八〇《食货下二》，北京：中华书局，1985年标点本，第13册，第4375页。

的新铜钱。但铸造新币的举措刚刚实施，一个新问题随之出现，即国内铜料匮乏，根本无法满足鼓铸的需要，虽说清政府采取了诸如收缴废铜等专项措施，但在巨大的铜料需求量面前显然是杯水车薪。这个新兴政权在对经济领域控制的渴求下，在国内对此项问题暂无济世良方的情况下，把目光投向了海外，投向了与自己一衣带水的邻邦日本。顺治三年（1646），清政府便下达敕令："凡商贾有挟重资愿航海市铜者，关给符为信，听其出洋，往市于东南、日本诸夷。舟回，司关者按时值收之，以供官用。"①其实，早在顺治二年，清政府即开始实行关差办铜，即由崇文门、天津、临清、淮安四关各支税额1万两，供户部宝泉局购买铜料，而后，参与办铜的榷关及动用的资金逐渐增多（详见表5—13）。工部宝源局于顺治十七年（1660）也奏请："令芜湖、龙江、南新、荆州四关差及芦政差动支岁课银办铜解局。"②即出现了关差与盐差共同办铜的局面。但这种局面只维持了很短的一段时间，至康熙二十年（1681），盐差办铜即告停止。此后，虽有提取盐课收入用作办铜费用之事，但盐课始终处于协助办铜的地位，再未实行过关差盐差共同办铜的政策。

表 5—13　清代参与办铜榷关演变及支出办铜资金表

年代		办铜榷关演变及办铜资金
顺治	二年（1645）	崇文门、天津、临清、淮安四关，各动支税银 1 万两解送户部宝泉局
	四年（1647）	芜湖、扬州、浒墅、九江、西新六关，各增办铜银 1 万两解送户部宝泉局
	七年（1650）	临清、淮安、芜湖、浒墅、九江、北新六关，各增办铜银 1 万两解送户部宝泉局
	九年（1652）	减西新关办铜银 5000 两，改增芜湖关银 2000 两，浒墅关银 3000 两解送户部宝泉局

① 张寿镛：《皇朝掌故汇编》卷十九《钱法一》，光绪二十八年（1902）求实社铅印本，第1—2页。

② 嵇璜：《清朝文献通考》卷十四《钱币考二》，杭州：浙江古籍出版社，2000 年影印本，第 1 册，第 4970 页。

续表

年代		办铜榷关演变及办铜资金
康熙	三年（1664）	芜湖关、龙江关各增办铜银 19000 两有奇，南新关办铜银 4800 两有奇，荆州关办铜银 4000 两有奇解工部宝源局
	十四年（1675）	各关铜斤止办解定额之半
	二十二年（1683）	减临清关办铜银 1 万两，改令赣关、太平关各支银 5000 两办铜，又增芜湖关办铜银 3000 两，凤阳关办铜银 12000 两
	二十三年（1684）	令芜湖关、赣关各支税银 1950 两，浒墅关支税银 6175 两，太平桥关支税银 2600 两，凤阳关支税银 1416 两 7 钱 4 分，湖口关支税银 910 两解工部宝源局
	二十四年（1685）	西新关代龙江关办铜银 5000 两

（资料来源：戴建兵、许可：《清代铜政略述》，《江苏钱币》2007 年第 3 期，第 1 页。）

对于开海之前关差办铜中日本铜料的数量，我们应有一个比较清醒的认识。鉴于当时中日贸易的实际控制权掌握在郑氏海商集团手中，当时清政府能够通过贸易方式从日本获得的铜料数量相当有限。而且与收买洋铜同时实行的收缴民间旧铜等措施引发了私销、私铸、旧钱充斥等经济问题，加剧了清初国家金融市场的混乱局面。故为稳定金融，清政府不得不在顺治八年（1651）实行"钞贯之制"，即每年发行制钞128172贯，与铜钱并行使用，以弥补铜钱鼓铸数量之不足。这种钱钞并用的暂行办法一直沿用至顺治十八年。

康熙二十三年（1684）开放海禁之后，中日贸易获得了飞跃性的发展，日本铜料输入中国的数量也随之大幅提升。为适应这一新形势，清政府对原有的关差办铜制度进行了扩充，将参与办铜的榷关增加至十六个，即崇文门、天津关、临清关、龙江关、西新关、浒墅关、淮安关、扬州关、湖口关、赣关、芜湖关、凤阳关、北新关、南新关、荆州关、太平桥关。虽说这些榷关所办之铜不可能都是洋铜，但开海之后，在国内铜料供应未见显著增长的情况下，输入量激增的洋铜（具体见表5—14、图5—7）在其中所占的比例不断上升是毫无疑问的。

表 5—14　关差办铜时期日本铜料的输入数量表

（单位：斤）

年代	铜输入额	年代	铜输入额
（康熙）三年（1664）	283800	二十三年（1684）	1946300
四年（1665）	343700	二十四年（1685）	2091400
五年（1666）	526400	二十五年（1686）	4455700
六年（1667）	748200	二十六年（1687）	3385300
十一年（1672）	1158100	二十七年（1688）	2766000
十二年（1673）	1096650	二十八年（1689）	5735200
十三年（1674）	1831900	二十九年（1690）	3766873
十四年（1675）	1935400	三十年（1691）	3400000
十五年（1676）	1044200	三十一年（1692）	3770400
十六年（1677）	1200000	三十二年（1693）	3744800
十七年（1678）	1800000	三十三年（1694）	3359100
十八年（1679）	1847770	三十四年（1695）	7406800
十九年（1680）	?	三十五年（1696）	7477502
二十年（1681）	?	三十六年（1697）	7139968
二十一年（1682）	3283925	三十七年（1698）	6402000
二十二年（1683）	2825355		

资料来源：[日]山胁悌二郎:《长崎の唐人贸易》，东京：吉川弘文馆，1964年，第219页。[日]岩生成一：《关于近世日支贸易数量の考察》，见《史学杂志》第62编第11号，第35页。

图 5—7　关差办铜时期日本铜料输入数量变化折线图

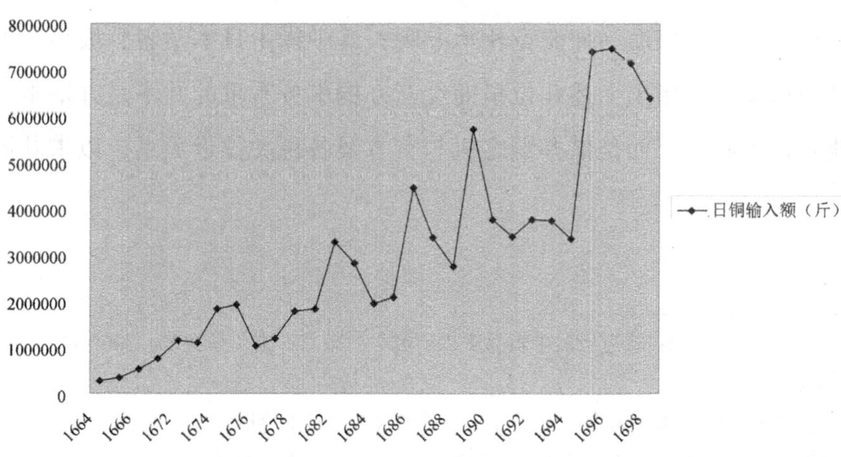

资料来源：关差办铜时期日本铜料的输入数量表

康熙三十八年（1699），清政府改变了原有的关差办铜方式，代之以内务府商人办铜。那么清政府为何要改变办铜方式呢？笔者认为，主要原因是关差办铜制度本身存在诸多弊端。首先，官方所定收铜价格过低。康熙三年定价为每百斤6.5两，而日本1697~1712年间铜料的输出价格为10.4~13.5两之间。[①]各办铜的关差为弥补这巨大的差价便向过往人员任意征收关税，导致民怨四起。其次，办铜关差任职原则上为一年，但若办铜未完可留任补完，（关差们）为了贪图利益，因此大多故意稽延。[②]大大降低了采办铜料的效率，并进而直接影响到政府的鼓铸大计。为剪除上述弊端，提高办铜效率，清政府决定由内务府商人承办办铜事务。

所谓内务府商人办铜，即由内务府招募一些大商人，从各关支领办铜银两，采买规定数量的铜料，再将铜料解送京局鼓铸。于是，从康熙三十九年（1700）起，办铜事务改由内务府皇商王刚明、张鼎臣及曹寅兄弟等九人承办。[③]诚如前文所述，官方给定的铜料收购价格极低，据刘序枫考证，当时官方所定收铜价格为每百斤10两，脚价5两，而商人实际买铜只用7两，加运费及杂费3两，计10两，比日本之输出价及市价均低，剩余的5两中1.1两为给税关监督的"盘缠银"，3.9两为"节省银"上缴内库。[④]这样计算下来，办铜商人根本无利可图。那么，对于无利可图的办铜生意，内务府皇商为何要竞相承办呢？其中缘由日本学者香坂昌纪的分析最为透彻，他指出上述几位皇商经营办铜事务看重的并不是办铜本身能给他们带来利益，而是借办铜之机与官方及各税关拉近关系，以求获取其

① ［日］山胁悌二郎：《近世日中贸易史の研究》，东京：吉川弘文馆，1960年，第74、137页。

② 《雍正档》第24辑，第762页，雍正十三年六月二日李卫折。

③ 《曹家档》第15—20页，康熙四十年五月二十三日，内务府题本。

④ 刘序枫：《清康熙——乾隆年间洋铜的进口与流通问题》，见汤熙勇主编：《中国海洋发展史论文集》第七辑，台北：中山人文社会科学研究所，1999年，第96—97页。

他利益。[①]尽管有其他利益做支撑，但由于经营不善，王刚明等办铜皇商累年亏欠达二百万两。鉴于皇商办铜导致巨额亏欠无法完解，户部尚书赵申乔上书提议废除内务府商人办铜，于是，从康熙五十五年（1716）起，改由江苏、浙江、广东、福建、安徽、江西、湖北、湖南八省分别采办铜料。即由八省督抚选派精干官员，携资赴江浙各口岸，招商承办铜务。每省额定办铜554400斤，八省合计为4435200斤，办铜价格提高为百斤白银12.5两，水脚银3两。[②]康熙五十七年（1718）又将铜价提升至每百斤14.5两。[③]但这种办法也有很大弊端，由于除江苏、浙江以外的官员对江浙口岸情况及赴日贸易商人并不了解，导致招商不力，累年亏欠甚多。在这种情况下，清政府又对办铜方式进行调整，规定从康熙六十一年（1722）起，将原来的八省办铜改为由浙江、江苏两省总办，但办铜总额保持不变。清政府又规定去日本贸易洋铜的商船只能在乍浦和上海两关进出口，“鼓铸铜斤惟需东洋条铜，而洋铜进口船只俱收江浙二海关，是江浙为洋铜聚集之区，现在八省分办铜数，俱在江苏、浙江购买，徒滋纷扰，以致解运不前，莫若即归并江浙巡抚委员办解，自六十一年为始”。[④]

雍正年间，办铜政策更是变动频繁，雍正元年（1723），将原来的八省办铜改为江苏、浙江二省办铜。雍正二年以后又命其他省份协助江浙办铜。至雍正八年（1730）又定八省分办洋铜、滇铜，其中江苏、安徽、江西、浙江、福建五省办洋铜，湖北、湖南、广东三省办滇铜。

纵观乾隆以前清政府的办铜政策，可以看出它屡经变动，正如《清

---

① ［日］香坂昌纪：《清代前期の关差办铜制及商人办铜制》，见《东北学院大学论集·历史学地理学》，第11号，第141—145页。

② 嵇璜：《清朝文献通考》卷十四《钱币考二》，杭州：浙江古籍出版社，2000年影印本，第1册，第4979页。

③ 嵇璜：《清朝文献通考》卷十四《钱币考二》，杭州：浙江古籍出版社，2000年影印本，第1册，第4979页。

④ 嵇璜：《清朝文献通考》卷十四《钱币考二》，杭州：浙江古籍出版社，2000年影印本，第1册，第4980页。

朝文献通考》所载，“采买洋铜例往东洋日本。自康熙二十二年（1683）设立海关，是时洋铜即已流通内地。逮三十八年以京局额铜交商办解，寻改为八省分办，复改为江浙总办，皆取给于东洋。……以后各船岁往日本之长崎澳，易铜以还，分供铸局。鲸波万里，来往不惊。盖由圣世承平，商民乐业，以东鳀远产而岁致中邦，宛如内地官山之利焉”①。清政府采办洋铜方式变更如此频繁，体现出清政府对赴日办铜的高度关注，也凸显出日本铜料进口对于稳定清国家经济金融秩序的重要性。“元禄十二、三年（康熙三十八年，1699；康熙三十九年，1700）前后，在长崎出现的内务府的商人船、盐商船、办铜官商船、办铜额商船等，是清政府的间接派船。所谓间接是指清政府实际上在背后对日本派船非常关心”。②

（二）洋铜输入的减少与乾隆初年对洋铜采办制度的改革

清政府虽对采办洋铜的方式进行了诸多变革，但洋铜的采买状况依然很不理想，日本铜的输入数量日渐降低。曾任署江苏巡抚的何天培在奏折中谈道：“东洋开采日久，铜矿日减。每年江浙二省铜商出洋者不过三十六船，从前每船载铜九万五千斤，近因采铜渐少，每船只得铜七万五千斤，约收江南海关者十八九船，合计可得铜一百三四十万斤，只敷承办一半之数，尚需一半，实属无从采买。”③面对这种洋铜输入日渐艰难的局面，亲政伊始的乾隆皇帝对洋铜采办制度作出了新的变革，确立了额商、官商采办洋铜的十三家办铜制。

首先来看额商办铜制度的确立。额商即为民商，额商办铜制度的具体内容为“先是江浙承办京局铜斤，各商皆预先领帑。至乾隆三年停止办

① 嵇璜：《清朝文献通考》卷十七《钱币考五》，杭州：浙江古籍出版社，2000年影印本，第1册，第5011页。

② ［日］山脇悌二郎：《长崎の唐人贸易》，东京：吉川弘文馆，1964年，第1页。

③ 嵇璜：《清朝文献通考》卷十五《钱币考三》，杭州：浙江古籍出版社，2000年影印本，第1册，第4982页。

运，而商人积欠甚多，未能清缴。嗣因江苏开铸，另招自携资本之新商，即给与旧商所用倭照，出洋采铜。俟办回时，与浙江分买供铸”[①]。就是由官方将原有积欠商人辞退，并将其手中信牌没收，再将这些信牌转交给重新招募的赴日办铜商人。而这些商人与以往招募的办铜商人最大的不同是他们自备办铜费用，按照指定数目赴日办铜，归国后额铜由江浙两省分买。乾隆初期，官方对于额商办铜的收购价格仍为每百斤14.5两，后因铜料不足，乾隆五年（1740）经张渠上奏提升至17.5两，接近了19.8—20两的市价。[②]而对于额商所收买解运回的铜料，江苏、浙江二省各收买25%，其余一半供商人自售。初期额商的人数并不固定，后逐渐稳定在十二家，民商十二家办铜遂成为一种定制，一直至清末都未改变。

其次，我们来看看官商办铜制。乾隆初年实行额商办铜制后，国家鼓铸使用的铜料仍显不足，市场上铜钱价格日渐走高。为扭转这一情况，乾隆九年（1744）乾隆帝命皇商范毓馪采办洋铜，这便是乾隆年间铜政改革后官商办铜的开始。《清朝文献通考》对此作了相当详细的记载，现抄录于下：

> （乾隆九年）议定商办洋铜分解直隶、陕西、江苏、江西、湖北五省，以供鼓铸。户部议言，官商范毓馪有承办运米、运盐及销售参票未完各项银一百一十四万余两，应令其办铜完补。每年办洋铜一百三十万斤，解运直隶保定府三十万斤，陕西西安府二十万斤，江苏苏州府二十万斤，江西南昌府二十五万斤，湖北武昌府二十五万斤，于本年置货出洋，自乾隆十年为始，按数陆续交纳。[③]

① 嵇璜：《清朝文献通考》卷十七《钱币考五》，杭州：浙江古籍出版社，2000年影印本，第1册，第5010页。

② 《财政类》，档案编号1227—018，乾隆2，10，11，张渠折。

③ 嵇璜：《清朝文献通考》卷十六《钱币考四》，杭州：浙江古籍出版社，2000年影印本，第1册，第5000页。

清政府起用官商参办洋铜目的主要有二：一来是为增加办铜人手，弥补铜料不足的状况，抑制钱价的继续走高；二来可以让官商利用采办洋铜的机会获取利润以补交其拖欠政府的银两。官商办铜的价格与额商有所不同，解运直隶、陕西两省的铜料收购价为每百斤14两，运往江苏、江西、湖北三地的收购价为每百斤13两，而且官商在解运铜料过关时可享受免税待遇。[①]与额商办铜相似的是官商在向政府交足额铜之后，剩余部分也可自售获利。官商办铜制实行后，能够参与办铜的官商始终为一家，虽经历了由范氏至王氏再至钱氏等人员的转变，但始终没有超出官商一家的限制。其与前文所述的额商十二家，统称为十三家办铜。而这种乾隆年间开始采用的赴日采办洋铜制度，一直沿用至清末再未做出改变。

那么，十三家办铜制确立后，官商与额商每年能输入多少日本铜料呢。乾隆二十年（1755）江苏巡抚庄有恭的奏折对此有比较明确详尽的记载：

> 查乾隆十四年议，采办洋铜每年额定十五船，除官商范清注铜船系领帑办铜外，民商自办者共十二船，应请即以见办十二人为商额，每年发十二船置货出洋。约需自备铜本银二十八万八千余两，办铜一百五十万斤。仍照旧定官收一半之例，江浙二省分买。……于乾隆二十年为始，增给布政司印照，以为海口稽查符验。其有他商情愿办铜者，悉附十二额商名下，如引盐散商附入甲商之例，不得私自越贩。[②]

上文资料为我们提供了相当丰富的信息，主要分三个方面，一是指出

① 刘序枫：《清康熙——乾隆年间洋铜的进口与流通问题》，见汤熙勇主编：《中国海洋发展史论文集》第七辑，台北：中山人文社会科学研究所，1999 年，第 109 页。

② 嵇璜：《清朝文献通考》卷十七《钱币考五》，杭州：浙江古籍出版社，2000 年影印本，第 1 册，第 5010 页。

官商办铜仍为官府出资，而不是如额商那样自本办铜。二是明确提出十三家办铜制确立后，每年规定赴日办铜船只为15艘，其中民商办铜船数12艘，办铜数额为150余万斤。三是除清政府允许的十三家办铜商外，其余散商如愿意也可赴日购铜，但必须附在额商十二家的名下，不得私贩，政府还向布政司发放牌照以备海防部门随时稽查。应该指出的是，清政府为官商和额商规定的铜料输入额并非一成不变，而是随着实际情况的变化随时做出调整，如清政府原定官商输入的洋铜数量为每年130万斤，但由于日方的政策限制等原因，乾隆十一年（1746）范毓馪之弟范毓奇曾上书提请将输入铜额改为每年80万斤[①]；十五年（1750）又因赴日商船难以按时归航为由，再次奏请将输铜数额降低至50万斤。额商办铜则为每年12艘，年输入铜额为150万—160万斤；至乾隆三十年（1765）又将额商输入铜额降为每年80万斤。

以上为清政府根据历年洋铜输入条件的大体变动为官商、额商在输入额方面做出的规定，在一定程度上反映出了乾隆初年铜政改革后日本铜输入我国的情况，如铜料输入的艰难与否，铜料入口数量变动的大致范围和轨迹等。但这种反映较为粗糙，缺乏精确的信息，难以对铜输入的具体情况进行量化分析。下文将以列表的形式对铜政改革后官商和额商输入日本铜的具体情况分别进行量化统计：

表5—15　1762—1793年官商输入洋铜数量表

年代	官商名	船只数（艘）	铜斤数（斤）
（乾隆）二十七年（1762）	范清注	3	300000
二十八年（1763）	范清注	3	300000
二十九年（1764）	范清洪	4	400000
三十年（1765）	范清济	4	472100
三十一年（1766）	范清济	9	900000
三十二年（1767）	范清济	5	500000
三十三年（1768）	范清济	5	500000

① 《财政类》，1237-002，乾隆11.2.15，范毓奇折。

续表

年　代	官商名	船只数（艘）	铜斤数（斤）
三十四年（1769）	范清济	5	500000
三十五年（1770）	范清济	6	600000
三十六年（1771）	范清济	6	600000
三十七年（1772）	范清济	5	500000
三十八年（1773）	范清济	6	600000
三十九年（1774）	范清济	7	700000
四十年（1775）	范清济	8	800000
四十一年（1776）	范清济	6	600000
四十二年（1777）	范清济	6	600000
四十三年（1778）	范清济	7	700000
四十四年（1779）	范清济	7	700000
四十五年（1780）	范清济	7	700000
四十六年（1781）	范清济	?	?
四十七年（1782）	范清济	6	600000
四十八年（1783）	范清济	1	100000
	王世荣	1	100000
四十九年（1784）	王世荣	?	1350000
五十年（1785）	王世荣	?	560000
五十一年（1786）	王世荣	?	1320300
五十二年（1787）	王世荣	?	420000
五十三年（1788）	钱鸣萃	?	818900
五十四年（1789）	钱鸣萃	?	1131700
五十五年（1790）	钱鸣萃	?	640000
五十六年（1791）	钱鸣萃	?	700000
五十七年（1792）	钱鸣萃	?	700000
五十八年（1793）	钱鸣萃	?	700000

资料来源：刘序枫：《清康熙——乾隆年间洋铜的进口与流通问题》，见汤熙勇主编：《中国海洋发展史论文集》第七辑，台北：中山人文社会科学研究所，1999 年，第 114 页。

表 5—16 1767—1771 年官商、额商发船数及办铜数量表

年 代	中国记录		日本记录	
	船数（艘）	铜额（斤）	船数（艘）	铜额（斤）
乾隆三十二年（1767）	官商 5	500000		
	额商 6	839900		
	小计 11	1339900	12	1512635
三十三年（1768）	官商 5	500000		
	额商 6	940000		
	小计 11	1440000	11	1523746
三十四年（1769）	官商 5	500000		
	额商 6	870000		
	小计 11	1370000	11	1280565
三十五年（1770）	官商 6	600000		
	额商 7	1107700		
	小计 13	1707700	15	1865588
三十六年（1771）	官商 5	600000		
	额商 6	623500		
	小计 11	1223500	14	1516197
总计	官商 26	2700000		
	额商 31	4381100		
	+ 57	7081100	63	7698731
年平均	11.4	1416220	12.6	1539746
一艘平均	官商	100000		
	额商	143037		
	平均	124230		122202

资料来源：刘序枫：《清康熙——乾隆年间洋铜的进口与流通问题》，见汤熙勇主编：《中国海洋发展史论文集》第七辑，台北：中山人文社会科学研究所，1999 年，第 115 页。

图 5—8　1762—1793 年官商输入洋铜数量变化折线图

资料来源：1762—1793 年官商输入洋铜数量表

图 5—9　1767—1771 年官商、额商办铜数量柱状图

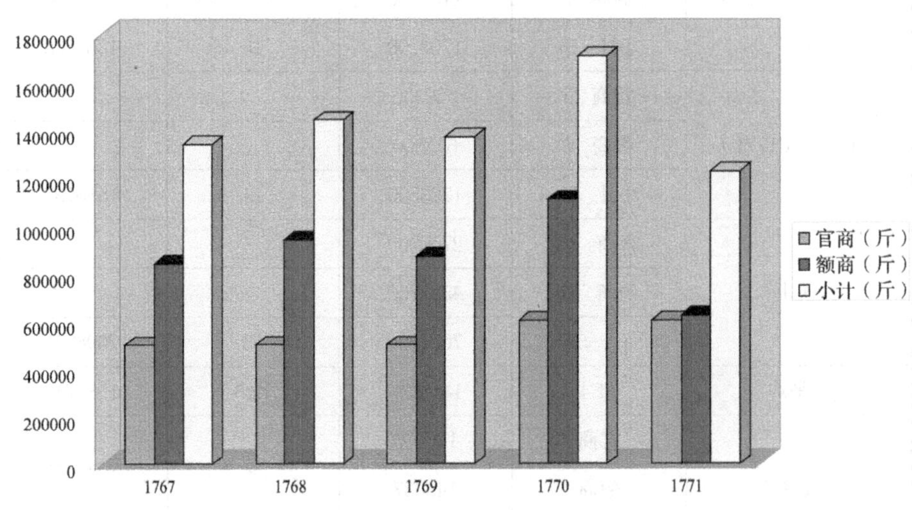

资料来源：1767—1771 年官商、额商发船数及办铜数量表

从以上列表统计数据可以看出，官商年输入日本铜的数量比较稳定，除个别年份外，基本都在100万斤以下。而关于额商的输入情况，由于资料缺乏，仅有五年的输入数量，难以看出其输入日本铜料数量的长期变化趋势。但通过五年内官商、额商二者输入日本铜料的数量总和看，其年均

输入总量基本上稳定在140万斤左右，与康熙年间日本铜的输入量相比已经有了较大幅度的下降。

（三）滇铜的开发与对日铜依赖的摆脱

前文已述，由于我国铜产量较低导致政府铸币原料短缺，清初我国出现了较为严重的钱荒。在当时国内局势相对不稳、政治军事任务繁重及政府财力有限的情况下，清政府将解决这一严重金融危机的主要希望寄托于日本铜的进口上。而日本铜的输入也确实在一定程度上缓解了我国鼓铸原料不足的困境，尤其是康熙开海之后，日本铜料输入量的激增使得这种作用更为明显。但这种日铜大量输入我国的局面很快引起了日本官方的注意，他们为抑制本国铜料的大量外流陆续出台了一系列政策，如1685年颁布的“贞享二年令”，1715年的“海舶互市条例”，也就是我们常说的“正德新令”。这些法令不仅对中国商船贸易额和船数做了限制，还明确规定每年铜料的具体输出量。不仅如此，日方还利用手中的权力对前来办铜的中国商人百般刁难，如就给中国商人发放信牌一事，经常出现“凡倭照一张，值银七八千”[①]。而且“自康熙六十年为始，不论船之多寡，勒令译司缴纳金片二万片，每年逐渐增加，至雍正五、六年，译司即有亏空，将商船留难迟发，并于额定每船货本一万两给铜四百箱之内，扣起一百五十箱，止发二百五十箱，各商带回之铜愈少，以致亏本欠铜”[②]。在日方如此严厉的政策限制下，赴日贸易商人办铜日趋艰难，我国每年输入日铜的数量持续下降，时人王士祯对当时情况描述道：“近自洋铜不至，各布政司皆停鼓铸，钱日益贵，银日益贱。今岁屡经条奏，九卿杂议，究无良策，即每银一两折钱一千之令，户部再三申饬，亦不能行，官

---

①《世宗宪皇帝朱批谕旨》卷一七四，《景印文渊阁四库全书》第423册，台北：商务印书馆，1986年影印本，第216页。

②《世宗宪皇帝朱批谕旨》卷一七四，《景印文渊阁四库全书》第423册，台北：商务印书馆，1986年影印本，第465页。

民皆病然视。”[①]面对这种洋铜输入日渐艰难的状况，清政府意识到大力发展本国铜矿以求铜料自给才是解决铜料短缺的根本方法，于是加大了滇铜开发的力度。

其实，早在康熙二十一年（1682）清政府刚刚平定“三藩之乱”时，为解决云南当地驻军的兵饷问题，时任云贵总督的蔡毓荣即上奏《筹滇理财疏》，提出（云南铜矿）“若令官开官采，所费不赀，当此兵饷不继之时，安从取给？且一经开挖，或以矿脉衰微，旋作旋辍，则工本半归乌有；即或源源不匮，而山僻之，耳目难周。官民之漏卮无限，利归于公家者几何哉？”他建议通过“听民开采，而官收其税”[②]的方式开采云南铜矿。但这种使用民间资金开采铜矿的方法限制了铜矿的规模，产量也极为有限。

雍正帝即位后，由于苗族叛服不定，云南地区的局势出现了不稳定的因素，雍正帝考虑到此时开发滇铜有矿工聚众滋事，加剧当地紧张局势的危险，因此沿用了康熙年间使用民间资本开发滇铜的方式。至雍正五年（1727）后，云贵总督鄂尔泰基本平定了东川、乌蒙等地的苗族叛乱，改土归流政策得以推行，极大地稳定了清政权在云南地区的统治。在上述有利条件的基础上，雍正五年，鄂尔泰就官方出资开发滇铜的问题向雍正帝上奏，他提出：“（云南地区）铜多本少，收买不敷，厂客如有积铜，薪米即难接济，若不早为筹划，临时更费周章。相应恳祈圣恩，俯准于盐务赢余银内，酌借五六万两，发价收铜，卖价还项，一转移间，似于厂务大有裨益。”[③]此项意见得到了清政府采纳，标志着原有的使用民间资本的“听民开采，官收其税”的办铜政策正式向政府出资“放本收铜”的“官

① 王士祯：《居易录》卷中，丛书集成初编本，北京：中华书局，1985年点校本，第12—13页。

② 鄂尔泰：《云南通志》卷二十九，《景印文渊阁四库全书》第570册，台北：商务印书馆，1986年影印本，第371页。

③《世宗宪皇帝朱批谕旨》卷一二五，《景印文渊阁四库全书》第420册，台北：商务印书馆，1986年影印本，第358页。

治铜政”转化。但此时的“放本收铜”政策贯彻的力度还比较小（详见表5—17），无论是投入的资金数量还是制度本身都难以与乾隆以后成熟的“放本收铜”政策相提并论。但其积极意义是应予以肯定的，它为大规模开发滇铜奠定了基础，指明了方向。

表 5—17 乾隆元年之前滇铜产量表

（单位：斤）

年　代	生 产 量
（康熙）五十五年（1716）之前	400000
五十五年（1716）	600000—700000
五十六年（1717）	600000 余
五十七年至五十八年（1718—1719）	900000 余
五十九年（1720）	809260
六十一年（1722）	800000 余
（雍正）元年（1723）	1000000 余
二年至三年（1724—1725）	1000000 余
四年（1726）	2150000
五年（1727）	4013000
六年（1728）	2700000 余
七年（1729）	约 4000000
九年（1731）	2287300
十年（1732）	3200000 余
十一年（1733）	3610000
十二年（1734）	4850000
（乾隆）元年（1736）	7598947

资料来源：刘序枫：《清康熙——乾隆年间洋铜的进口与流通问题》，见汤熙勇主编：《中国海洋发展史论文集》第七辑，台北：中山人文社会科学研究所，1999 年，第 100 页。

进入乾隆年间后，清政府进一步加大了开发滇铜的力度。乾隆三年（1738），“铜本”正式成为政府财政开支中的一项，“放本收铜”也摆脱其临时性，成为国家一项既定经济政策。随着开采资金来源的稳定和扩充，滇铜产量也迅速上升，乾隆年间滇铜产量的具体情况如下表所示：

表 5—18　乾隆年间滇铜产量估计表

（单位：斤）

年　代	铜产量	年　代	铜产量
（乾隆）元年（1736）	7598947	二十八年（1763）	12766000 余
二年（1737）	10089100 余	二十九年（1764）	13781000 余
三年（1738）	10457900 余	三十年（1765）	11875900 余
四年（1739）	9420500 余	三十一年（1766）	8123300 余
五年（1740）	8434600 余	三十二年（1767）	7394000 余
六年（1741）	7545500 余	三十三年（1768）	7757000 余
七年（1742）	8757800 余	三十四年（1769）	9743800 余
八年（1743）	9290700 余	三十五年（1770）	8700000
九年（1744）	9249200 余	三十六年（1771）	8000000
十年（1745）	8281300 余	三十七年（1772）	8000000
十一年（1746）	8421100 余	三十八年（1773）	12450000
十二年（1747）	8542700 余	三十九年（1774）	12450000
十三年（1748）	10347700 余	四十年（1775）	12480392
十四年（1749）	11920400 余	四十一年（1776）	11520000
十五年（1750）	10056200 余	四十二年（1777）	8599500
十六年（1751）	10702000 余	四十三年（1778）	11121828
十七年（1752）	8151800 余	四十四年（1779）	10978370
十八年（1753）	7510100 余	四十五年（1780）	11270000 余
十九年（1754）	10950200 余	四十六年（1781）	10800000
二十年（1755）	8387100 余	四十七年（1782）	11519451
二十一年（1756）	6262400 余	四十八年（1783）	11324878
二十二年（1757）	9824900 余	四十九年（1784）	12050251
二十三年（1758）	10173100 余	五十年（1785）	10725445
二十四年（1759）	12760100 余	五十一年（1786）	11705299
二十五年（1760）	12128800 余	五十二年（1787）	10928487
二十六年（1761）	11712500 余	五十三年（1788）	11532097
二十七年（1762）	12262500 余		

资料来源：刘序枫：《清康熙——乾隆年间洋铜的进口与流通问题》，见汤熙勇主编：《中国海洋发展史论文集》第七辑，台北：中山人文社会科学研究所，1999 年，第 105—106 页。

图 5—10　清初至乾隆五十三年滇铜产量变化折线图

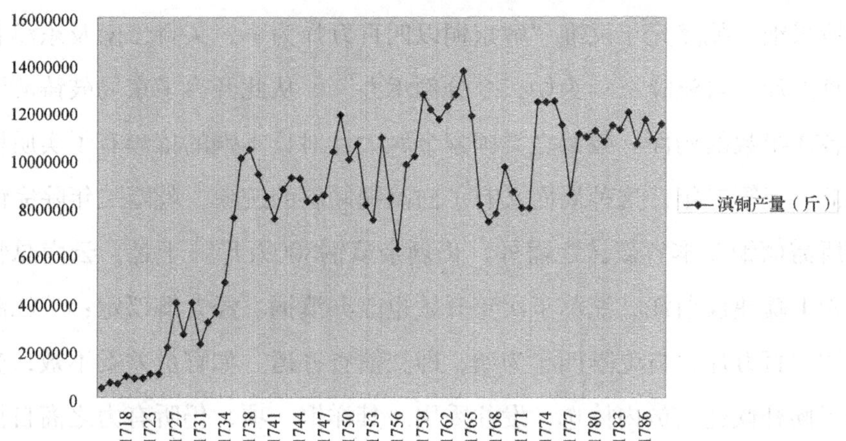

资料来源：乾隆元年之前云南铜产量表，乾隆年间云南铜产量估计表。

从上述图表所提供的数据中我们可以看到，乾隆年间尤其是乾隆后期，云南地区的铜产量基本稳定在1000万斤以上，如将此时的滇铜产量与乾隆之前的产量加以对比（详见图5—10），便可看到，乾隆年间的滇铜的产量较之康熙时期提高了数十倍。

滇铜产量的激增使得我国对日本铜的依赖性有了降低的趋势。如云南巡抚张允随曾言："从前滇铜未旺之时，俱购自外洋，迨雍正五年滇省开获汤丹铜厂，出铜颇旺，各省承办洋铜不足之数，俱赴滇买补。至乾隆元年（1736），汤丹、大水、碌碌三厂铜矿大旺，而洋铜出产渐少，商人采办不前。"[①]针对这种铜料来源数量的变化，乾隆元年，清政府决定改革铜政，并就鼓铸材料的来源问题令臣下讨论并提出意见。一时间众说纷纭，江苏巡抚顾琮提出了一个较为折中的意见，他说："京局铜斤现在滇洋兼办，请嗣后洋铜一项减少数十万斤，则东洋出产宽裕，商船之返棹自

① 刘序枫：《清康熙——乾隆年间洋铜的进口与流通问题》，见汤熙勇主编：《中国海洋发展史论文集》第七辑，台北：中山人文社会科学研究所，1999 年，第 101 页。

速。”[①]这种相对稳健的滇洋并办，逐步增加滇铜比例的方法最终为清政府所采纳。乾隆元年议准“解京铜以四百万斤为率，买自云南及东洋者各二百万斤，自乾隆三年为始，令分额承办”。从此开启了京局鼓铸滇洋铜料各居半数的局面。鼓铸之类国家金融大计对日本铜的依赖有了实质性的降低。至第二年，这种局面又有了向滇铜倾斜的迹象，乾隆二年除完课政府所需额铜及本省鼓铸之需外，仍剩余滇铜300万斤。于是，云南总督尹继善上疏建议浙江、江苏于次年开始也改办滇铜。经九卿议定：“江浙应办铜二百万斤，自乾隆四年为始，即交滇省办运。如官员差委不敷，交吏部于候补候选人员内拣选，发往委用。其洋铜一项，仍听有力之商自携资本，出洋贩运。即令江浙二省公平收买，以备就近开铸之用。”[②]自此以后，户部宝泉局和工部宝源局两个国家铸币部门使用的所有铜料全部由滇铜提供，而日本输入的铜料则主要用于地方鼓铸。滇铜取代洋铜成为我国铜料主要提供者的趋势业已形成，为更加进一步说明此问题，我们将乾隆二十年（1755）至乾隆五十三年（1788）输入洋铜数额与滇铜产量做一比较：

表5—19 乾隆二十年（1755）至乾隆五十三年（1788）洋铜、滇铜数额表

年　度	洋铜输入额（斤）	占总量百分比（%）	滇铜产量（斤）	占总量百分比（%）
（乾隆）二十年（1755）	1869729	18	8387100余	82
二十一年（1756）	1862738	23	6262400余	77
二十二年（1757）	1714985	15	9824900余	85
二十三年（1758）	2148013	18	10173100余	82
二十四年（1759）	2097789	14	12760100余	86
二十五年（1760）	1847638	13	12128800余	87

① 嵇璜：《清朝文献通考》卷十六《钱币考四》，杭州：浙江古籍出版社，2000年影印本，第1册，第4993页。

② 嵇璜：《清朝文献通考》卷十六《钱币考四》，杭州：浙江古籍出版社，2000年影印本，第1册，第4994页。

续表

年 度	洋铜输入额（斤）	占总量百分比（%）	滇铜产量（斤）	占总量百分比（%）
二十六年（1761）	2453885	17	11712500 余	83
二十七年（1762）	1733698	12	12262500 余	88
二十八年（1763）	1824163	12	12766000 余	88
二十九年（1764）	1712505	11	13781000 余	89
三十年（1765）	1648262	12	11875900 余	88
三十一年（1766）	1901893	19	8123300 余	81
三十二年（1767）	1512635	17	7394000 余	83
三十三年（1768）	1523764	16	7757000 余	84
三十四年（1769）	1228565	11	9743800 余	89
三十五年（1770）	1865988	18	8700000	82
三十六年（1771）	1516197	16	8000000	84
三十七年（1772）	1408505	15	8000000	85
三十八年（1773）	1352483	10	12450000	90
三十九年（1774）	1933596	13	12450000	87
四十年（1775）	1600977	11	12480392	89
四十一年（1776）	1581172	12	11520000	88
四十二年（1777）	1254276	13	8599500	87
四十三年（1778）	1447577	11	11121828	89
四十四年（1779）	1528218	12	10978370	88
四十五年（1780）	1354218	11	11270000 余	89
四十六年（1781）	1606843	13	10800000	87
四十七年（1782）	1535981	12	11519451	88
四十八年（1783）	1336238	11	11324878	89
四十九年（1784）	2338334	16	12050251	84
五十年（1785）	1811643	14	10725445	86
五十一年（1786）	1645451	12	11705299	88
五十二年（1787）	1384899	11	10928487	89
五十三年（1788）	1879647	14	11532097	86

资料来源：魏能涛：《明清时期中日长崎商船贸易》，《中国史研究》1986 年第 2 期，第 61 页。［日］山胁悌二郎：《长崎の唐人贸易》，东京：吉川弘文馆，1964 年，第 220 页。刘序枫：《清康熙——乾隆年间洋铜的进口与流通问题》，见汤熙勇主编《中国海洋发展史论文集》第七辑，台北：中山人文社会科学研究所，1999 年，第 105—106 页。

图 5—11　乾隆二十年（1755）至乾隆五十三年（1788）洋铜、滇铜数额变化折线图

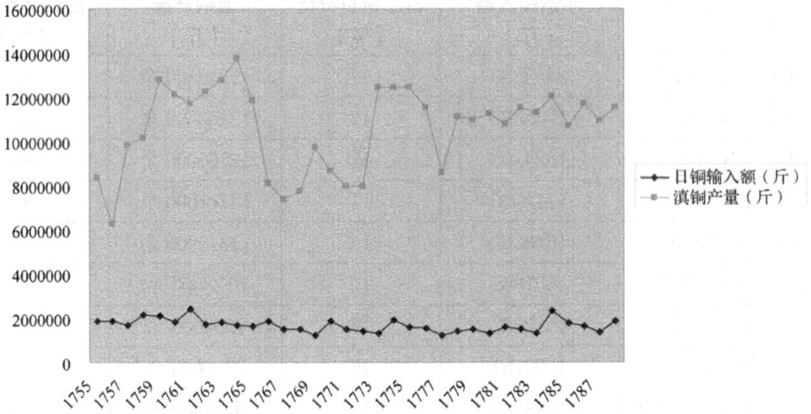

资料来源：乾隆二十年（1755）至乾隆五十三年（1788）洋铜、滇铜数额表。

从以上图表中我们可以清晰地看到，乾隆二十年后，滇铜产量远远超过日铜的输入量，其在全国所需铜料的配比额度中已经稳定地占据八成左右。虽说当时有些省份的鼓铸用铜仍为洋铜，但就全国总体情况来看，滇铜取代洋铜成为我国铜料的主要提供者是毋庸置疑的。我国铜料也基本实现了自给，摆脱了对日本进口铜料的依赖。

在摆脱对日本铜的依赖之后，我国与日本的铜贸易是否中断了呢？答案是否定的，尽管此时日铜已走下铜料主要来源的宝座，成为滇铜的补充，但其输入一直没有中断。至接近近代的道光年间，中日双方的铜贸易也依然存在，只是输入数量进一步降低（详见表5—20）。而以十三家办铜制为核心的传统中日铜贸易方式一直持续至清末。

表 5—20　道光元年（1821）至道光二十年（1840）日铜输入数量表

（单位：斤）

年　代	输入额	年　代	输入额
（道光）元年（1821）	702187	六年（1826）	860881
二年（1822）	601875	七年（1827）	944743
三年（1823）	702187	八年（1828）	902912
四年（1824）	902812	九年（1829）	802500
五年（1825）	902812	十年（1830）	922875

续表

年　代	输入额	年　代	输入额
十一年（1831）	631968	十六年（1836）	551718
十二年（1832）	947953	十七年（1837）	963000
十三年（1833）	526640	十八年（1838）	601875
十四年（1834）	737296	十九年（1839）	802500
十五年（1835）	937921	二十年（1840）	401250

资料来源：[日]山胁悌二郎：《长崎の唐人贸易》，东京：吉川弘文馆，1964年，第221页。

最后，我们来谈谈中日铜贸易的利润率，鉴于铜料作为国家铸币原料的特殊性，对其利润率的统计与前文所述的各种一般贸易品相比存在相当的复杂性。首先，由于铜料中相当一部分是官方定价收购，这就使得日本铜在中国的售价存在官方定价和市场价双重价格标准。其次，清政府办铜制度屡经变动，因此还要考虑到不同的办铜方式对利润率的影响。由于前文论述清政府办铜制度变化时已将有关中日铜价的相关史料如数列举并作出论述，故在此只简要概述。总体而言，由于清政府对铜料的官收价格定价过低，无论哪一种办铜制度下赴日办铜商人如单纯为清政府采办铜料，其利润率都将是负值，即不仅不能获得任何利润，反而会造成巨大亏空。故商人们只是借为政府办铜之机获得对日贸易的机会，将中国货物负载至日本贩卖，换取大量铜料及多种日本货物归航，归航后首先上交额定铜料，然后利用以市场价贩卖剩余日本铜料及从日本负载回来的其他物品的方式来获得高额的利润。

二、其他贸易品

除了铜料以外，日本输入中国的贸易品还包括海产品、军需品及工艺品等等。其中输入数量最大也是增长最快的便是海产品的出口。日本输入中国的海产品主要是“俵物”和杂色。其中俵物为晒干后装袋的海产品，输入数量最大的是海参（日人称为煎海鼠）、鲍鱼（日人称为干鲍）和鱼翅三种，俗称俵物三品；杂色主要指昆布（海带）、鱿鱼、鲣节（目鱼干）、鸡脚菜（鸡冠草）、石花菜、寒天（琼脂）等等。早在清初实行海禁政策时期，质量轻且价值高的俵物便是中国赴日走私贸易船只的优先选择。顺治十七年（1660）福建沿海的一条赴日走私商船被查获，其所负载的贸易品如下表所示：

表 5—21 顺治十七年查获赴日私商货物统计表

海商姓名	籍贯	购货地点	货物名称	数量
卢措	福建漳州	日本长崎	沙鱼翅 香蕈	5.5 担 7 担
周太	浙江处州	日本长崎	香蕈	2.5 担
吴跃	浙江处州	日本长崎	黄连 海参	5.2 斤 2 担
王旺	福建漳州	日本长崎	磨香料 水獭皮	62 斤 2 包
魏久	福建福州	日本长崎	海参 紫草	2.5 担 1.5 担
魏科		日本长崎	海参 香蕈 哈乱（干）	4 担 38 斤 3.5 担
王贵	四川龙安	日本长崎	香蕈	2.5 担
李茂	浙江杭州	日本长崎	香蕈 烟 黄连	1.5 担 1 担 2 担
王吉甫	浙江绍兴	日本长崎	海参 香蕈	2 担 1 担
张瑞	福建漳州	日本长崎	紫梗 海参 鲍鱼 香蕈	4.5 挑 5 挑 5 挑 1 桶又 1 包
王一	福建福州	日本长崎	紫草 海参 木香 田狗皮	2 包 5 担 2 担 2 包
翁采	福建福州	日本长崎	香蕈 海参 黄连	6.5 担 0.5 担 54 斤
陈太		日本长崎	田狗皮 海参 沙鱼翅 鲍鱼 海参	1 包 3.5 担 1 担 1.5 担 8 担

资料来源：《刑部等衙门尚书觉罗雅布□等残题本》，中国科学院编：《明清史料》丁编，上海：商务印书馆，1951 年，第 258—259 页。

康熙开海之后，中日贸易有了飞跃性的发展。双方海产品贸易的规模也随之扩大，下面以1711年的卯十五号南京船和1823年的一番船为例，以货物清单的形式统计说明当时日本海产品输入我国的情况：

1.正德元年（1711）卯十五号南京船负载货物情况如下：

银二贯七百目	带回丁银
铜	七万四千二百八十三斤六合　一斤一匁一步四厘二毛　共付银八十四贯八百三十匁八步七厘一毛二弗
荒铜	一千五百斤　一斤九步七厘　共付银一贯四百五十五匁
各种陈设物	分装二十六盒 铜水壶　铜茶炉　铜锅　铜盆　铜漏勺　铜菜碟　铜熨斗　铜擦子　赤铜香炉　赤铜砚水壶　赤铜　带扣　黄铜帐钩　铁撑子　烟袋　火盆　望远镜　针包儿　描金砚盒　描金桌子　描金书架　描金挂砚　描金香炉台　描金香盒　描金套香盒　描金长佛龛　描金佛龛　描金棋盒　嵌金坠子　描金套盒　描金台　描金小□　嵌金汤碗　漆托盘　圆盆　伊万里烧花瓶　伊万里烧茶杯　佛龛入佛　扇子(无武者图案)　针盒　纸玩偶　百回纸　团扇(无武者图案)　胭脂　烟丝　卷烟　烟盘　吊灯　香粉　貂皮皮烟袋 共付银六贯四百八十六匁
铜小壶	四百五十个　一个三匁五步 共付银一贯五百七十五匁
铅	一万七千斤　一斤一匁二步五厘 共付银二十一贯二百五十目

海参	七千零二斤半 一斤四匁二步四毛九 共付银二十九贯四百四十五匁四分一厘
干鲍	一千七百九十斤 付银五贯二百二十八匁五步六厘
鱼翅	三百八十斤 一斤二匁七分一厘五毛二 共付银一贯三十一匁八步
海带	三万五千二百八十八斤 一斤三步五厘五毛二 共付银十二贯五百三十七匁四步八厘
石花菜	三百二十斤 一斤五分五厘 共付银一百八十一匁五分
狐皮	四百零二张 一张一匁九分四厘二
酱油	四大桶 一桶五匁 共付银二十匁
植物 牡丹、山茶	四十八桶 一桶六匁 共付银二百八十八匁 以上购物共计银一百六十九贯一百三十六目六分二厘一毛二合金二千八百一十八匁三步银五匁六分二厘一毛
在日本花销银	三十四贯二百四十一匁九分七厘八毛八 合金五百七十两二步、银十一匁九分七厘八毛八
总计	银二百零六贯七十二匁六分 合金三千四百三十两二步、银二匁六分[①]

2.文政六年（1823）一番船负载货物情况如下：

棹铜[②]	100000斤

① [日]大庭修：《江户时代日中秘话》，徐世虹译，北京：中华书局，1997年，第65—67页。

② 日方对铜料的别称，又称竿铜，指的是日方将铜熔化在竹竿内使其成为较为统一的竿状，以便中国商船携带。

昆布	110000斤
干鲍	120000斤
鱼翅	1700斤
鲳	1500斤
茯苓	1250斤
织物	170反
酱油	30樽
酢	8樽
酒	25樽
植木	16本
鸡冠草	1800斤
付子	800斤
所天草	2100斤
鸡	20羽
干鱼	400斤
纸	30连
漆器	23箱
煎海鼠	15000斤①

从上文列举的数据来看，海产品在中国赴日贸易商船所负载回的贸易品中占据相当大的比例，而且这种比例还随着时间的推移进一步加大。如在1711年卯十五号船只的贸易品中，海产品数量仅次于铜料居第二位；而1823年一番船所负载的海产品数量进一步增加，仅干鲍鱼一项便超越了棹铜的总数。为了使读者更加清晰地了解到康熙开海之后日本俵物输出的总

① ［日］永积洋子：《唐船输出入品数量一览：1637—1833》，东京：创文社，1987年，第325页。

体变化趋势，笔者选取了1803、1804和1839这不同时段的三个年份，将这三年日本输出的铜料、俵物和杂色的数额及所占比例加以统计对比，具体情况如下表所示：

表 5—22　日本输出铜、俵物、杂色年度交易额及比例统计表

年　代		嘉庆八年（1803）	嘉庆九年（1804）	道光十九年（1839）
总　计		1976 贯 617 目	4286 贯 757 目	5433 贯 268 目
铜	贸易额	1150 贯	1265 贯	920 贯
	占总量	58.2%	29.5%	16.9%
俵物	贸易额	614 贯 983 目	1417 贯 680 目	2301 贯 353 目
	占总量	31.1%	33.1%	42.4%
杂色	贸易额	211 贯 634 目	1604 贯 77 目	2211 贯 915 目
	占总量	10.7%	37.4%	40.7%

注：1 贯 =1000 目

资料来源：[日]山胁悌二郎：《长崎の唐人贸易》，东京：吉川弘文馆，1964 年，第 206 页。[日]中村质：《近世长崎贸易史の研究》，东京：吉川弘文馆，1988 年，第 426—427 页、544 页、546 页。

图 5—12　日本输出铜、俵物、杂色比例柱状图

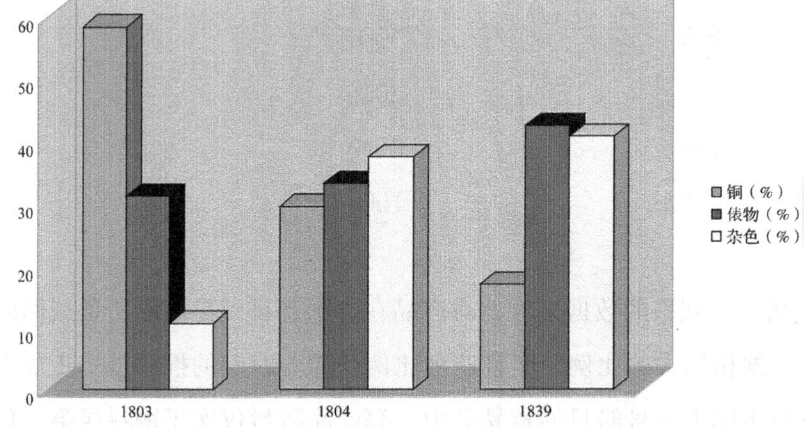

资料来源：日本输出铜、俵物、杂色年度交易额及比例统计表

从以上列表和图表中可以清晰地看到，随着时间的推移，俵物和杂色的交易额呈明显的上升趋势，时间越晚近，俵物和杂色在交易额总量中所占的比例越大，而且这种上升的速度相当快，至鸦片战争前夕俵物和杂色的交易额已经接近铜料交易额的五倍。

日本海产品对华输出数量增长如此之快与日方推行的鼓励其发展的政策是分不开的。康熙开海之后，中日贸易规模迅速扩大，交易量大幅提高，日本的铜料也以惊人的速度向中国流动。日方为抑止以铜料为主的贵金属的继续流失，便大力推进国内海产品生产，希望用尽可能多输出俵物的方式来减少铜料的输出。1764年，日本政府向各地发出命令："闻有从来不谙渔捕海参、鲍鱼之渔民，或不谙合乎唐人需要之煎海参、干鲍鱼之制法，致使各渔港等闲视之。凡向来从事渔捕之渔民固不待言，即从前不谙渔捕及其制法之各港渔民，应向谙习渔捕、制作之邻近渔港等人请教，力图增加产量，不得疏忽大意。"[①]此后，日本官方又多次以政府力量推动海产品的生产。1744年将原来分散收购的海产品改为由指定承包商人实行垄断性收购。1785年又改成由长崎会所派遣官员亲赴产地直接选购，而且"从采取'直购方式'时起，在大阪、函馆、长崎建起了包装货物管理机构，在下关、江户分别设置了指定的批发商，在全国配备了经纪人、收购人，并有会所的官员出差各地，以现金进行采购。另一方面，则与从事渔业者事先订下上缴责任额（承包额），并提前贷付资金，或为增产及鼓励其振奋精神作了各种努力，如对成绩卓著的个人、村庄设立嘉奖赏金制度及给予技术性的指导等"[②]。无论是生产上的推动还是收购制度的变更都体现出日本政府对海产品生产的重视程度，海产品也不负众望很快成为日本最主要的对华输出物品之一。

对于贸易额迅速上升的海产品，其利润率又如何呢？由于日本出口到中国的海产品数量众多，故笔者选取输入数量最大、价值也最高的俵物三品为例。其在日本市场上的售价具体情况为：海参每百斤售价白银36.7两，鲍鱼每百斤售价白银27两，鱼翅每百斤售价白银20两。令人遗憾的是，笔者并未找到其在中国市场上的售价，故无法对清代中日海产品贸易

① [日]木宫泰彦：《日中文化交流史》，胡锡年译，北京：商务印书馆，1980年，第681页。

② [日]速水融、宫本又郎编：《经济社会的成立：17—18世纪》，厉以平监译，北京：生活·读书·新知三联书店，1997年，第160页。

的利润率做出准确的估算。但从中国人认为海参的营养价值与人参相似这一事实，大致可推断出海产品在当时中国市场上一定价格不菲。

工艺品也是日本输往中国的重要物品之一，日本输入中国的工艺品中，最著名的便是刀剑了。日本制刀的工艺极其精湛，很受中国市场的欢迎。屈大均曾对日本刀评价道："其水土既良，锤煅复久，以故光芒炫目，犀利逼人，切玉若泥，吹芒断毛发。久若发硎，不折不缺。……其软者，以金银杂纯钢炼之，卷之屈曲如游龙，首尾相连，舒之劲直自若，可以穿铁甲、洞坚石。上有龙虎细纹，或旋螺花，或芝麻雪花。"[①] 但由于日方输出禁令的限制，其输入的时段主要在宽文禁令颁布之前，尤其郑氏集团称霸海上之时日方向郑氏集团提供的刀具数量很大。宽文八年（1668）禁止刀剑输出的禁令颁布后，笔者再未见到有关日本刀剑输入中国的相关记载。

另外，值得一提的是，在郑氏海商垄断中日贸易时期，他们曾从日本输入大量的军事物资。如顺治六年（1649）郑彩致书日本，提出："今使都督总兵陈光猷、陈应忠、施赞、江新驾舟三艘，赍药材丝绢贸易，且以修旧交；请得以所赍诸品，交易贵地武器，鸟铳、腰刀、角甲、硝铅，殊所恳求。"[②]顺治八年（1651）郑成功"以甥礼遣使通好日本，国王果大悦，相助铅铜，令官协理，铸铜、永历钱、盔甲、器械等物"[③]。郑经同样也从日本大量购买过包括武器在内的军事物资。

最后我们来看一下日方对于输出品的管理，即有哪些物品是日方禁止输出的。

宽文八年（1668）的禁令：

武具、武人画、小刀、剃刀、各种刀类、硫黄（土硫黄除外）、绢、绌、棉布、丝绵、皮棉、麻布、蜡烛、铜、漆、油、酒（油、酒可带回少

① 屈大均：《广东新语》卷十六《器语》，北京：中华书局，1985年标点本，下册，第440页。
② ［日］林春胜、林信笃编：《华夷变态》，东京：东洋文库，1958年，上册，第75页。
③ 江日昇：《台湾外记》卷三，福州：福建人民出版社，1983年标点本，第102页。

量，供船中使用）。[①]

正德五年（1715）又对禁令做出调整：

金子、超出定额的银子、金银工艺品、金器、武具、武人画、小刀、剃刀、各种刀类、油（每船可载五日升）、漆、宽永新钱、五谷（每人可带三日斗，并可根据清朝商人的要求，准许每人带回一日斗）、绢、紬、日野绢、纺绸、布、丝绵、皮棉、棉布、麻纻、木棉。[②]

虽说日本政府提出了上述禁令，但对其实际的贯彻力度及其对清代中日贸易的影响我们应有一个客观的认识。从上面资料提供的禁止输出的贸易品中，对华输出量最大同时对中日贸易产生影响最大的应为棹铜。但实际上日方对棹铜输出的禁令也只维持了两三年的时间而已，因为至1672年便又有了唐船输出铜额为1158100斤的精确数据记载。[③]不仅如此，禁令中还有诸如“酒类、油类可带少许”之类非常模糊的说法，不禁让人对日方贯彻禁令的力度表示怀疑。但有一点可以肯定的是禁令中除棹铜以外其余各项物品对华输出的数量并不是很大，因此，此项禁令对中日贸易进程的影响并不明显。

① ［日］木宫泰彦：《日中文化交流史》，胡锡年译，北京：商务印书馆，1980年，第682页。
② ［日］木宫泰彦：《日中文化交流史》，胡锡年译，北京：商务印书馆，1980年，第682页。
③ ［日］山胁悌二郎：《长崎の唐人贸易》，东京：吉川弘文馆，1964年，第219页。

第六章　清代中日贸易的影响

清代的中日贸易给两国经济、文化、社会生活等各方面都带来了极其深远的影响。对中国来说，大量贸易品输往日本，推动和加快了主要对日贸易区域的“早期工业化”及区域市场一体化的形成。而日本铜的大量输入则极大地缓解了由国内铜料短缺所造成的鼓铸不足问题。此外，具有浓郁日本特色的贸易品进入中国市场，对于开阔人们的视野，丰富人们的日常生活也有相当重要的意义。对日本而言，大量中国贸易品的输入丰富了市场，满足了人们的消费需求，同时给从事国内转运贸易的商人带来了巨额的利润，而汉籍的大量输入及随商船而来的僧侣为日本吸收中国文化提供了良好的物质条件。贸易成为中日两国沟通交流的纽带，传达着彼此的诉求、期待与欣喜，铺展了一幅独特的中日往来的画卷。

第一节　对中国的影响

清代中日贸易虽属于私人海外贸易范畴，且贸易发展的进程几经起伏，但绵延百余年的经济贸易对中国产生了多方位、深层次的影响。主要表现在三个方面：首先，我国手工业品大量输入日本，带动了与出口相关的手工业生产的飞速发展，进而推动了对日贸易主要区域的“早期工业化”形成；其次，日本市场对中国贸易品需求的广泛性，使得大量对日贸易商品从其原产地向对日贸易中心转移，极大地推动了商路的发展和区域市场一体化的进程；最后，日本铜料的大量输入在很大程度上缓解了我国鼓铸原料不足的危机，为我国商品市场的正常运转及货币市场的稳定提供了重要支持。

一、对手工业生产的拉动

对外贸易的繁荣对出口相关行业有着极强的拉动作用。即使是在经济包含内容更加广泛化、对出口相关工业发展的拉动因素日趋多元化的今天，我们仍无法忽视这种作用的存在。那么，在经济关系相对单一、其他复合因素作用较少的清代，贸易需求对于出口贸易品相关行业的拉动作用必将更为明显。为更加清晰直观的反映这种拉动关系，我们将清初福建对日出口商品进行统计：

表 6—1　清初福建口岸出口日本的商品统计表

年度	闽南地区（漳州、泉州、安海）			福州地区（福州、沙埕）		
	丝线类（斤）人	纺织品类（斤）	各类砂糖（斤）	丝线类（斤）	纺织品类（斤）	各类砂糖（斤）
1646	50	34660	277000	24960	61426	332000
1647	9550	5850	40700			
1648	1204	7174		2332	8665	

续表

年度	闽南地区（漳州、泉州、安海）			福州地区（福州、沙埕）		
	丝线类（斤）人	纺织品类（斤）	各类砂糖（斤）	丝线类（斤）	纺织品类（斤）	各类砂糖（斤）
1649	30389	11506	450	4835	2403	
1650	49727	55639	306150	18276	12350	91700
1651	8980	17012	164000	3250	6364	82600
1652				2650	1150	5750
1653	55720	53691	368950	27559	9501	187300
1654	163473	137466	671760	23898	21844	3090
1655	67239	165523	1336290	628	6007	81140
1656	88953	55517	1168650	4570	430	
1657	350946	66643	458510	500	116	
1658	43273	44458	932480			

资料来源：[日]永积洋子：《唐船输出入品数量一览：1637—1833》，东京：创文社，1987年，第38—84页。此表制作过程中参考韩昇：《清初福建与日本的贸易》，《中国社会经济史研究》，1996年第2期，第62页，表2。

如上表所示，在1646—1658年之间，仅从福建口岸出口到日本的商品就有：丝线类，982962斤；纺织品类，785395斤；砂糖类，6508520斤。总之，对日手工业品的大量输出，极大地刺激了我国手工业尤其是江南地区对日贸易主要区域手工业生产的发展。

而伴随着江南地区手工业生产的蓬勃发展，便存在一个如何看待这种发展的问题，这就使我们不可避免地谈到资本主义萌芽。对这一20世纪后半期我国历史学界的热门话题，很多专家学者参与其中进行讨论，形成了相当丰富的研究成果①。

但同时，我们也听到了不同的声音，在对资本主义萌芽持否定态度的学者中，唐文基是比较有代表性的一位，他提出反对中国存在资本主义萌

① 参见：李伯重：《“资本主义萌芽”情结》，《读书》1996年第8期；《资本主义萌芽研究与现代中国史学》，《历史研究》2000年第2期。王家范：《特型化的市场与商人阶层》，见《中国历史通论》，上海：华东师范大学出版社，2000年。王学典：《“五朵金花”：意识形态语境中的学术论战》，《文史知识》2002年第1期。

芽的三点意见：1.反对以五种社会生产方式斧削中国历史，从而否认中国资本主义萌芽；2.认为英国产业革命模式不具有普遍性，不适用中国，明清时期中国不可能发生工业革命而走向近代化，因此资本主义萌芽不可能存在；3.以往中国资本主义萌芽研究本身存在着缺陷，即主要是从生产方式本身的变化，特别是从雇佣劳动的变化，来验证资本主义的萌芽，因而被讥为：从战国至清代的两千年历史，各家各派都可以从中找到资本主义萌芽的史证。[①]由于笔者缺乏对我国资本主义萌芽问题的深入研究，难以就此作出判断。因此在谈到清代手工业发展水平时，笔者借用了意识形态色彩较为淡薄的“早期工业化”理论来说明当时主要对日贸易区域在贸易的影响下手工业生产的发展情况。

“早期工业化”又称“原始工业化”，这一说法是由富兰克林·孟德尔斯于1972年最先提出来的，后来成为西方经济史上一个重要的学派。其主张是将欧洲的工业发展以工业革命为界限划分为前后两个阶段，前一阶段为手工业发展阶段，后一阶段为近代大工业发展阶段。而工业革命之前的手工业发展便称为“原始工业化”。对于“原始工业化”的主要特征，皮埃尔·德荣提出的见解得到了学者们的广泛认同，他认为其主要特征有三：1.“原始工业化”以面向本地区以外的生产为条件；2.“原始工业”是利用农闲农村劳动力的农村工业；3.“原始工业化”兴起时，该地区的商业化农业已经发达，劳动者不仅从工业中，而且也从农业中获得收入。[②]我国著名学者李伯重首先借鉴了上述西方经济理论，跳出意识形态色彩较为浓烈的资本主义萌芽圈子，开启了一种从经济学角度看待我国早期工业发展水平的“江南早期工业化”理论。按照其理论标准，我国江南

① 唐文基：《16至18世纪中国商业革命和资本主义萌芽》，《中国史研究》2005年第3期，第143页。

② Peter Kriedte, Hans Medick, Jurgen Schlumbohm:Industrialzation before Industrialization, p1—6. 转引自李伯重：《江南的早期工业化（1550—1850）》，北京：社会科学文献出版社，2000年，第8页。

地区在明后期的嘉靖、万历年间即开始“早期工业化”进程。那么入清以后，手工业水平较之明代有了进一步发展的江南地区无疑是属于“早期工业化”范围之内的。

可以说，清代江南的早期工业化是在明后期手工业发展的基础上，在政治、经济及其他诸多因素的合力下发展起来的。按照亚当·斯密的说法是劳动分工和专业化的发展成为早期工业化的主要动力，即后人所说的“斯密动力”。他在《国富论》中对此作出了解释，他提出：“经济发展的动力是劳动分工及专业化带来的较高生产率，即每个人生产其最适宜生产的产品，然后与他人交换，从而在市场上获得较丰的利润。劳动分工仅只受市场大小所限。市场扩大，给经济提供的机会也随之增加。”[①]也就是说他明确指出了市场与贸易规模的扩大对早期工业化的巨大推动作用。而当时以江浙为中心的对日贸易主要区域的贸易市场主要有两方面，第一是国内贸易，第二便是对日贸易。从中便不难看出中日贸易对这些地区早期工业化进程的巨大推动作用了。

二、对市场一体化进程的推进

贸易的完成需要多个环节，而其中进货市场和销售市场是两个最基本的环节。任何贸易，哪怕是最基本最简单规模最小的贸易也要和这两个市场相联系，也就必然会对其发展壮大产生或大或小的推动作用。中国的市场对于中日贸易而言，则成为这两个角色的结合体，它既是中国海商从事对日贸易之前置办货物的采购市场，又是他们回航时贩运回来的日本货物的销售市场。角色的二重性意味着受力的叠加性，而双重身份也使其得到了中日贸易对其发展壮大的二次推力。这两次推力为我国市场注入了扩张的动力，有力地推动了我国各地市场的繁荣和市场一体化的进程。由于这

① 李伯重：《江南的早期工业化（1550—1850）》，北京：社会科学文献出版社，2000年，第534页。

两次推力来自贸易的不同环节，故笔者对其进行分别阐述。

首先来看第一种推力，即中国市场作为中日贸易的原料采购市场所受到的扩大化和一体化的推力。前文已述，清代中国输入日本的贸易品种类繁多，包括丝织品、棉纺织品、砂糖、书籍、药材、瓷器等。而如此多样的贸易品显然不能来自同一片区域。通过表4—17对清代我国各省的产品在对日贸易过程中参与程度的统计，我们可以清晰地看到，由于对日输出的贸易品来自多个省份，故为保证对日贸易的货源充足，大宗的货物必然要在各省市场之间流动。而这种流动性无疑对市场一体化的进程产生一种强大的推力，这种推力的基本来源便是蓬勃开展的中日贸易。

中日贸易对清代市场一体化进程的推进自清初便开始了，当时郑氏海商集团在对日贸易中处于垄断地位。福建省虽是当时我国对日贸易的中心区域，但郑成功把主要负责采购的金、木、水、火、土陆路五商设在杭州附近，由它们采购到货物之后，再运送给设在厦门及其附近各地的仁、义、礼、智、信海五商，装运出洋贸易。对此，《明清史料》中的“五大商曾定老等私通郑成功残揭帖”留下了具体的记载：

> （曾定老）前往苏、杭二州，置买绫䌷、湖丝、洋货，将货尽交伪国姓讫。顺治十二年五月初三、四等日，曾定老就伪国姓管库伍宇舍手内，领出银五万两，商贩日本，随经算还讫。又十一月十一、二等日，又就伍宇舍处领出银十万两，每两每月供利一分三厘。十三年四月内，将银及湖丝、缎疋等货搬运下海，折还母利银六万两，仍留四万两付定老等作本接济。[①]

从上文的资料中我们可以看出两个问题，第一，江浙地区是当时郑氏海商对日贸易货物的主要来源地之一；第二，为保证对日贸易的货源充

① 中国科学院编：《明清史料》丁编，上海：商务印书馆，1951年，第215页。

足，江浙地区的丝织品等大宗货物大量运往福建沿海的各个港口。而这种采货和贸易的方式迅速将福建和江浙两省的商品市场紧密地联系在一起。

康熙二十三年（1684）清政府开放海禁后，江浙地区凭借其地理、资源和政策上的优势异军突起，迅速取代福建成为新的对日贸易中心。而随着对日贸易中心的转移，这种推力的表现形式也在悄然发生着转变。浙江的乍浦港是我国当时最主要的对日贸易港口，对于这一点，前文区域贸易一章中已作出较为详细的论述，即开辟了乍浦—长崎的直航航线后，广东、福建的商人们除从本省港口出发赴日外，还经营本省—苏州—乍浦—长崎的转口贸易。赴日贸易商船装载了本省的货物后先驶往苏州，在苏州对货物进行补充后转运乍浦，在乍浦再次补充货物后东渡日本。而且鉴于江浙地区的航路更近更安全，贸易品更为丰富，转口贸易日渐成为广东、福建海商赴日贸易的主要途径。而这种转口贸易的兴盛必然带来广东、福建市场与江浙市场之间的大宗物资流动，也就促使这三个对日贸易最主要区域的市场向着更紧密、更统一的方向迈进。乍浦地区林立的同乡会馆和同行会馆即是以江浙、广东、福建为主的东南市场一体化的又一佐证。更值得一提的是，除了东南省份外，进入对日贸易物品榜单的北方省份的商品也随着每年南下空置的漕船来到东南沿海，而南方一些内陆省份所产的药材也通过牙行先运到苏州，再经苏州转运乍浦赴日。这样就使得市场互动的范围进一步扩大，突破了东南市场一体化的限制，开始向全国市场一体化迈进。

第二种推力，即中国市场作为回航负载货物的销售市场所受到的来自市场一体化的推力。当时回航的中国船只从日本载回的货物主要是铜料及海参、鱼翅、鲍鱼、海带等海产品。当时日本货物进入中国市场主要有三条渠道，第一条是先将货物经运河运至苏州，再经苏州转运至内地的其他地区。第二条是自乍浦沿海北上将货物运至北方的天津，再经天津发散到附近各省。第三条是乍浦沿海南下至福建、广东，再扩散到东南其他地区。而随着这些日本货物进入我国自北向南诸多省份，它所负载的中日贸易的活力也随之由贸易中心区域向四方播散，深入到货物所及的每一个市场终端，刺激了当地的消费，提振了当地市场的活力，扩展了各地的市场规模。与此同时，数量众多的日本货物在我国南北市场上的大规模流通，客观上也增强了各地市场之间的联系，使区域性市场体系的数量得以增多，力量得以强化。如果将这两个趋势进行综合，我们可以看到这样一个发展趋势，即在中日贸易蓬勃发展的强力推动下，其所波及的各地市场及区域性市场体系逐渐走上了做大做强，走向融合的一体化道路。

通过以上分析，我们可以了解到，透过中日贸易所产生的复合推力，其所波及的我国各级市场都获得了长足的发展。与中日贸易关系密切的主要区域性市场向着更加繁荣、融合度和一体化更高的方向大踏步地迈进，而原本萧条破败的偏远地区终端市场也获得了复苏的良机。总之，中日贸易的繁荣稳定对清代我国市场体系的健康发展起到了相当强大的推进作用。当然，清代我国国内市场一体化进程的推进力是多元的，既有交通运输的发展，又有商人集团与商人资本的成长，还包括农村商业化及城市商业职能的提高等等。但对外贸易在其中所起到的推动作用是无法忽视的，尤其在江浙、福建等对日贸易相对发达的地区，这种推进作用则表现得更为明显。

三、日铜输入对我国货币市场的影响

在谈日铜输入对我国货币市场的影响之前，笔者要对清代尤其是乾隆中期以前我国货币市场的基本情况做一简要介绍。清代实行的是银铜复合本位制。由于我国白银储量极少，政府无法通过统一开采的方式获得数量较多的白银，因此无法铸造规制统一的银质货币，市场上的白银货币只能称量流通。而对于铜钱，国家的控制较为严格，实行国家统一收购铜料，统一铸造规格一致的铜钱投放流通市场的管制方式。在日常的交易中人们基本都是遵循“大数用银，小数用钱”的原则。国家财政收入、官员的薪俸、兵丁的饷银以及商人的大宗商业贸易都是用白银结算。而民间日常的小规模交易则大多使用铜钱。也就是说，占人口绝大多数的小农在日常生活中使用的货币基本都是铜钱，其在市场上的使用率和覆盖面都远远超过了白银，由此可以看出铜钱在清代货币流通领域甚至经济领域中的重要地位。

对国计民生如此重要的铜钱铸造却在清初出现了非常严重的问题，根本原因就是铜料不足，无法满足鼓铸的需要，市场上出现了严重的钱荒。现将清代中前期某些年份全国铸币的户均、人均占有量做以统计。

表 6—2 清代中前期铸钱的户均、人均占有量表

（单位：文）

年代	顺治八年（1651）	康熙元年（1662）	康熙六十年（1721）	雍正十年（1732）
户均	5.6	15	17.2	25.9
人均	1.4	3.7	4.3	6.4

资料来源：袁一堂：《清代钱荒研究》，《社会科学战线》1990 年第 2 期，第 185 页。

表格中的数据让人惊讶，按照当时的国家铸币量来计算，人均只有数文铜钱，由此可知当时市场上的钱荒已经到了多么惊人的程度。而且钱荒带来了钱价的不断上扬，出现钱贵现象。清代为稳定市场流通秩序，对市场基准货币白银与铜之间的比价做过明确的规定："钱千准银一两，定为画一通行之制。"①但在实际流通领域，在乾隆中叶之前的大部分时间内，白银与铜的比价基本都维持在白银一两兑铜钱770—880文之间。面对这种钱贵现象，清政府也采取了许多措施平抑钱价。如康熙末年"乃发五城平粜钱易银以平其价"②，乾隆初年"以钱价久不平，饬大兴、宛平置钱行官牙以平钱价"③，但钱价一直居高不下。

官方铸钱数量不足及因此而产生的钱贵，造成了清代货币流通市场上私钱、伪钱、旧钱充斥的混乱局面。由于铜钱价格昂贵，官方铸钱为节省成本减重滥造，导致私铸蜂起。为改变这种情况，清政府采取对私铸铜币

① 《清史稿》卷一二四《食货五》，北京：中华书局，1997 年影印本，第 2 册，第 974 页。

② 《清史稿》卷一二四《食货五》，北京：中华书局，1997 年影印本，第 2 册，第 974 页。

③ 《清史稿》卷一二四《食货五》，北京：中华书局，1997 年影印本，第 2 册，第 974 页。

者实行严刑峻法的方式，如规定：私铸者，“为首及匠人罪斩决，财产没官，为从及知情买使，总甲十家长知情不首，地方官知情，分别坐斩绞，告奸赏银五十两”。[①]后来又加重处罚，规定：“船户运弁罪同私铸，地方官知情，斩决，没其家；失察，夺职。”[②]但在此严刑峻法下私铸仍是屡禁不止，私钱“日出不穷”[③]。

面对如此严重的钱荒，清政府在采取高压政策的同时也认识到只有增加铜的供给量才能从根本上解决钱荒和由此引发的钱贵及私铸猖獗等问题。可惜，清初国内战乱不断，主要产铜区云南又先后为反清的南明和吴三桂所把持，因此，在平定“三藩之乱”以前，清政府在开发本国铜矿以增加铜料供给方面是有心无力的。“三藩之乱”平定后，应云南当地官员的要求，清政府开始在云南地区开发铜矿，但相当长的一段时间内开发的力度和规模都是相当有限的。其中原因除了大乱初定百废待兴，政府财政上缺乏充裕的资金外，更主要的是叛服不定的云南少数民族使清政府在开矿问题上犹豫不决。由于开矿必须聚众，而且矿工大多是青壮年，开矿地点又多在深山密林之中，因此清政府担心在叛服不定的云南地区开矿有聚众滋事的可能。由于从国内开矿获取铜料的计划迟迟得不到实施，从日本输入洋铜便在相当长的一段时间内肩负起为国家提供鼓铸原料的任务。这一点在滇铜尚未大规模开发之前体现得尤为明显。

我们以康熙开海为断限将滇铜开发之前日铜输入量及对我国铜币鼓铸的影响分为前后两段进行考量。康熙开海之前，由于郑氏海商集团垄断对日贸易，当时我国大陆海商的赴日贸易规模不大，输入的日本铜数量也很难与开海之后相比，具体数据前文已做详细统计（见表5—14，图5—7）。从前文图表中可以看到，当时输入铜料数量由几十万斤逐渐上升为接近200万斤。那么当时我国每年铸币所需铜料大概是多少呢？根据统计

① 《清史稿》卷一二四《食货五》，北京：中华书局，1997年影印本，第2册，第974页。
② 《清史稿》卷一二四《食货五》，北京：中华书局，1997年影印本，第2册，第974页。
③ 《清史稿》卷一二四《食货五》，北京：中华书局，1997年影印本，第2册，第975页。

数据表明，乾隆初年，京城的户工宝泉、宝源二局年需鼓铸用铜400万斤左右，地方鼓铸约需铜料90万—100万斤，总计在500万斤上下。从人口和经济总量等因素角度考虑，清初的铸币需求量应大大少于乾隆朝，因此，清初100万—200万斤的日铜输入量应占全国鼓铸总需求量的三分之一以上。日铜除了在数量比例中占据优势外，它也是当时清政府最为稳定的铜料来源。康熙开海以前我国的铜料来源主要有三：一是日铜进口，二是国内开采，三是收缴民间旧铜。当时国内铜料产量极低，收缴民间旧铜则纯粹属于临时性举措，数量和稳定性均无法保证。日本铜料与上述两个铜料来源相比，虽每年的输入数量有所差别，但都能保证一定数量的供给，远非数量低微的国内铜料和朝不保夕的旧铜收缴可比。另外，值得一提的是日本铜料的质量较好，属于优质铜料。日铜以其稳定的供给、巨大的数量和优异的质量无可辩驳地占据了开海前我国铸币铜料主要供给者的位置。

开海之后，我国的对日贸易有了飞跃式的发展。铜斤贸易的规模也迅速扩大，输入日铜的数量直线上升（见表5—14，图5—7），从前文表格提供的数据中我们可以清晰地看到，康熙开海之后，我国年输入日本铜料达到350万—400万斤左右，个别年份还超过了700万斤。如仍然按照乾隆年间年需铜料500万斤左右计算，日铜供给已占全国铜料需求的七成以上，如此重的份额足以印证其鼓铸原料主要提供者的地位。此时，国内的铜矿已有所开采，但由于财政紧张及统治者的重重顾虑，铜矿开发的力度和速度都极为有限，此时的国内铜无论数量还是质量都无法与商人输入的日本铜相提并论，其在国内铜料总需求中所占比例极低。国内铜料真正取代日铜成为我国铜料主要供给者则是乾隆朝以后的事情了。

日铜大量流入中国引起了日本统治者的注意，他们为防止本国贵金属的大量流失，颁布了一系列限制中日贸易规模的法令，铜的输入量也随之减少。为保证国内鼓铸原料的稳定供给，清统治者加大了开发滇铜的力度。滇铜产量激增，至乾隆初年，滇铜产量已经突破1000万斤，取代日铜成为国家鼓铸铜料的主要提供者。退居次席的日本铜是否对我国鼓铸完全失去作用了呢？当然不是，此时的日铜只是不为中央户、工二局提供鼓铸材料，转而为地方各钱局提供铜料。所谓地方鼓铸即是国家为增加鼓铸数量，缓解钱荒和钱贵的困境，在各省设立钱局鼓铸铜钱。乾隆时期地方开局鼓铸情况如下表所示：

表 6—3　乾隆年间各省铸局开铸时间表

省份	铸局名称	开铸时间	省份	铸局名称	开铸时间
云南省	省城铸局	雍正元年	山东省	宝济局	乾隆二年
	临安府局	雍正元年	直隶省	宝直局	乾隆十二年
	大理府局	雍正元年	陕西省	宝陕局	乾隆十四年
	沾益州局	雍正元年	山西省	宝晋局	乾隆十四年
	东川府局	雍正十二年	福建省	宝福局	乾隆四年
	广西府局	乾隆二年	浙江省	宝浙局	乾隆五年
	顺宁府局	乾隆二十九年	江苏省	宝苏局	乾隆六年
	保山府局	乾隆四十年	江西省	宝昌局	乾隆八年
	曲靖府局	乾隆四十一年	广东省	宝广局	乾隆十年
贵州省	宝黔局	雍正八年	新疆省	宝伊局	乾隆四十年
	省城局	乾隆二十四年		叶尔羌局	乾隆二十五年
四川省	宝川局	雍正十年		阿克苏局	乾隆二十五年
广西省	宝桂局	乾隆八年		乌什局	乾隆三十二年
湖北省	宝武局	乾隆九年	西藏省	宝藏局	乾隆五十八年
湖南省	宝南局	乾隆九年			

资料来源：郑永昌：《清代乾隆年间铜钱之区域流通——货币政策与时空环境之变化分析》，陈捷先、成崇德、李纪祥主编：《清史论集》，北京：人民出版社，2006 年，下册，第 700—701 页。

当然，如此众多的地方钱局并非都使用日本铜料作为鼓铸原料，那么日本铜料在其中所占的比重便成为衡量日本铜料在我国钱币铸造，以至货币和商品流通中所起作用的重要参考数据。下面以嘉庆二十三年（1818）为例来说明这个问题，具体情况如下表所示：

表 6—4 嘉庆二十三年（1818）各钱局使用铜料情况表

（单位：斤）

钱局名	用铜种类			
	滇铜	洋铜	汉铜	本省铜
户部宝泉局	4106800			
工部宝源局	1945406			
直隶宝直局		290000		
山西宝晋局		120000		
江苏宝苏局	216666	250000		
浙江宝浙局	400000	400000		
江西宝昌局	170000	120000		
湖北宝武局	234000	40000	100000	
陕西宝陕局	350000	40000		
四川宝川局				600000
湖南宝南局	200000			100000
福建宝福局	330000			
广东宝广局	176000			
广西宝桂局	106250			
云南宝云局	555000			
东川局	183950			
贵州宝黔局	341700			
大定局	93900			
总计	9409752	1260000	100000	700000

资料来源：刘序枫：《清康熙——乾隆年间洋铜的进口与流通问题》，见汤熙勇主编《中国海洋发展史论文集》第七辑，台北：中山人文社会科学研究所，1999 年，第 117 页。

图 6—1 嘉庆二十三年（1818）各地方钱局使用铜料情况饼状图

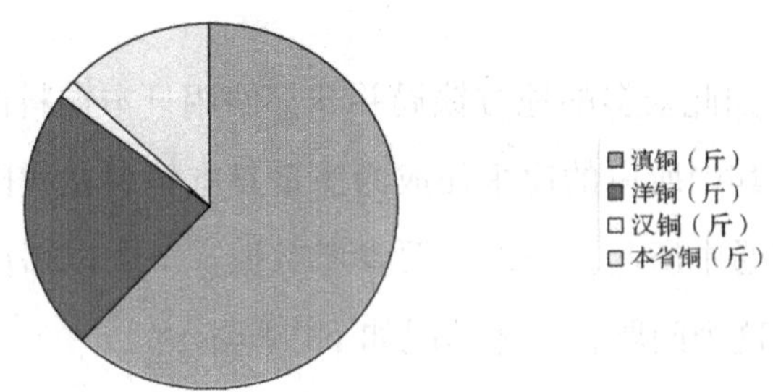

资料来源：嘉庆二十三年（1818）各钱局使用铜料情况表

从图表中的数据统计可以看出，当时以日本铜为鼓铸原料的省份主要有直隶、山西、江苏、浙江、江西、湖北、陕西七省，对日铜的总需求量为126万斤，使用滇铜鼓铸的地方省份有湖南、福建、广东、广西、云南、贵州，滇铜的年需求量为1989800斤。地方鼓铸用铜中日铜和滇铜的比例约为四六分成。可见当时日铜在地方鼓铸原料中尚能占到接近半数的比例。而就全国而言，日本铜所占比例为12%。滇铜供应量已经完全压倒日铜成为国家鼓铸原料的主要提供者了。

纵观清代鸦片战争前日铜输入的整体过程，可以看出其在不同时期起到了不同的作用。滇铜开发以前，由于我国国内缺乏稳定有效的铜料供给，日铜的输入成为国家鼓铸原料的核心来源。当时正值国家经济恢复发展之时，经济规模的扩大、市场流通的活跃都需要有充足的货币作为媒介，清代实行的是银铜复合本位制，与广大小民息息相关的小规模交易和市场流通使用的基本都是铜钱。故铜钱的极度缺乏直接导致市场交换的萎缩，小本经营商业的退化，以及包括钱价持续走高、私铸泛滥、假币和旧币大行其道的混乱局面。而日铜雪中送炭般的大量输入就似给清国家机器这一孱弱的经济机体注入了一针强心剂，它几乎以一己之力撑起了国家鼓铸事业的大梁。在国家经济恢复和发展最关键的时期，部分地保证了市场货币的供给量，维持了市场的基本稳定和商业的初步繁荣，为国家经济机器的有效运转和发展壮大提供了坚实的保障。虽说日铜输入并不能使货币市场的混乱局面得到根本的改观，但其所起到的缓解作用不可忽视。可以这样说，如果不是日铜的大量输入，清初国家必然会由于巨大的货币缺口而陷入流通缓慢、商业萎缩的极端经济困境之中，其后果之严重是难以想象的。

滇铜大规模开发以后，日铜虽在国家鼓铸材料供给上退居次席，但其仍承担着地方鼓铸半数的供给量，其所起到的重要补充作用是无法抹杀的。而且终清一代，日本铜料始终在我国的鼓铸原料中占据着一席之地。

除了前文提到的影响外，伴随着中日双方经济往来的加强，日本的书籍及文化也传入中国。如嘉庆年间，日本林述斋所刻印的《佚存丛书》十九种传入我国，其中有好多书籍在中国已经失传，后来道光年间阮元对其进行重刻，引起了当时中国学术界的普遍关注。日本学者安积觉等人用汉文编著的《大日本史》和赖山阳用汉文编著的《日本外史》也传入我国，后来屡经翻刻，在国内影响很大。以至于编写《清史稿·艺文志》时，编者竟将其当作我国人的著作收录其中，足见当时日本学者的汉文功底之高。此外值得一提的是，我国东南沿海对日贸易比较发达地区的居民在日常生活饮食方面也受到日货大量输入的影响，如随着俵物和杂色的大量输入，当地也兴起了昆布（海带）和海参等海产品的养殖业。海参等昂贵的海产品被视为珍贵的营养品互相馈送，而价格相对较低的海带等海产品则更多的走入了中国人普通饮食之中。

第二节　中日贸易对日本社会的影响

日本自天正年间开始颁布禁教令，德川前期又先后五次发布禁教锁国令，至清政权定鼎燕京的1644年，日本已经完成了其锁国的全部进程。所以说，清代的中日贸易是由单纯清商赴日构成的单向型贸易体制，这种独特的贸易形式给日本带来了哪些影响呢？首先，中国商品的大量输入丰富和活跃了日本的社会经济，既对日本以江户、大阪和京都为中心的市场体系的形成和发展起了相当大的推动作用，又加速了丝绸、海产品等进出口相关产品生产工艺的改进，同时，中国商品在日本国内的二次交易给日本官方和贩运商都带来了高额的利润。其次，伴随着经济交往的深入，中国的传统文化尤其是儒学传到日本，在江户时期形成了一股儒学东渐的浪潮，在这次浪潮中，日本儒学取得了长足的发展。再次，我国的赴日贸易商人出于信仰和祈福保平安的心理需求，在长崎建起了中国式的寺庙，中国的许多僧人也乘坐商船东渡扶桑，寺庙的建立和僧人的东渡推动了中日两国的宗教文化交流。最后，大量中国物品的输入和众多中国人旅居日本，影响了日本民众的生活，使他们的日常起居饮食中渗透了越来越多的中国元素。

一、对日本社会经济的影响

贸易是一种经济行为，因此，它对经济领域的影响是最直接最全面的。在笔者看来，清代中日贸易对日本社会经济的影响主要体现在三个方面：

（一）日本国内市场的活跃

众多中国商品的输入极大地丰富和活跃了日本的市场。前文已述，自中日开展双边贸易以来，每年为数众多的中国商人浮海东来，携带大量丝绸、砂糖等中国物品赶到长崎进行贸易。数量如此巨大的中国商品不可能全部滞留在长崎，必然会在日本国内进行二次贩卖。据笔者统计，当时日本国内对中国商人每年带来的商品主要有三条消化途径。第一条是将将军及一些贵族预订的商品运往江户。每年将军和贵族们都要指定一些商人赶赴长崎替他们收购需要的中国商品。其中将军府所需的商品称御用物，是必须得到优先保障的；而贵族们需要的物品地位虽不及御用物，但这些贵族们的代理商在购买商品时较之普通商人还是具有相当的优先权的。第二条是通过长崎会所拍卖的形式将商品批发给来自各地的商人，然后由这些商人将拍卖所得的中国商品运到当时日本的商业中心大阪，再进行批发或零售，最后来自全日本各地的小商人又到大阪向这些大商人批量购买中国商品再转卖到各地。这是一组多链条组成的商品营销渠道，也是中国商品进入日本全国市场的主要渠道。第三条则是长崎本地商人对中国商品的自我消化，即长崎商人获得中国商品后不再进行运输而直接以批发或零售的方式销售给长崎本地居民。

当我们认真审视中国货物进入日本市场的这三条渠道时，会发现每条渠道的中间环节和终端都是日本国内或大或小，或集中或分散的销售市场。第一条渠道的终端是当时日本的首都，也是政治中心所在地江户。那里不仅居住着将军及大量的贵族及其家眷，还有数量巨大的保卫人员和家属。这些居于国家权力巅峰的人物有着颇为雄厚的经济力量和强烈的等级优越感，而这一群体巨大的经济力量保证了他们惊人的消费能力，强烈的等级优越感使他们有着强烈的消费欲望。这些因素综合起来就使得江户市场保持了强大的活力和吸纳消费品的能力。而历来被日本上流社会视为财富和身份象征的中国高级消费品源源不断地进入江户市场，则在满足江户市场消费需求的同时，进一步刺激了江户贵族的消费欲望，尽管使得贵族走向奢侈腐化，但客观上增强了江户市场的活力。

第二条渠道是中国商品进入日本市场的主渠道，它是由多个链条组成的以大阪为核心中介的发散型渠道。这一渠道的特点是将当时日本的商业中心大阪作为中国商品进入日本市场的总集散地。这一做法在最大限度地发挥大阪已经存在的市场功能的同时，刺激了其市场的进一步发展壮大。因为，常年吸收如此种类繁多、数量巨大的中国商品对大阪市场的货物管理、协调运输等各方面的成熟都有极大的推动和促进作用。而且，在大阪市场有力的调节下，大量中国商品更加快速有效地进入日本的地方市场，有力地推动了地方市场的繁荣，为这些处于国家经济末梢的基层市场注入了新的活力。总之，日本市场上最大宗的进口物品——中国商品，与日本最大、功能最强的商业市场——大阪市场的有效结合确实起到了强强联合的效果，既使贸易资源和市场资源都得到了有效利用，又刺激了贸易和市场的快速发展，是对经济资源整合的一个高效之举。

第三条渠道是一条本地营销渠道，把它与前两个渠道并列为中国商品进入日本市场三大渠道的原因就是长崎市场本身是一个活力很强的消费市场。原因有三：首先，长崎作为当时日本唯一的对外贸易窗口，不仅常年居住着众多的中国和荷兰商人，还有大量来自全国各地的贸易商人居住于此。这一庞大的商人群体有着极强的消费能力。其次，长崎居民接受新鲜事物的机会较之其他地区要多得多，因此，他们对这些事物的接受能力也要远高于其他城市。最后，中国进口商品在长崎的销售属于本地营销，没有运费成本支出，因此其销售价格应低于其他地区市场，而价格的低廉自然对市场消费有很直接的刺激，消费能力的提升自然也就增强了市场本身的活力。长崎作为日本唯一的对外贸易港口和清商的聚居地，中日贸易对其市场发展的推力之大自然不言自明。

通过上述对中国商品进入日本市场的三条主要渠道的分析，我们可以清晰地看到借中日贸易进入日本的中国商品通过复合的商业链条，将其对市场的各种影响传递到了包括政治中心江户、商业中心大阪及贸易中心长崎在内的全国主要的大型市场。与此同时，又通过大阪市场的集散功能将其影响深入到全国各地规模较小的地方市场。大宗贸易品流通和投放市场所带来的巨大张力沿着大小不等的贩运渠道波及日本的各级市场体系。另外，在商品贩运和商品市场调节的双重刺激下，日本的货物仓储、商品运输及商路建设都有了长足的发展。由中日贸易带来的强大动力如同新鲜的血液一般，从长崎流入日本经济机体的每个终端环节，为日本社会经济的发展注入了强劲的动力。

（二）进出口替代的推行

中国贸易品的大量输入及日本贵金属的大量外流，迫使日本着力推行进出口替代，客观上加速了日本与进出口相关产品的工艺改进。前文已述，在清代中日贸易过程中，中国向日本输入的贸易品种类繁多，包括丝绸、砂糖、中药、书籍等许多门类，且数量巨大。而反观日本出口中国的则以贵金属为大宗，尤其是铜料输出的数量惊人。而这种贵金属的大量流失对日本经济的长远发展是不利的，也是秉承重商主义的日本政府所无法容忍的。为抑制本国贵金属的大量外流，幕府官方采取了各种方式限制中日贸易的规模。但贸易规模缩小后，日方很快发现另外一个问题，即进口的丝绸等中国商品无法满足日本市场的需求，市场上中国物品供不应求，价格居高不下。为在不增加贵金属输出的情况下解决国内市场对丝绸等中国物品的需求问题，日本官方想到了进出口产品的替代，转而努力推进本国生丝、丝织品和砂糖等物品的生产，以达到自给自足或尽量减少进口数量。同时努力推进本国海产品生产，用可再生的海产品代替不可再生的贵金属充当对华出口的主力军。

日本进口替代政策的成果主要体现在生丝和砂糖两种对中国依赖性较大的商品上。首先看生丝，幕府采取措施鼓励各藩发展养蚕业，在幕府的鼓励和统一指导下，各藩的养蚕业都有较为迅速的发展。如“肥后藩主细川重贤在宝历十年（1760）左右，在城下的市中心设立丝采织机所，又招熟知蚕业的岛已兮到京中，以普及技术，宝历十三年岛已兮自己写下《养蚕栽桑同法治要略教谕》指导郡乡，因而郡代贴出公开告示，极为热心”。[①]在各地养蚕业迅速发展的前提下，日本的生丝产量迅速上升，对中国生丝的需求量也随之迅速下降。据山胁悌二郎统计，宽永十八年（1641）日本从中国输入的生丝为13万斤，而到了享保年间（1716—1735）已经降至1万斤，[②]减少了近百分之九十四的输入量。足见进口替代政策的显赫成果。与生丝一样通过进口替代政策成功提高产量摆脱对中国市场依赖性的还有砂糖。砂糖的进口替代与生丝相比进行的较晚，是在18世纪后期开始进行的，但进展极为迅速，到19世纪初期便形成了以四国的赞岐、阿波为中心的砂糖生产中心，产糖量激增。据统计，1830—1843年，日本国内的白砂糖产量已经超过了1000万斤，日本糖无论在数量上还是销售价格上都压倒了漂洋过海的中国糖，占据着本国市场的主要份额，实现了进口替代。

出口替代方面，主要体现在海产品生产的发展。对此，日本政府动用官方力量，从海产品的生产到采购，再到销售；从管理机构的设置，到相

① ［日］伊藤智夫：《绢》，东京：法政大学出版局，1992年，第236页。

② ［日］山胁悌二郎：《近世日中贸易史の研究》，东京：吉川弘文馆，1960年，第110页。

应人员的配备，再到对海产品从业者的资助，各个环节都倾尽全力。“从采取‘直购方式’时起，在大阪、函馆、长崎建起了包装货物管理机构，在下关、江户分别设置了指定的批发商，在全国配备了经纪人、收购人，并有会所的官员出差各地，以现金进行采购。另一方面，则与从事渔业者事先定下上缴责任额（承包额），并提前贷付资金，或为增产及鼓励其振奋精神作了各种努力，如对成绩卓著的个人、村庄设立嘉奖赏金制度及给予技术性的指导等”①。通过政府的推动，日本的海产品成功超越铜料成为对华输出数量最大的物品。

纵观日本的进出口替代，可以看出它的确是在中国商品强势输入的重压之下催生的，带有某种被动的意味。但日本幕府官方这种面对困境机动灵活，求新求变的胆识和能力彰显出其积极主动的一面。当然其结果是非常成功的，进口替代对生丝、砂糖等产品的生产工艺进行了改进，不仅使得日本摆脱了对中国生丝、砂糖等物品的严重依赖，而且至19世纪岛国日本竟成为生丝的输出大国。出口替代不仅使日本海产品的生产规模显著扩大，而且还使其生产管理模式有了集约化的倾向。这些都为日本近代工商业的发展奠定了初步的基础。

（三）利润的分配和影响的深化

中国商品在日本国内的再交易给日本官方和贩运商都带来了相应的利润。中国商品进入长崎港后的交易方式虽屡经变动，但长崎会所建立后基本稳定。采取清商将负载来日的商品以一定的价格全数卖给长崎会所，然后日本商人再以竞标的方式从长崎会所购买商品，再将其贩运至全国商业中心大阪进行批发或者零售，最后由各地小商人将中国商品从大阪贩卖到日本的四面八方。故笔者以1812年该渠道的具体运行情况为例，说明中国

① ［日］速水融、宫本又郎编：《经济社会的成立：17—18世纪》，厉以平监译，北京：生活·读书·新知三联书店，1997年，第160页。

商品在日本国内的再交易过程中，日本官方和贩运商们的获利情况，具体见下表：

表 6—5　中国商品在日流通价格指数变化表

（单位：斤）

商品名	A. 输入价（中国商人）	B. 标售价（长崎会所）	C. 大阪价格（日本商人）	指数 A=100 B	指数 B=100 C
宿砂	4	7.936	9.3	198	117
木香	3.3	21.63	31.5	655	145
青叶藿香	2.2	4.79	7.4	217	154
附子	1.5	3.296	5.8	220	175
白术	1.5	3.23	4.2	215	130
一番肉桂	1.3	7.2	8.5	553	118
二番肉桂	1.3	6.03	8.5	463	140
吴茱萸	0.9	2.15	3	238	139
大黄	0.8	3.83	5.8	478	151
延胡索	0.8	2.93	3.65	366	124
山归来	0.735	1.76	2.75	239	156
甘草	0.7	7.46	7.65	1065	102
麻黄	0.7	1.42	2.9	202	204
连翘	0.6	2.401	2.75	400	114
黄芩	0.5	2.3	4.6	460	200
乌药	0.25	2.23	3	892	134
苏木	0.9	4.814	8.5	534	176
钍丹（锌）	0.8	4.79	10.9	598	227
一番冰砂糖	2.029	3.17	5.7	156	179
二番冰砂糖	1.631	2.89	5.7	177	197
上白砂糖	0.72	2.242	3.8	311	169
并白砂糖	0.6	1.95	3.8	325	194

资料来源：［日］中村质：《近世长崎贸易史の研究》，东京：吉川弘文馆，1988 年，第 490—491 页。此表制作过程中参考刘序枫：《财税与贸易：日本锁国期间中日商品交易之展开》，《财政与近代历史论文集》，台北："中央研究院"近代史研究所，1999 年，第 304 页，表 10 中的算法。

表 6—6　元禄十五年至天保十三年长崎会所获利情况表

年代	年收入	年代	年收入
元禄十五年（1702）	28388 贯 218 目以上	文化十年（1813）	14029 贯 615 目
正德四年（1714）	24800 贯以上	天保四年（1833）至天保六年（1835）	15158 贯 180 目
宽保二年（1742）	7470 贯 700 目	天保七年（1836）	12890 贯
宝历四年（1754）	20408 贯 904 目	天保八年（1837）	17300 贯 590 目
宽政六年（1794）	14881 贯 300 目	天保十年（1839）	25934 贯 39 目
享和三年（1803）	24001 贯 700 目		

资料来源：［日］中村质：《近世长崎贸易史の研究》，东京：吉川弘文馆，1988 年，第 562 页。

由于表6—5中的资料涉及三次交易，故我们进行列分析。从表格中可以看到，前两次交易的差价，代表着长崎会所的获利情况，其利润率少则二三倍，多则十余倍。而第三次与第二次交易的差价，即赶赴长崎参加投标交易的投标商的利润则要低得多，基本不超过100%，有些物品如宿砂的利润率则只有17%左右。而对于那些赶赴大阪购买商品然后回地方市场贩卖的商人的利润情况，由于缺乏数据记载无法精确计算，当然因其受经营条件所限，如想获得长崎会所官方那样的垄断式的高额利润是天方夜谭，但认为其利润率过低也不太现实。因为大阪的批发商可以凭借大宗批发货物规模经营做到薄利多销，而这些经营地方贸易的商人由于规模普遍较小，如其利润率过低必然会因无法弥补仓储、运输等费用而导致无法经营。因此，其利润率应介于长崎会所和大阪批发商二者之间，具体应略高于批发商的利润率。

通过对上文表格的分析，我们可以得出这样的结论，在中日贸易过程中，日方获利最大的是垄断经营的官方机构长崎会所。由于它在第一次收购中与清商单独交易，排除了所有竞争者，又获得了大部分商品的定价权，故其可以以较低的价格收购中国货物。而在二次交易过程中，由于长崎会所掌握了全部的商品资源，仍处于绝对强势的垄断地位，故其可以较为随意地提高商品拍卖时的底价以获取高额利润。相对而言，大阪的批发商和各地的经销商则获利较少。但透过这些表面的获利多少我们可以看到一个更深层次的问题，即这里涉及一个价格变更和获利群体的扩大化问题。进言之，每一次再交易都会是一次价格变更过程，每次价格变更都会有相应的群体获利，再交易和价格变更的次数越多，从中获利的群体也就越多。而随着再交易的拓展和延伸，中日贸易的利润和影响也被推进到日本社会更广阔更基层的领域之中。

二、儒学的东渐

清代中日贸易的开展，经济交流的加强促进了两国思想文化的互动。中国作为强势文化的一方，其文化产品如汉籍等的东传无论在规模上，还是速度上都远远超过日籍的西进，而以其为载体的中国传统文化则理所当然地随着汉籍一起东渡扶桑。在伴随着经济贸易而抒写的中国文化东传的历史篇章中，儒学的东渐无疑是其中最为壮美的诗篇，它的东传在江户时代掀起了一股朱子学的浪潮。一时间日本儒学名家辈出，各种儒学流派的思想激荡交锋，不仅促进了日本儒学自身的推陈出新，也为德川时代的社会发展提供了持久强劲的思想动力。

（一）德川时期的儒学需求

中日文化交流源远流长，作为我国传统文化主体的儒家文化自然也很早便登上了日本的土地。相传早在公元285年，百济的五经博士王仁赴日时，向日本献《论语》十卷和《千字文》一卷。[①]其后继体天皇在位时（513—516），百济五经博士段杨尔，高丽五经博士高安茂、南梁人司马达东渡日本。钦明天皇时（554）五经博士王柳贵、易博士王道良等赴日。这些都是最早向日本传播儒家学说的使者。进入隋唐时期后，中日

① [日]木宫泰彦：《日中文化交流史》，胡锡年译，北京：商务印书馆，1980年，第18页。

经济文化交往加强，尤其是遣隋使、遣唐使、留学生和学问僧的大量来华，使得日本能够有更多的机会吸收中国的传统文化。这些来到中国的使节、留学生和学问僧在中国学习生活多年，深受中国儒家思想影响，而且他们在归国时都携带大量书籍，其中便包括许多儒家经典。平安时代末叶及镰仓幕府时期，中国儒学的东传是通过众多来华和赴日的学问僧来完成的。他们在弘扬佛法的同时也带去了朱子学的经典，如北宋僧人奝然曾携带《孝经郑氏注》一卷，日本临济宗的创始人圆尔辨圆曾在日本相州讲解《大明录》[①]等等。进入吉野、室町时代后，由于受到官方支持的还是禅宗，因此，此时儒学的主要传播者仍为僧人，他们传播儒学的目的并非是为了在日本推广儒学，而是将其作为传播禅学，扩大禅宗影响的“助道之一”。此时对于推广儒学贡献最大的是以虎关师炼、雪村友梅、梦床疏石、中岩圆月、岐阳方秀等人为代表的五山宋学。除此之外，以清原业忠为代表的博士公卿派，以桂庵玄树为代表的萨南学派和以南村梅轩为代表的海南学派也对儒学的推广起了相当的积极作用。在这里应该指出的是，由于受到此时儒学推广目的的限制，上述推广者的注意力基本集中于儒学的词章方面，尽管后期产生的萨南学派和海南学派跳出了以往讨论辞章的界限，开启了向讨论思想、政治和经济转化的倾向，但仍不足以改变这一时期儒学推动和传播的整体面貌。总之，江户以前中国儒学的传入由于受到种种条件的限制，没有受到日本统治者及全日学界的普遍关注，因此虽说绵延时间相当久远，但其传播的规模和深度、广度都相当有限，对日本社会所产生的影响也不宜高估。

那么，千年以来为日本统治者和学术界所漠视的儒家学说，何以在江户初期受到上自幕府将军、公卿贵族，下至地方大名、学者文人的普遍关注？究竟是德川家族的诸位将军慧眼独具，还是社会条件的变化使然？笔

① 《大明录》为南宋人圭堂所著，书中征引了朱熹、二程、杨龟山、谢上蔡、罗豫章、张南轩的学说，主张儒佛一致。

者认为最根本的原因在于日本政治形势的改变。日本自源赖朝建立镰仓幕府开始，便开启了“公武并存”的二元政治。处于初创时期的公武双方力量相对比较均衡，后来以天皇为代表的公家力量虽经“承久之乱”的打击走向衰落，但其总体实力仍不可小觑。这种略失均衡的二元政治从根本上缺乏儒学所倡导的那种“天下一统”的操作空间。进入室町时代后，武家虽在实力上完全压倒了公家，但室町幕府以守护领国制为基础的政治架构极大地增强了地方相对于中央的独立性，使得战胜了公家的武家本身充满了多元的意味。而应仁元年（1467）爆发的“应仁之乱”更是将国家带入了列国纷争、群雄并起的战国时代。这种分崩离析、天下大乱的政治形势与倡导大一统的儒家观念更是格格不入，水火不容。

当历史的车轮转到德川幕府时期，日本的政治形势发生了翻天覆地的变化。德川家康在关原之战中击败反对派势力建立起德川幕府对全国的统治。在以其强大的政治、经济、军事力量继续着以往公武二重政治的失衡，维持天皇作为毫无实际权力的武家傀儡的同时，德川幕府也打破了室町时期地方与中央实力均衡的局面，掌握了对全国260余个地方大名的实际控制权，实现了真正意义上的“大一统”。政治上的统一为儒家思想的传播提供了必要的政治基础，而与此同时，刚刚完成了政治统一的德川幕府也迫切需要统一全体国人的思想，再以思想上的统一巩固政治上的统一。另外，儒家这种倡导“大一统”的政治观和“君君臣臣父父子子”的等级观念恰好迎合了德川幕府为自己天下共主的身份验明正身及维护和巩固其统治地位的需要。既然儒学的基本观点与日本统治者的政治指向一拍即合，那么儒学在日本的传播也就顺理成章地散播开来。

（二）日本儒学的繁盛

江户时代如此大规模的儒学东渐必然需要强大的载体，那么，这个载体是什么呢？笔者认为最主要的载体便是前文提及的中日之间的书籍贸易。由于双方书籍贸易的具体情况在前文已作详细交代，故在此只将其中与儒学东渐有关的部分略加回述。根据大庭修对1714—1855年中日间书籍贸易情况的统计，中国商船共载去汉籍6630种，56844部，[①]其中有关儒学方面书籍占据了相当大的比例，最主要的是传统的儒家经典如《论语》《孟子》《理性全书》以及程、朱、陆、王等人的著述。除此以外还有顺治帝的《六谕》、康熙帝的《训谕十六条》《性理精义》等等。这些漂洋过海的儒学书籍成为儒学东渐的基本载体。

德川时期传入日本的中国儒学主要指的是朱子学，故这一时期日本儒学的发展概况实际上就是朱子学的发展概况。下面笔者将借用朱谦之对江户时期日本朱子学的分类方法，对这一时期日本朱子学的主要流派、代表人物及其思想的主要特点进行简要介绍，力图勾勒出德川时期日本朱子学的梗概。

1.京师朱子学派。京都的朱子学派是日本众多朱子学派别中与日本政权联系最为紧密的一个，这一点从它的代表人物即可以看出。其代表人物包括日本朱子学的泰斗级人物藤原惺窝、大学头林罗山以及“正德新令”的总策划者新井白石。由于其代表人物与政权的紧密结合，故这一派对朱子学发展，尤其对朱子学与政权结合的贡献很大。其主要贡献包括：第一，使日本的儒学摆脱了神学的束缚，走上了独立发展的轨道；第二，将朱子学思想逐渐转化成幕府统治的正统思想；第三，移孝作忠，推进了传统朱子学与日本武士道精神的结合，使其更好地为幕府统治服务。京师的朱子学派在江户时期的朱子学界势力极大，是当时日本朱子学的主流学派。

2.海西朱子学派。海西的朱子学派是处于政权远端的一个朱子学派别。其代表人物有安东省庵、藤井懒斋、中村惕斋及威名远播的贝原益轩。此派思想受明末清初人朱舜水影响较大。其思想的主要特点为，第一，主张突破朱子学狭窄的原有范围，实行自由的学风；第二，特别重视

① ［日］大庭修：《江户时代中国典籍流播日本之研究》，戚印平、王勇、王宝平译，杭州：杭州大学出版社，1998年，第50—51页。

孝道；第三，继承了张载、罗钦顺的唯物论传统。

3.海南朱子学派。海南朱子学派是日本朱子诸多学流派中与佛教斗争最为坚决、最为激烈的一个。其代表人物有谷时中、小仓三省、野中兼山、山崎暗斋等。其派思想的主要特点包括：第一，坚决信奉传统的朱子学，继承和发展了朱子学的严肃主义；第二，坚决与佛教划清界限，致力于与佛教的斗争。

4.大阪朱子学派。大阪是江户时期日本的商业中心，自元禄年间起这里又成为全国商品的集散地。这里商业资本发达，商人的经济力量强大，因此大阪又被称为“町人之都”[①]。这里孕育出比较发达的町人文化，如以西鹤为代表的平民文学，契冲阿阇梨的国学等等。而在繁荣的商业和发达的町人文化影响下的大阪朱子学也展现出了较为鲜明的个性特征。朱谦之对大阪朱子学派的思想特征做了比较精辟的分析，他总结出该学派思想的四点特征：第一，反对教条主义，颇富批判精神；第二，具有科学研究的倾向，对神佛鬼神之说都予以严厉的批判，研究方法与当时的科学相接近；第三，主张尊王贱霸思想，为后来推翻幕府统治建立起一条先路；第四，始终秉承平民教育的宗旨。[②]这一派的主要代表人物有五井持轩、三宅石庵、中井竹山、中井履轩等。

5.宽政以后朱子学派。宽政以后，经历了儒学东渐的深入和自身发展的日本朱子学已经从兴盛的顶端滑落，开始了其逐步走向没落的历史过程。社会上出现了许多咒骂、攻击程朱的异端学派。政府出于维护统治的需要对这些异端进行了残酷的打压，一些朱子学派的新代言人也纷纷挺身而出维护朱子学的权威。其中最有代表性的人物便是被称为宽政三博士的柴野栗山、古贺精里、尾藤二洲及闻名全日本的赖山阳。此派思想最大的特征便是竭力维护朱子学的权威，试图阻止其走向没落的脚步。

---

① ［日］永田广志：《日本哲学思想史》，北京：商务印书馆，1978 年，第 199 页。

② 朱谦之：《日本的朱子学》，北京：人民出版社，2000 年，第 348 页。

6.水户学派。水户学是以水户的德川家族编写《大日本史》为中心发展起来的一个大的思想体系。历经二百三十余年的时间，分为前后两个阶段。前期以德川光国所设立的彰考馆为中心，发展出了水户史学；后期以德川齐昭所设立的弘道馆为中心，发展出了水户政教学。其代表人物包括德川光国、安积淡泊、栗山潜峰、德川齐昭、藤田幽谷、藤田东湖等等。由于水户学派成分复杂，其成员涵盖了日本各个儒学派别，甚至一些古学派也加入其中，因此其思想体系十分复杂，很难全面把握其思想主张。但从总体上讲，其派在朱子学上的根本主张便是提倡大义和名分主义。

纵观江户时期日本朱子学的发展概况，我们可以看出日本朱子学的几个鲜明特征。第一，日本的朱子学不崇尚空谈心性，而是更加务实，甚至有部分的与西学相结合，在传播朱子学的同时强调学习西方的先进科技。第二，反对传统的重农抑商政策，对商人利益和经济收益十分重视。这些特征使得朱子学在日后日本的社会发展中起了相当关键的作用。比如相对务实的精神，对西方科技的重视使得日本在引进西方先进科技方面遇到的阻力远远小于中国。而对经济利益的关注则为后来日本殖产兴业等发展经济的各项举措的贯彻实施做了思想上的指导和铺垫。当然，有一点必须指出的是，日本朱子学“移孝作忠”等观念的提出，以及其与日本传统神道观的结合，成为日本武士道精神产生和发展的重要推动力量。而武士道精神中某些思想的畸形膨胀，推动了日本军国主义势力的成长，使日本在近代走上了侵略扩张的道路，给亚洲各国人民和日本人民带来了深重的灾难。

三、僧侣的东渡及中日佛教交流的加强

随着清代中日经济交流的加强，双方的佛教交流也随之发展。但由于日本实行锁国政策，此时的佛教交流是以中国僧侣东渡日本的形式展开的。这种单向交流的发展与中日贸易又有着十分直接的联系。由于当时从事中日贸易的多为东南沿海一带的海商，这些海商多信仰妈祖，称其为天后圣母，视其为航海安全的守护神。故海商们每次出海之前，都要将妈祖

神像供于船中，以祈祷海上平安。当船安全抵达目的港时，再将它寄存在岸上的某个地方。妈祖神像最初一般被置放于商人会馆或日人做住持的寺庙或神社之中。但这种寄放的方式始终给人以临时随意的感觉，因此商人们便积极酝酿修建自己的寺庙，而双方佛教交往的频繁正是以长崎唐寺的修建为契机的。

（一）唐三寺的建立

坐落在日本的所有中国寺院中，唐三寺是最负盛名，影响也最为深远的三座寺院。它是兴福寺、福济寺和崇福寺三座中国佛寺的简称。这三座佛寺虽然都始建于明末，但在清代中日佛教交往甚至经济交往中都起到了相当重要的作用。

1.兴福寺。又称南京寺，创始人为真圆大师。真圆，江西省饶州府浮梁县人，元和六年（1620）东渡长崎，元和九年（1623）在欧阳氏别庄结草庵隐居，此处便为兴福寺的前身。后经官方许可，将其扩建为佛寺。宽永九年（1632），江西建昌府僧人默子如定继真圆成为该寺第二代住持。第二年对寺庙建筑进行大规模整修扩建，至宽永十八年（1641）扩建工程结束，兴福寺的整体建筑轮廓基本形成。[①]这里供奉的除佛像之外，还有妈祖、关帝等其他神灵的塑像，可见其建寺初期便有为海商服务的意味。在兴福寺的历代住持中，浙江籍者5人，江西籍者2人，山西1人，且历代住持均属三江系统。[②]可见三江系统在兴福寺中居于支配地位，这里也成为三江商人集会活动的重要场所，“南京寺”一名也缘于此。

2.福济寺。又称泉州寺或漳州寺。为宽永五年（1628）东渡日本的泉州僧人觉海所创。最初只是一座妈祖庙，后唐大通事颍川藤左卫门（明人陈冲一之子）将其改建成佛寺，并对其进行大规模扩建，同时邀请福建

① 长崎市役所编：《长崎市史地志编佛寺部下》，大阪：清文堂，1981 年，第 152 页。

② 刘序枫：《明末清初的中日贸易与日本华侨社会》，见国家清史编纂委员会编译组编印：《台湾地区清史论文汇编（1945—2005）》，第 79 册，第 20—21 页。

高僧蕴谦入寺担任住持。[1]如同三江帮在兴福寺中占据优势地位一样，泉州、漳州人在福济寺中也几乎拥有完全的支配能力。在该寺的历代住持中，泉州籍8人，漳州6人，延平1人。[2]这里也顺理成章地成为包括商人在内的众多漳、泉籍人士集会交流的重要场所。

3.崇福寺。又称福州寺。始建于宽永六年（1629），是唐三寺中建立年代最晚的一座。福州籍唐人王引、何高材、林太卿等见三江帮和漳泉华侨均有了自己修建的菩提寺，便从福州聘请僧人超然，建起一座妈祖祠堂。[3]宽永九年（1632）开始对其进行扩建，宽永十二年（1635），扩建工程基本完成，遂将其改为佛寺。自超然担任崇福寺的第一代住持开始，先后有二十位中国僧人担任过该寺的住持。其中福州籍僧人14人，延平籍3人，兴化、泉州、漳州各1人。[4]可见其地域性特征与前文所述的兴福寺、福济寺相同。

唐三寺是江户时代中国僧侣东渡和佛教东传的主要阵地，它们的修建吸引了众多中国高僧前往日本。如兴福寺由真圆开基，此后有默子如定、逸然性融、隐元隆琦、澄一道亮、悦峰道章、雷立博、旭如莲元、杲堂元昶、竹庵净印九位中国高僧担任住持。福济寺由福建泉州僧人觉海开立，之后共有八位中国高僧先后担任住持，即慈岳定环、东澜宗泽、贺浪方净、独文方炳、金岩广昌、大鹏正鲲等。福济寺建立后的第二年（1629），福建福州僧人超然度日，创建了崇福寺。超然之后，又有百拙如理、道者超元、隐元隆琦、即非如一、千呆性安、大衡海权、别光寂透、义胜寂威、道本寂传、伯照浩、大成照汉等中国高僧住持或开法于崇

① 长崎市役所编：《长崎市史　地志编佛寺部下》，大阪：清文堂，1981年，第275页。

② 长崎市役所编：《长崎市史　地志编佛寺部下》，大阪：清文堂，1981年，第346—348页。

③ 刘序枫：《明末清初的中日贸易与日本华侨社会》，见国家清史编纂委员会编译组编印：《台湾地区清史论文汇编（1945—2005）》，第79册，第22—23页。

④ 长崎市役所编：《长崎市史　地志编佛寺部下》，大阪：清文堂，1981年，第496—499页。

福寺。[①]众多中国高僧的东渡，为中日佛教交流及日本佛教的发展起了相当大的推动作用。

唐三寺的建立除了发挥其在吸引僧侣东渡，促进中日佛教交流，推动日本佛教发展的巨大作用外，还有许多其他功能。对此，多位专家做过论述，刘序枫综合诸说，归结出以下几个主要方面：

（1）安置来日唐船之妈祖像，并祈护航海安全。

（2）祭礼与飨宴：每年定期举行清明、妈祖、关帝、盂兰盆、观音祭典和在唐人屋敷（唐馆）举行土神祭典。

（3）葬礼：居留期间中死亡或遭船难船员之葬礼，若遗体要运回本国，等船期间，灵柩则暂寄寺庙。

（4）救济活动：唐馆火灾时之避难所；或对遭难船员施予救助；发生饥馑时施粥给难民等。

（5）捐献及还礼：唐船的捐献及唐寺的还礼为一种私下的贸易。寺庙大多靠唐商和住宅唐人之捐献、布施来维持。至18世纪唐僧东渡中止，加上日本对贸易之限制，捐献额逐渐减少，这是唐寺经营恶化最大的原因。[②]

（二）僧人东渡的具体情况

如前所述，长崎唐三寺的建立吸引了众多中国高僧前往日本。据笔者所见在整个江户时代中国赴日僧人达六十余位（见附表1）。其中虽有几位是明代僧人，但他们赴日的年代基本都是在明末，他们在日本的活动时间基本都越过了明朝灭亡的年限，故其对清代中日佛教及文化交流都产生了或大或小的影响。而在这些东渡日本的中国僧人中，影响最大的无疑是隐元禅师及其弟子。

---

① ［日］山本纪纲：《长崎唐人屋敷》，东京：谦光社，1883年，第151—180页。

② 刘序枫：《明末清初的中日贸易与日本华侨社会》，见国家清史编纂委员会编译组编印：《台湾地区清史论文汇编（1945—2005）》，第79册，第23—24页。

隐元，字隆琦，福建省福州府清福县人。生于明万历二十年（1592），早年家境贫寒，29岁母亲去世后，便在黄檗山万福寺出家为僧。他广泛地向浙江各地的高僧学习佛法，并在嘉兴府广慧寺跟随明末禅学大师密云圆悟学习正统临济禅，45岁接替费隐通容任万福寺住持。隐元担任住持期间，万福寺名震天下，慕名投奔者不分僧俗，络绎不绝，纷沓而至。[①]在国内名满天下的隐元禅师，在长崎兴福寺住持逸然禅师的再三邀请下，于顺治十一年（1654）六月，率弟子独言性闻、独湛性莹、独吼性狮、大眉性善等由厦门港启航东渡日本。隐元赴日后，在兴福寺和崇福寺讲说佛法，轰动了整个日本佛学界，各种求学者纷至沓来，甚至曹洞宗的铁心、独本，临济宗的独照、铁牛、铁眼、潮音等知名学问僧也都纷纷来到隐元禅师的门下求教。妙心派的龙溪、竺印等竟然想把隐元接至妙心寺。难怪有人对当时隐元东渡后的情形评价道："他的道声已传遍东西，似乎有把日本禅海翻倒过来之势。"[②]后来，隐元禅师又应邀到江户、京都等地宣讲佛法，还受到幕府将军德川家纲的接见。家纲邀请他在日本长住，并于1659年把京都宇治的一块土地赐给隐元。隐元仿造家乡福清黄檗山万福寺的原状建筑了一座寺院，命名为"黄檗山万福寺"，并以此为契机在日本开创了"黄檗禅宗"。经隐元及其弟子们的努力，黄檗宗在日本的影响日益扩大，与曹洞宗、临济宗并列被称为日本的三大禅宗。此外，黄檗宗的兴起同时也刺激了已露颓势的曹洞、临济二宗，促进了日本禅宗的整体发展。鉴于隐元禅师对日本佛学的突出贡献，1673年，日本皇室尊称他为"大光普照国师"。

除隐元及其弟子外，另一个对日本佛教影响较大的中国僧人便是心越。心越，字性俦，浙江金华人。延宝五年（1677）他接受兴福寺澄一的邀请东渡日本，寄居于兴福寺。但因其所传学说与黄檗宗不相一致，因此

---

① ［日］佐佐木刚三：《万福寺》，东京：中央公论美术出版社，1968年，第10页。

② ［日］村上专精：《日本佛教史纲》，杨曾文译，北京：商务印书馆，1992年，第287页。

遭到黄檗众僧的排斥，甚至遭到幕府官方的监视。后来他来到京阪地区，宣讲曹洞禅风，受到梅峰、玄贤、鳌山、龙蟠等曹洞派僧人的厚待。天和三年（1683），心越受水户藩藩主德川光国的邀请来到水户，此后便一直在水户从事曹洞宗佛教传播活动。心越在水户地区影响很大，据说开堂时，来自各地的群众达17000余人。元禄八年（1695），心越在水户圆寂，水户侯为表彰他在佛教传播等方面的贡献，将其生前担任住持的岱宗山天德寺更名为寿昌山祇园寺，以心越为开山祖师。并授予曹洞宗寿昌派独立总本山的资格，从此日本曹洞宗中便增添了寿昌一派。①

江户时期东渡日本的众多中国僧人，以其高深的佛学修养，深厚的文化底蕴，以及身体力行的弘法活动，极大地强化了中日两国间的宗教文化交流，为中国佛教的东传及日本佛教的发展注入了新的动力。

四、文化艺术交流的繁盛

中国文化对日本文化的影响是多方面的，那么，这种影响的波及范围除了前文已述的儒学和佛教这类高居庙堂之上的学术和宗教思想外，还应包括相对市民化、生活化的日本文化其他方面。

1.文学方面：中国文学对江户时期的日本影响很大，“三言二拍”及《聊斋志异》《水浒传》《红楼梦》《三国演义》等多部中国小说传入日本，并被译成日文在日本坊间广为流传。当时的日本小说很大程度上受到了输入的中国小说的影响，甚至很多当时日本小说的素材便来自这些漂洋过海的中国作品。除小说外，中国清代的戏剧作品也随着赴日贸易的商船来到日本，如《西厢记》《琵琶记》《长生殿》《桃花扇》等著名曲目在日本都广受欢迎。

2.书法、绘画方面：在此方面对日本影响最大的是江户时期东渡日本的中国僧侣。他们继承了我国僧人能书善画的优良传统。书法方面，首推

① ［日］古贺十二郎：《长崎画史汇传》，大阪：大正堂书店，1983年，第614—615页。

被世人称为“黄檗三笔”的隐元隆琦、木庵性韬、即非如一三位高僧。此外，独立性易、独湛性莹、大眉性善、独吼性狮等人的书法也都独具特色。而北岛雪山更是以其雄厚的中国书法功底被世人称为近世唐式书法第一人。绘画方面，以崇福寺第一代住持超然成就最为突出，他将中国画法传授给其弟子渡边秀石和释道光，并以此奠定了日本近代汉画的基础。此外，隐元隆琦、即非如一、独立性易、逸然性融、独湛性莹、独吼性狮、雪机定然等多位高僧也都有相当高深的绘画造诣，他们的作品及画法都对日本绘画艺术的发展产生了相当深刻的影响。

3.医学方面：江户时期日本翻刻了大量中国古代的医学著作，如李时珍所著的《本草纲目》一书，在中国问世不久便东传日本。高僧独立性易将中国的种痘技术传到了日本。独立性易赴日之前曾师从明代著名医学家、著有《痘疹辨疑金境录》的龚廷贤学习医术，故对医学，尤其是痘疹治疗相当有造诣。他在日本不仅悬壶济世，为人医病，还将自己的医术传给登门学医的弟子。他的众多弟子中，以池田嵩山最为著名。池田嵩山在跟随独立性易学医后又将其传授给子孙，使其成为家学，而且其历代子孙都为种痘技术获得日本官方允准而不懈努力。至其曾孙瑞仙时，幕府终于批准在医学馆中设立痘科，而瑞仙正是馆中痘科的负责人。此外，浙江金华人陈明德东渡日本后定居长崎，成为当地著名的町医，周岐来则以善于治疗儿科疾病而著称。这些医书的传入及众多从医人员的赴日为日本带来了先进的中国医术，极大地推动了日本医学的进步。

4.音乐方面：主要体现在僧人心越兴俦在日本传播操琴技术。高僧心越擅长演奏虞舜琴，赴日后他将自己的操琴技术传授给了人见竹洞、杉浦琴川及小田野东川等人。而杉浦琴川还编写出《东皋琴谱》五卷，极大地刺激和促进了因长久低迷而接近失传的日本琴法的重新振作。另外，以《九连环》《彩云开》和《烧香曲》为代表的中国民间歌谣小调也传入日本，并为日本普通民众所传唱。

5.建筑雕刻方面：对日本建筑和雕刻艺术影响最大的无疑是唐三寺和

各地黄檗寺院的修建。这些寺院基本上完全按照中国“晚明风格”修建，其设计大多都由中国工程人员来完成，然后由日本工匠具体施工。在施工的过程中一些有心计的日本工匠便渐渐掌握了中国高超的建筑工艺，并将这些工艺通过向其弟子传授的方式保留下来。如木工秋筱茂左卫门便是学习和推广中国建筑工艺的杰出代表。雕像方面，首推中国技师范道生，他是隐元等禅师为修筑寺院的需要从中国招聘来的技师，他精于雕刻，在留日期间雕刻出弥勒和尚像、四大天王等多尊精美作品。而他所使用的塑像、铁像等中国传统制造工艺，在日本久已失传，范氏的到来极大地推动了日本雕刻艺术的重振和发展。

6.日常风俗习惯方面：江户时代从事中日贸易的中国商人、浮海东渡的中国僧侣及普通国人，在日本居住期间大多保持国内的生活方式。如这些僧侣在诵读佛经时都使用唐音，这对日本唐音的流传起了巨大的推动作用。而这些僧人日常所吃的中国样式的点心，及隐元豆腐、黄檗馒头等颇具中国特色的食品都对日本的饮食文化产生了深远的影响。以至于在今天的日本，我们仍然可以从诸如隐元草、隐元莲、隐元衣、隐元枕、黄檗料理、黄檗屋顶等以隐元禅师和黄檗宗命名的物品、工艺和技术中清晰地看到当年中国文化的烙印。

另外，谈到中日贸易对日本的影响，有一类人必须提到，那就是住宅唐人，即侨居日本后最终获得日本国籍的中国人。随着中日贸易的逐步深入，侨居长崎的中国人数逐渐增多，住宅唐人的数量自然也随之增加。（具体情况见附表3）这些入籍日本的中国人不仅以其语言优势为中日贸易的顺利进行和蓬勃发展做出特殊的贡献，还对日本的文学、医学、书法等诸多方面的发展起到了推动和促进作用。

结 语

（一）务实和灵活是清政府对日贸易政策的主要特征，其政策与明代相比更加积极开放和趋向合理。从顺治帝开创中日牌照贸易，到康熙帝开放海禁，将中日贸易推上高潮；从信牌事件的迅速处理，保证了中日贸易的正常进行，到颁布南洋禁航令时仍保持对日贸易孔道；从雍正帝推行既保证贸易稳定进行又对其加强监察管理的商总制度，到乾隆以后历代帝王对原有对日贸易政策的保持和维护。可以说，清朝历代统治者都以积极务实的态度审慎地对待中日贸易。务实是清政府对日贸易政策的一个基调。在务实思想的指导下，清政府根据客观情况的变化适时做出政策调整。这与明王朝一味对日强硬，对日禁通的态度形成了鲜明的对比。

（二）清代日本幕府对华贸易政策呈现出两个动态过程，一是政策导向从宽到严，由松至紧；二是幕府对贸易管理的介入力度逐步增强。当贸易规模较小时，它的控制相对宽松；当贸易规模逐步扩大时，它便逐渐收紧。尤应指出的是，上述动态过程的演变是江户幕府对中日贸易实际情况的认识逐步深化的过程，也是其对贸易的管理逐渐走向正规化、各种贸易法规逐渐完善的过程。无论其贸易政策如何调整，我们都能清晰地看出日方领导层经济利益至上的指导方针。大到从降低国家经济损失的角度考虑，对贸易进行严格限制；小到为了增加政府的收入，将起初全部归宿主的口钱收入逐步收归官方所有。这些都无一例外地凸显出日方对经济利益的重视。

（三）清代中日贸易规模是相当大的，表现在参与贸易的省份遍布全国，贸易品种类繁多、数量巨大、来源广泛。仅砂糖每年输日数量即达到百万斤以上，后来增加至数百万斤，书籍的输日量也达到数千种，万余部。棹铜每年的对华输入量基本都维持在数百万斤上下，海产品贸易与棹铜相比起步较晚，但发展迅速，逐渐取代棹铜成为日本对华输出数量最大的贸易品。如此广泛的参与程度和如此庞大的贸易规模足以证明鸦片战争之前的中日贸易已相当繁荣了。以前，不少学者以清政府不重视海外贸易，中日之间没有建立官方往来，缺乏朝贡贸易渠道等为由，认为清代中日贸易规模很小，现在看来都过于简单，论断有失偏颇。

（四）规模宏大的清代中日贸易对于中日双方都产生了全方位、深层次的影响。这种影响遍及社会经济、思想文化、民众生活等诸多方面，许多影响甚至一直延续至今。它推动了我国手工业生产的发展，加速了我国市场一体化的进程。日铜的大量输入一定程度上缓解了我国的钱荒，为清代国家货币的有效供给，市场流通的正常进行及国内商品经济的发展，都作出了特殊而重要的贡献。对日方而言，大批中国商品的涌入，一则极大地活跃了日本国内的商品市场，推动了日本商品经济的发展；二则推动了日本与进出口替代相关的生丝、海产品等行业的发展，为日本近代工商业的发展奠定了最初的基础。在中日双方经济交往的推动和带领下，其他领域的联系也日渐增加。中国书籍大量的东传促进了儒学的东渐，众多僧侣的东渡推进了中日双方佛教的发展，赴日的僧侣、商人包括入籍日本的“住宅唐人”将许多中国的风俗习惯、民俗文化带到了日本，日本的文学作品及绘画、歌舞等艺术形式也传入中国。时至今日，我们仍然能从许多方面看到当年中日交往留下的印记。

（五）本文对中日贸易过程中若干史实作了考订。如关于清代日本官方对中国商人是如何管理的，为数众多的中国商人在日本从事贸易之余生活情况如何？从前的研究对此多语焉不详。笔者在广泛收集中日双方，尤其是日方资料的基础上，对这一问题进行了较为细致全面的梳理。日本官方对入港清商的管理制度灵活多变，由入港初期分散居住、分散管理的差宿制，到相对集中、日汉杂居的宿町制，再到最后实行的日汉隔离而居、壁垒森严的唐馆制度。清商在日本的生活也随之由相对自由逐渐走向受限封闭。在与管理相关的收入分配比例中，幕府官方所占的份额也呈逐渐上升的趋势。这些史实的澄清，对于了解清代中日贸易的全貌，深入理解日方制定贸易政策的价值取向，都有相当重要的作用。

附表 1　　江户时代赴日中国僧人一览表

姓名	赴日年代	回国或圆寂年代	留日年数
真圆	元和六年（1620）	庆安元年（1648）圆寂	28
觉海	宽永五年（1628）	宽永十四年（1637）圆寂	9
丁然	宽永五年（1628）		
觉意	宽永五年（1628）		
超然	宽永六年（1629）	正保元年（1644）圆寂	15
如定	宽永九年（1632）	明历三年（1657）圆寂	25
誉定	宽永十六年（1639）	明历元年（1655）回国	16
逸然性融	正保二年（1645）	宽文八年（1668）圆寂	23
化外			
古石			
自恕			
百拙	正保三年（1646）	庆安二年（1649）回国	
净达觉闻	正保三年（1646）	明历元年（1655）回国	9
蕴谦戒琬	庆安三年（1650）	延宝元年（1673）圆寂	23
道者超元	庆安四年（1651）	万治元年（1658）回国	7
澄一	承应二年（1653）	元禄四年（1691）圆寂	38

续表

姓名	赴日年代	回国或圆寂年代	留日年数
独立性易	承应二年（1653）	宽文十二年（1672）圆寂	19
隐元隆琦	承应三年（1654）	延宝元年（1673）圆寂	19
大眉性善	承应三年（1654）	延宝元年（1673）圆寂	19
慧林性机	承应三年（1654）	天和元年（1681）圆寂	27
独湛性莹	承应三年（1654）	宝永三年（1706）圆寂	52
独吼性狮	承应三年（1654）	元禄元年（1688）圆寂	34
南源性派	承应三年（1654）	元禄五年（1692）	38
独言	承应三年（1654）		
良演	承应三年（1654）		
恒修	承应三年（1654）		
无上	承应三年（1654）		
惟一	承应三年（1654）	天和三年（1683）圆寂	29
喝禅	承应三年（1654）	天和三年（1683）圆寂	29
慈岳琛	明历元年（1655）	元禄二年（1689）圆寂	34
木庵性瑶	明历元年（1655）	贞享元年（1684）圆寂	29
即非如一	明历三年（1657）	宽文十一年（1671）圆寂	14
千默性安	明历三年（1657）	宽永二年（1705）圆寂	48
悦山道宗	万治元年（1658）	宝永六年（1709）圆寂	51
高泉性潡	宽文元年（1661）	元禄八年（1695）圆寂	34
晓堂	宽文元年（1661）		
岫贤	宽文元年（1661）	宽文八年（1668）圆寂	7
东澜泽	延宝元年（1673）		
西意	延宝元年（1673）	延宝三年（1675）圆寂	2
彝庵			
玉冈	延宝二年（1674）		
雪堂	延宝二年（1674）	延宝四年（1676）圆寂	2
心越兴俦	延宝五年（1677）	元禄九年（1696）圆寂	19
慧云	延宝五年（1677）		
东岸	延宝五年（1677）	元禄元年（1688）圆寂	11
悦峰道章	贞享三年（1686）	享保九年（1724）圆寂	38

续表

姓名	赴日年代	回国或圆寂年代	留日年数
灵源派脉	元禄六年（1693）	享保二年（1717）圆寂	
月潭	元禄六年（1693）		
澹林	元禄六年（1693）		
大冲	元禄六年（1693）	宝永六年（1709）回国	16
圣垂方柄	元禄六年（1693）	享保十年（1725）圆寂	32
喝浪	元禄七年（1694）		
别光慧彻	宝永六年（1709）		
智胜	宝永六年（1709）		
一贯全严	宝永七年（1710）		
旭如莲昉	正德元年（1711）	享保四年（1719）圆寂	8
桂国	正德元年（1711）		
道本寂传	享保四年（1719）	享保九年（1724）回国？	
杲堂元昶	享保六年（1721）	享保十八年（1733）圆寂	12
大鹏正鲲	享保七年（1722）	安永三年（1774）圆寂	52
伯珣照浩	享保七年（1722）	安永五年（1776）圆寂	54
竺庵净印	享保八年（1723）	宝历六年（1756）圆寂	33
大成照汉		天明四年（1784）圆寂	

资料来源：［日］木宫泰彦：《日中文化交流史》，胡锡年译，北京：商务印书馆，1980年，第684—692页。

附表 2　　江户时代住宅唐人情况一览表

姓名	概　况
冯六	庆长九年（1604）开始任唐通事，是林长右卫门的祖先。
马荣宇	宽永四年（1627）任唐通事，是中山太郎兵卫的祖先。
陈九宫	绍兴人，庆长十九年（1614）来到日本，宽永七年（1630）任唐通事，是颍川官兵卫的祖先。
欧阳云台	又名六官，宽永十二年（1635）任唐年行司，擅长雕刻漆器，世称云台雕，是万治元年（1658）任唐小通事的阳惣右卫门的祖先。
何海庵	何吉郎右卫门的祖先。宽永十二年（1635）任唐年行司的何三官、何八官可能是何海庵和何毓楚。
何毓楚	是万治元年（1658）任唐小通事的何仁右卫门的祖先。

续表

姓名	概　况
江七官	泉州人，宽永十二年(1635)任唐年行司，直到天和三年(1686)，侨居日本五十一年，是江甚兵卫的祖先。
张三峰	清川荣左卫门的祖先。宽永十二年（1635）任唐年行司的张三官，可能就是张三峰。
陈亦山	宽永十二年（1635）任唐年行司，是矢岛专助的祖先。
陈冲一	宽永十七年（1640）任唐通事，是颍川藤右卫门的祖先。
林楚玉	宽永十七年（1640）任唐通事，是林仁兵卫的祖先。
林公琰	是元禄年间著名书法家、唐通事林道荣的祖先。宽文年间（1661—1672）的唐年行司中，名叫林一官的，可能就是林公琰。
陆一官	明朝信州人，宽文年间（1661—1672）任唐年行司，是陆市藏的祖先。
薛性田	薛市左卫门的祖先。宽文年间（1661—1672）唐年行司中名叫薛六官的，可能就是薛性田。
吴宗园	吴平左卫门的祖先。宽文年间（1661—1672）唐年行司中名叫吴一官的，可能就是吴宗园。
刘一水	彭城仁左卫门的祖先。万治元年任小通事，贞享、元禄年间的著名中国语学家彭城宣义，就是他的后裔。
刘焜台	彭城久兵卫的祖先。
陈潜明	四村七兵卫的祖先。
樊玉环	高尾兵左卫门的祖先。
徐敬云	东海德右卫门的祖先。
卢君玉	是享保年间（1716—1735）唐通事卢草拙的祖先，著名本草学家卢草顾，就是卢君玉的孙子。
郑崇明	吉岛惣次郎的祖先。
郑次官	郑长左卫门的祖先。
陈一官	颍川八郎的祖先。
蔡三官	蔡长次郎的祖先。
曾二官	井手武兵卫的祖先。
吴泰官	吴兵藏的祖先。
黄二官	黄安右卫门的祖先。
王心渠	王喜左卫门的祖先。宽文年间侨居长崎的中国人中，有名叫王二官、王三官的，其中之一可能就是王心渠。
俞惟和	河间八平次的祖先。宽文年间侨居长崎的中国人中，有个名叫俞八官的，可能就是此人。
薛八官	薛久三郎的祖先。宽文年间侨居长崎。

续表

姓名	概　况
李八官	宽文年间侨居长崎。
陈明德	浙江金华府人，庆安年间（1648—1651）来到日本，日本名字为颍川入德。善医，最精小儿科，子孙继承此业。
魏之琰	称魏九官，宽文十二年来日。
魏高	魏之琰的长子，随父来日，日本名叫钜鹿清左卫门，任东京通事。
魏贵	魏之琰的次子，随父来日，日本名叫钜鹿清左卫门，任东京通事。
魏喜	魏之琰的从仆身份来到日本，日本名为魏五左卫门。
林友官	正保元年（1644）来日，因搞非法贸易，败露后将被处死刑，但因告发天主教徒获赦，充任检查宗教的下属，日本名小歌八兵卫。
周辰官	泉州人，正保元年来日，原是天主教徒，败露后行将处罪，获赦后充任检查宗教的下属。直到天和三年（1686）为止，侨居日本凡三十九年，是周权左卫门的祖先。
杨一官	杨藤平的祖先，直到天和二年为止，侨居日本凡五十三年。
蔡二官	漳州人，直到天和二年为止，侨居日本凡六十一年。
高寿觉	漳州人，最初跟随父亲高赞溯来到日本，侍候萨摩侯。十六岁时，因砍断装饰松枝被处以禁闭，自己觉得丢了脸，想要回国，但在海上遇盗，流浪中国各省十二年后，又来到长崎，任唐通事。日本名为深见久太夫。从黄檗宗僧人独立学习书法、医道，著名的高天漪（深见玄岱）就是他的后代。

资料来源：［日］木宫泰彦：《日中文化交流史》，胡锡年译，北京：商务印书馆，1980 年，第 698—701 页。

参考文献

一、古代文献

[1]《明实录》，台北："中央研究院"历史语言研究所校勘本，1968年版。

[2] 张廷玉：《明史》，北京：中华书局，1974年版。

[3] 陈子龙选辑：《明经世文编》，北京：中华书局，1962年版。

[4]《清实录》，北京：中华书局，1985、1986年版。

[5] 赵尔巽：《清史稿》，北京：中华书局，1997年版。

[6] 故宫博物院清档案部编：《清代档案史料丛编》，北京：中华书局，1978年版。

[7] 中国第一历史档案馆编：《康熙朝汉文朱批奏折汇编》，北京：档案出版社，1984年版。

[8] 中国第一历史档案馆编：《康熙起居注》，北京：中华书局，

1984年版。

［9］中国第一历史档案馆编：《雍正朝起居注》，北京：中华书局，1993年版。

［10］中国第一历史档案馆编：《雍正朝汉文朱批奏折汇编》，南京：江苏古籍出版社1991年版。

［11］（清）世宗敕编：《世宗宪皇帝朱批谕旨》，《景印文渊阁四库全书》（第416—425册），台北：商务印书馆，1986年版。

［12］中国第一历史档案馆编：《清代档案史料丛编》（第七辑），北京：中华书局，1981年版。

［13］中国第一历史档案馆编：《清代中琉关系档案选编》，北京：中华书局，1993年版。

［14］中国第一历史档案馆编：《康熙统一台湾档案史料选辑》，福州：福建人民出版社，1983年版。

［15］台北"中央研究院"历史语言研究所编：《明清史料》（己编），北京：中华书局，1987年版。

［16］（清）乾隆官修：《清朝文献通考》，杭州：浙江古籍出版社，2000年版。

［17］（清）贺长龄：《皇朝经世文编》，台北：文海出版社，1966年版。

［18］（清）席裕福：《皇朝政典类纂》，台北：文海出版社，1982年版。

［19］（清）昆冈：《钦定大清会典事例》，《续修四库全书》（第798册），上海：上海古籍出版社，2003年版。

［20］张荣铮点校：《大清律例》，天津：天津古籍出版社，1993年版。

［21］（明）傅维鳞：《明书》，扬州：江苏广陵古籍刻印社，1988年版。

［22］（明）谈迁：《国榷》，北京：中华书局，1958年版。

［23］（明）谢杰：《虔台倭纂》，玄览堂丛书续集，影印明万历刊本。

［24］（明）郑若曾：《筹海图编》，《景印文渊阁四库全书》（第584册），台北：商务印书馆，1986年版。

［25］（明）郑若曾：《郑开阳杂著》，《景印文渊阁四库全书》（第584册），台北：商务印书馆，1986年版。

［26］（明）张燮：《东西洋考》，北京：中华书局，2000年版。

［27］（明）李言恭、郝杰：《日本考》，北京：中华书局，1983年版。

［28］（明）茅元仪：《武备志》，台北：宗青华世出版社，1996年版。

［29］（明）严从简：《殊域周咨录》，北京：中华书局，1993年版。

［30］（明）陆容：《菽园杂记》，北京：中华书局，1985年版。

［31］（明）张瀚：《松窗梦语》，北京：中华书局，1985年版。

［32］（明）王临亨：《粤剑编》，北京：中华书局，1987年版。

［33］（明）谢肇淛：《五杂俎》，沈阳：辽宁教育出版社，2001年版。

［34］（明）采九德：《倭变事略》（中国历史研究资料丛书），上海：上海书店，1982年版。

［35］（明）郑舜功：《日本一鉴》，民国二十八年（1939）排印本。

［36］（明）宋应星著，钟广言注释：《天工开物》，广州：广东人民出版社，1976年版。

［37］（明）黄宗羲：《明夷待访录》，北京：中华书局，1981年版。

［38］（明）诸葛元声：《两朝平攘录》，《四库全书存目丛书》（史部第54册），济南：齐鲁书社，1996年版。

［39］（明）王在晋：《海防纂要》，《续修四库全书》（第739—740册），上海：上海古籍出版社，2003年版。

［40］（清）谷应泰：《明史纪事本末》，北京：中华书局，1977年版。

［41］（清）王之春：《清朝柔远记》，北京：中华书局，1989年版。

［42］（清）顾炎武：《天下郡国利病书》，《续修四库全书》（第596册），上海：上海古籍出版社，2003年版。

[43]（清）顾炎武：《日知录集释》，上海：上海古籍出版社，1985年版。

[44]（清）印光任、张汝霖：《澳门纪略》，嘉庆五年（1800）重刊本。

[45]（清）江日昇：《台湾外记》，福州：福建人民出版社，1983年版。

[46]（清）屈大均：《广东新语》，北京：中华书局，1985年版。

[47]（清）叶梦珠：《阅世编》，上海：上海古籍出版社，1981年版。

[48]（清）刘献廷：《广阳杂记》，北京：中华书局，1957年版。

[49]（清）黄叔璥：《台海使槎录》，《台湾文献史料丛刊》（第二辑），台北：大通书局，1984年版。

[50]（清）杜臻：《粤闽巡视纪略》，《景印文渊阁四库全书》（第460册），台北：商务印书馆，1986年版。

[51]（清）夏琳：《闽海纪要》，《四库禁毁书丛刊》（史部第35册），北京：北京出版社，2000年版。

[52]（清）汪鹏：《袖海编》，《丛书集成续编》（第65册），上海：上海书店，1994年版。

[53]（清）翁广平：《吾妻镜补》，国家图书馆藏历史档案文献丛刊本，北京：全国图书馆文献缩微复制中心，2005年版。

[54]（清）张寿镛：《皇朝掌故汇编》，光绪二十八年（1902），上海：求实社铅印本。

[55]（清）朱彝尊：《曝书亭集》，《景印文渊阁四库全书》（第1317—1318册），台北：商务印书馆，1986年版。

[56]（清）靳辅：《靳文襄奏疏》，《景印文渊阁四库全书》（第430册），台北：商务印书馆，1986年版。

[57]（清）梁廷枏：《粤海关志》，清末民初史料丛书第21种，台北：成文出版社，1968年版。

［58］杨亮功主编：《琉球历代宝案选录》，台北：开明书店，1975年版。

［59］吴晗辑：《朝鲜李朝实录中的中国史料》，北京：中华书局，1980年版。

［60］宋祥瑞主编：《明清史料丛编》，北京：北京大学出版社，1993年版。

［61］汪向荣、夏应元编：《中日关系史资料汇编》，北京：中华书局，1984年版。

［62］向达校注：《两种海道针经》，北京：中华书局，1961年版。

［63］郑樑生：《明代倭寇史料》1—5辑，台北：文史哲出版社，1987—1997年版。

［64］（明）何乔远：《闽书》，福州：福建人民出版社，1994年版。

［65］（明）袁宗儒：《山东通志》，嘉靖十二年（1533）刻本。

［66］（明）朱衣：《汉阳府志》，嘉靖二十五年（1546）刻本。

［67］（明）舒应元修：《宁德县志》，万历十九年（1591）刊本。

［68］（明）于慎行：《兖州府志》，万历二十四年（1596）刻本。

［69］（明）郭棐：《广东通志》，万历三十年（1602）刊本。

［70］（明）韩浚：《嘉定县志》，万历三十三年（1605）刊本。

［71］（明）谢肇淛：《永福县志》，万历四十年（1612）刻本。

［72］（明）阳思谦：《泉州府志》，万历四十年（1612）刻本。

［73］（明）喻政：《福州府志》，万历四十一年（1613）刊本。

［74］（清）谢诏：《赣州府志》，顺治十七年（1660）刻本。

［75］（清）嵇曾筠：《浙江通志》，乾隆元年（1736）刻本。

［76］（清）鄂尔泰：《云南通志》，乾隆元年（1736）刻本。

［77］（清）丁元正：《吴江县志》，乾隆十二年（1747）刻本。

［78］（清）雅尔哈善：《苏州府志》，乾隆十三年（1748）刻本。

［79］（清）李堂：《湖州府志》，乾隆二十三年（1758）刻本。

[80]（清）沈廷芳：《广州府志》，乾隆二十四年（1759）刻本。

[81]（清）周硕勋：《潮州府志》，乾隆二十七年修光绪十九年重刊本。

[82]（清）陈锳：《海澄县志》，乾隆二十七年（1762）刊本。

[83]（清）阮元：《云南通志稿》，道光十五年（1835）刊本。

二、近现代论著

（一）著作

[84] 晁中辰：《明代海禁与海外贸易》，北京：人民出版社，2005年版。

[85] 陈懋恒：《明代倭寇考略》，北京：人民出版社，1957年版。

[86] 陈尚胜：《开放与闭关——中国封建社会晚期对外关系研究》，济南：山东人民出版社，1993年版。

[87] 陈尚胜：《“怀夷”与“抑商”——明代海洋力量兴衰研究》，济南：山东人民出版社，1997年版。

[88] 陈炎：《海上丝绸之路与中外文化交流》，北京：北京大学出版社，1996年版。

[89] 陈希育：《中国帆船与海外贸易》，厦门：厦门大学出版社，1991年版。

[90] 戴裔煊：《明代嘉隆间的倭寇海盗与中国资本主义的萌芽》，北京：中国社会科学出版社，1982年版。

[91] 东北地区中日关系史研究会编：《中日关系史论集》，沈阳：辽宁人民出版社，1982年版。

[92] 东北地区中日关系史研究会编：《中日关系史论文集》，哈尔滨：黑龙江人民出版社，1984年版。

[93] 方豪：《中西交通史》，长沙：岳麓书社，1987年版。

[94] 傅衣凌：《明清时代商人及商业资本》，北京：人民出版社，1956年版。

[95] 范中义、仝晰纲：《明代倭寇史略》，北京：中华书局，2004年版。

[96] 高淑娟：《中日对外经济政策比较史纲》，北京：清华大学出版社，2003年版。

[97] 贡德·弗兰克：《白银资本——重视经济全球化中的东方》，刘北成译，北京：中央编译出版社，2000年版。

[98] 何慈毅：《明清时期琉球日本关系史》，南京：江苏古籍出版社，2002年版。

[99] 何芳川：《澳门与葡萄牙大商帆》，北京：北京大学出版社，1996年版。

[100] 黄启臣：《黄启臣文集》，香港：天马图书有限公司，2003年版。

[101] 李伯重：《江南的早期工业化：1550—1850》，北京：社会科学文献出版社，2000年版。

[102] 李金明：《明代海外贸易史》，北京：中国社会科学出版社，1990年版。

[103] 李庆新：《明代海外贸易制度》，北京：社会科学文献出版社，2007年版。

[104] 梁容若：《中日文化交流史论》，北京：商务印书馆，1985年版。

[105] 林仁川：《明末清初私人海上贸易》，上海：华东师范大学出版社，1987年版。

[106] 罗晃潮：《日本华侨史》，广州：广东高等教育出版社，1994年版。

[107] 孙乃民：《中日关系史》，北京：社会科学文献出版社，

2006年版。

[108] 沈光耀：《中国古代对外贸易史》，广州：广东人民出版社，1985年版。

[109] 沈定平：《明清之际中西文化交流史》，北京：商务印书馆，2001年版。

[110] 万明：《中国融入世界的步履——明与清代海外政策比较研究》，北京：社会科学文献出版社，2000年版。

[111] 万明主编：《晚明社会变迁问题与研究》，北京：商务印书馆，2005年版。

[112] 汪高鑫、程仁桃：《东亚三国古代关系史》，北京：北京工业大学出版社，2006年版。

[113] 汪向荣：《中日关系史文献论考》，长沙：岳麓书社，1985年版。

[114] 汪向荣：《明史日本传笺证》，成都：巴蜀书社，1988年版。

[115] 王宏斌：《清代前期海防：思想与制度》，北京：社会科学文献出版社，2002年版。

[116] 王辑五：《中国日本交通史》，上海：商务印书馆，1937年版。

[117] 王晓秋、[日] 大庭修主编：《中日文化交流史大系·历史卷》，杭州：浙江人民出版社，1996年版。

[118] 王晓秋：《中日文化交流史话》，北京：商务印书馆，1996年版。

[119] 王日根：《明清海疆政策与中国社会发展》，福州：福建人民出版社，2006年版。

[120] 王勇：《中日关系史料与研究》，北京：北京图书馆出版社，2002年版。

［121］王勇：《中日“书籍之路”研究》，北京：北京图书馆出版社，2003年版。

［122］王毓铨：《中国经济通史·明代经济卷》，北京：经济日报出版社，2000年版。

［123］吴廷璆主编：《日本史》，天津：南开大学出版社，1994年版。

［124］徐晓望：《妈祖的子民——闽台海洋文化研究》，上海：学林出版社，1999年版。

［125］杨正光：《中日关系简史》，武汉：湖北人民出版社，1984年版。

［126］姚贤镐：《中国近代对外贸易史资料》，北京：中华书局，1962年版。

［127］张维华：《明代海外贸易简论》，上海：上海人民出版社，1956年版。

［128］张维华：《明史欧洲四国传注释》，上海：上海古籍出版社，1982年版。

［129］张声振：《中日关系史》，北京：社会科学文献出版社，2006年版。

［130］张海英：《明清江南商品流通与市场体系》，上海：华东师范大学出版社，2002年版。

［131］郑梁生：《明代中日关系史研究》，台北：文史哲出版社，1985年版。

［132］郑梁生：《中日关系史》，台北：五南图书股份有限公司，2001年版。

［133］章巽主编：《中国航海科技史》，北京：海洋出版社，1991年版。

［134］周景濂：《中葡外交史》，北京：商务印书馆，1991年版。

[135] 朱亚非：《明代中外关系史研究》，济南：济南出版社，1993年版。

[136] 朱亚非：《明清史论稿》，济南：山东友谊出版社，1998年版。

[137] 朱谦之：《日本的朱子学》，北京：人民出版社，2000年版。

[138] 中国海洋发展史论文集编辑委员会主编：《中国海洋发展史论文集》（1—8辑），台北："中央研究院"三民主义研究所，1984—2002年版。

（二）论文

[139] 陈荆和：《清初华舶之长崎贸易及日南航运》，《南洋学报》1957年第13卷第1辑。

[140] 陈自强：《就〈华夷变态〉谈康熙年间海外交通贸易的若干情况》，《海交史研究》1990年第2期。

[141] 晁中辰：《明后期白银的大量内流及其影响》，《史学月刊》1993年第1期。

[142] 陈东林：《康雍乾三朝对日本的认识及贸易政策比较》，《故宫博物院院刊》1988年第1期。

[143] 陈尚胜：《"闭关"或"开放"类型分析的局限性——近20年清朝前期海外贸易政策研究述评》，《文史哲》2002年第6期。

[144] 陈尚胜：《明与清代海外贸易政策比较——从万明〈中国融入世界的步履〉一书谈起》，《历史研究》2003年第6期。

[145] 陈希育：《清代福建的外贸港口》，《中国社会经济史研究》1988年第4期。

[146] 陈希育：《清代前期的厦门海关与海外贸易》，《厦门大学学报》1991年第3期。

[147] 陈小冲：《十七世纪的御朱印船贸易与台湾》，《台湾研究集刊》2004年第2期。

[148] 戴建兵、许可：《清代铜政略述》，《江苏钱币》2007年第3期。

[149] 刁书仁：《中国十九世纪中叶以前中日关系史研究综述》，《中国史研究动态》1994年第3期。

[150] 范金民：《明清时期中国对日丝绸贸易》，《中国社会经济史研究》1992年第1期。

[151] 冯佐哲：《清代前期中日民间交往与文化交流》，《史学集刊》1990年第2期。

[152] 冯佐哲：《乍浦港与清代中日贸易和文化交流》，见朱诚如、王天有主编：《明清论丛》第2辑，北京：紫禁城出版社，2001年版。

[153] 高淑娟：《略谈“长崎会所”与“十三行”》，《日本研究》2003年第3期。

[154] 韩昇：《清初福建与日本的贸易》，《中国社会经济史研究》1996年第2期。

[155] 胡孝德：《清代（1644—1840）中日两国贸易管理之比较》，《史学月刊》2001年第5期。

[156] 胡孝德：《清代中日书籍贸易研究》，《中国经济史研究》2007年第1期。

[157] 黄启臣：《清代前期海外贸易的发展》，《历史研究》1986年第4期。

[158] 黄启臣、邓开颂：《明清时期澳门对外贸易的兴衰》，《中国史研究》1984年第3期。

[159] 黄启臣、庞新平：《清代活跃在中日贸易及日本港市的广东商人》，《中山大学学报》2000年第1期。

[160] 李东有：《略论近代世界市场互动中的中国东南贸易带》，《南昌大学学报》2000年第2期。

[161] 李伯重：《中国全国市场的形成：1500—1840年》，《清华大学学报》1999年第4期。

[162] 李金明：《清初中日海上贸易》，《南洋问题研究》1993年第1期。

[163] 李金明：《清初中日长崎贸易》，《中国社会经济史研究》2005年第3期。

[164] 刘小珊：《活跃在中日交通史上的使者——明清时代的唐通事研究》，《江西社会科学》2004年第8期。

[165] 梁方仲：《明代国际贸易与银的输出入》，《中国社会经济史集刊》1939年第6卷第2期。

[166] 刘序枫：《清康熙——乾隆年间洋铜的进口与流通问题》，见汤熙勇主编《中国海洋发展史论文集》（第7辑），台北："中央研究院"中山人文社会科学研究所，1999年版。

[167] 刘序枫：《清代的乍浦港与中日贸易》，见张彬村主编：《中国海洋发展史论文集》（第5辑），台北："中央研究院"中山人文社会科学研究所，1993年版。

[168] 任鸿章：《明末清初郑氏集团与日本的贸易》，《日本研究》1988年第4期。

[169] 王晓秋、冯佐哲：《从〈吾妻镜补〉谈到清代中日贸易》，载《文史》第15辑，北京：中华书局，1982年版。

[170] 王勇：《"丝绸之路"与"书籍之路"——试论东亚文化交流的独特模式》，《浙江大学学报》2003年第5期。

[171] [英] 威廉·S.阿特韦尔：《国际白银的流动与中国经济（1530—1650）》，《中国史研究动态》1988年第9期。

[172] 魏能涛：《明清时期中日长崎商船贸易》，《中国史研究》1986年第2期。

[173] 尉安宁：《1600—1850年间中日两国的官商》，《日本研

究》1988年第4期。

［174］徐明德：《论清代中国的东方明珠——浙江乍浦港》，《清史研究》1997年第3期。

［175］易惠莉：《论入关前后的清与日本关系》，《学术月刊》2001年第1期。

［176］易惠莉：《清康熙朝后期政治与中日长崎贸易》，（上海）《社会科学》2004年第1期。

［177］张劲松：《从长崎荷兰商馆日记看江户锁国时期日郑、日荷贸易》，《外国问题研究》1994年第1期。

［178］朱德兰：《清开海令后的中日长崎贸易商与国内沿岸贸易（1684—1722）》，见张炎宪主编：《中国海洋发展史论文集》（第3辑），台北："中央研究院"中山人文社会科学研究所，1989年版。

［179］张守广：《明清时期宁波商人集团的产生和发展》，《南京师大学报》1991年第3期。

［180］郑瑞明：《清领初期（1684—1722）的台日贸易关系》，见陈捷先、成崇德、李纪祥主编：《清史论集》（下），北京：人民出版社，2006年版。

三、日本学者研究成果

（一）著作

［181］林春胜、林信笃编：《华夷变态》，东京：东洋文库，1958年版。

［182］木宫泰彦：《中日交通史》，陈捷译，北京：商务印书馆，1931年版。

［183］木宫泰彦：《日中文化交流史》，胡锡年译，北京：商务印书馆，1980年版。

[184] 林炜编：《通航一览》，东京：国书刊行会，1912年版。

[185] 新井白石：《折焚柴记》，周一良译，北京：北京大学出版社，1992年版。

[186] 永积洋子：《唐船输出入品数量一览：1637—1833》，东京：创文社，1987年版。

[187] 松浦章：《清代海外贸易史の研究》，东京：京都朋友书店，2002年版。

[188] 西川如见：《增补华夷通商考》，甘节堂1708年刻本。

[189] 大庭修编著：《唐船进港回棹录·岛原本唐人风说书·割符留帐》，大阪：关西大学东西学术研究所，1974年版。

[190] 大庭修编著：《舶载书目》，大阪：关西大学东西学术研究所，1972年版。

[191] 大庭修：《唐船持渡书の研究》，大阪：关西大学出版部，1981年版。

[192] 大庭修：《江户时代日中秘话》，徐世虹译，北京：中华书局，1997年版。

[193] 大庭修：《江户时代中国典籍流播日本之研究》，戚印平、王勇、王宝平译，杭州：杭州大学出版社，1998年版。

[194] 山胁悌二郎：《长崎の唐人贸易》，东京：吉川弘文馆，1964年版。

[195] 岩生成一：《朱印船贸易史の研究》，东京：吉川弘文馆，1985年版。

[196] 山本纪纲：《长崎唐人屋敷》，东京：谦光社，1983年版。

[197] 井上清：《日本历史》，天津市历史研究所译，天津：天津人民出版社，1974年版。

[198] 速水融、宫本又郎编：《经济社会的成立：17—18世纪》，厉以平监译，北京：生活·读书·新知三联书店，1997年版。

［199］藤家礼之助：《日中交流二千年》，北京：北京大学出版社，1982年版。

［200］田中健夫：《倭寇——海上历史》，杨翰球译，武汉：武汉大学出版社，1987年版。

［201］村上直次郎：《增订异国日记抄》，东京：骏南社，1969年版。

［202］东京大学史料编纂所：《唐通事会所日录》，东京：东京大学出版会，1984年版。

［203］依田熹家：《中日近代化比较研究》，北京：三联书店，1988年版。

［204］中村新太郎：《日中二千年》，长春：吉林人民出版社，1980年版。

［205］中村质：《近世长崎贸易史の研究》，东京：吉川弘文馆，1994年版。

（二）论文

［206］岩生成一：《关于近世日支贸易数量の考察》，《史学杂志》第62编第11号。

［207］大庭修：《关于平户松浦史料博物馆收藏的〈唐船之图〉》，见《中外关系史译丛》（第2辑），上海：上海译文出版社，1985年版。

［208］大庭修：《关于江户时代中国船漂流日本的资料》，高洪译，《日本研究》1987年第3期。

［209］大庭修：《江户时代后期输入日本的汉籍及其影响》，《中国史研究》1991年第1期。

［210］松浦章：《满文档案和清代日中贸易》，孙世春译，《日本研究》1985年第1期。

［211］松浦章：《清代福建的海外贸易》，郑振满译，《中国社会

经济史研究》1986年第1期。

[212] 松浦章：《康熙帝与日本的“海舶互市新例”》，常家勤译，《社会科学辑刊》1987年第2期。

[213] 松浦章：《明末清初中国商船带到日本的海外政治情报》，《海交史研究》1990年第1期。

[214] 松浦章：《明代末期中国商船的日本贸易》，《中国史研究动态》1990年第4期。

[215] 松浦章：《清初广东商人麦灿宇和日本的长崎贸易》，罗晃潮译，《岭南文史》1994年第2期。

[216] 松浦章：《明代末期的海外贸易》，《求是学刊》2001年第2期。

[217] 永积洋子：《由荷兰史料看十七世纪的台湾贸易》，刘序枫译，见汤熙勇主编：《中国海洋发展史论文集》（第7辑），台北：中山人文社会科学研究所，1999年版。

[218] 佐藤三郎：《“江户时代”日本漂流民对中国的认识》，《中国史研究》1980年第1期。

[219] 神户辉夫：《16世纪中期九州丰后和中国东南沿海的交流》，曾丽民译，《海交史研究》1999年第1期。

[220] 滨下武志：《中国近代经济史研究中一些问题的再思考》，朱荫贵译，《中国经济史研究》1991年第4期。